全国教育科学规划教育部重点课题“审辨思维视域下中学课程思政教学的建模与实践研究”
（课题批准号DHA220488）

审辨视域下中学课程思政教学的建模与实践

主　编◎郝敬宏
副主编◎唐功亚　西海晶

SHENBIAN SHIYU XIA ZHONGXUE KECHENG
SIZHENG JIAOXUE DE
JIANMO YU SHIJIAN

上海交通大學出版社
SHANGHAI JIAO TONG UNIVERSITY PRESS

内容提要

本书以审辨思维的视角，针对当下中学学科德育的重点、难点，提出通过课程思政的开发与整合，通过与学科知识的结合，在学科教学的过程中开展思政教育，大大提升了学科德育的效果。同时，本书还通过大量的课例，生动地展示了中学不同学科开展课程思政的方法、课堂教学模型的建构。特别强调的是，语文、英语、政治、历史等人文社科学科与数学、物理、化学等学科在审辨式教学的模型建构方面有着明显的区别，前者更注重丰富与挖掘资源，后者更侧重验证与体验。本书为广大中学教师开展学科课程思政提供了理论的支持与案例的参照。

图书在版编目(CIP)数据

审辨视域下中学课程思政教学的建模与实践/郝敬宏主编；唐功亚，西海晶副主编. —上海：上海交通大学出版社，2025. 6. —ISBN 978-7-313-32534-1

Ⅰ. G633.202

中国国家版本馆 CIP 数据核字第 20250JW979 号

审辨视域下中学课程思政教学的建模与实践

SHENBIAN SHIYU XIA ZHONGXUE KECHENG SIZHENG JIAOXUE DE JIANMO YU SHIJIAN

主　　编：郝敬宏　　副 主 编：唐功亚　西海晶

出版发行：上海交通大学出版社　　地　　址：上海市番禺路 951 号

邮政编码：200030　　电　　话：021-64071208

印　　制：常熟市文化印刷有限公司　　经　　销：全国新华书店

开　　本：710mm×1000mm　1/16　　印　　张：13.25

字　　数：216 千字

版　　次：2025 年 6 月第 1 版　　印　　次：2025 年 6 月第 1 次印刷

书　　号：ISBN 978-7-313-32534-1

定　　价：58.00 元

序　言

用课程思政引领课堂教学的高质量

2025 年 1 月，中共中央、国务院印发《教育强国建设规划纲要（2024—2035 年）》，其中提到，要"加快建设具有强大思政引领力、人才竞争力、科技支撑力、民生保障力、社会协同力、国际影响力的中国特色社会主义教育强国"。为什么要把"强大思政引领力"放在首位，这是基础教育战线一线教师首先要回答的一个问题。

回答这个问题，首先就要从学生角度思考：为什么学习？为谁学习？其次，从教师的教学来说，也要思考：教育为什么教？教育要培养什么人？

因此，解决这些疑问，就要加强对学生的思政引领，把学习的目的，引领到为国家、为社会的发展，为了见识更美好的未来与遇见更好的自己上来，这就需要在学科教学之中渗透思政教育，这就是课程思政。因此，课程思政教学不是另外增加的教学内容，而是在各学科、每节课的教学中，都能结合教学内容，开展思政资源，用思政引领学生的学习，这些思政教育，贴近学科内容，随课而生，因学而教，点点滴滴，却又润物无声，是全学科、满课时、整体性、一体化的思政教育，是当今中学思政教育的有效路径。

但是，当今网络的发展与信息的快速传播，也让学生的视野更加开放，有些学生的视野与见解可能都要高于我们教师，为此，如何把思政引领工作做出实效，做出成绩？作为教育部直属的中学，华东师范大学第二附属中学始终在行动，华东师范大学第二附属中学临港奉贤分校（以下简称"华二临港奉贤分校"）

作为服务于临港国家战略发展而新建的高标准学校，更是走出了一条可以推广的道路——用课程思政，引领课堂教学的方向；用审辨式思维，解决课程思政教学中的质疑与问题；用模型建构与教学实践，提升思政教学效果。一年多来，学校先后进行了多学科、多轮次的教学研讨与展示，并依托全国教育科学"十四五"规划教育部重点课题"审辨思维视域下中学课程思政教学的建模与实践研究"，举办了课题汇报暨教学节展示活动，受到了北京教科院、北京通州教科院、上海教科院、奉贤教育学院多位专家的高度评价。

为了更好地做好课程思政教学工作，也是为了与教育界同仁交流切磋，华二临港奉贤分校在教学节展示活动的基础上，新增平常教学中的一些优秀课例，整理成册，于是就有了这本《审辨视域下中学课程思政教学的建模与实践》。

让人欣喜的是，书中，教师们不仅完整地呈现了自己的教学设计，还将教学实录整理了出来，同时配以每节课所代表的课型的教学模型。这样，每一门学科，都由模型建构、教学设计、教学实录三部分构成。模型建构是基于审辨式思维与课程思政理论而进行的理论创新，教学设计是基于模型而进行的具体实践，而教学实录则是基于教学设计而发生在课堂上的真实活动，教学实录后的反思则是对教学理论与设计的补充与充实。这样，整本书既全面展现了华二临港奉贤分校各学科在审辨式课程思政教学方面的探究，具体到每一门学科时，又都具有理论与实践的呈现与思考，这就在整体上形成了学校的教学特色。

华二临港奉贤分校是中国(上海)自由贸易试验区临港新片区管理委员会、上海市奉贤区政府、上海市教育委员会、华东师范大学四方合作建设的上海市实验性示范性优质高中，是华东师范大学第二附属中学的直属分校，学校教师队伍既有拥有丰富教学经验的全国领航名师、上海名师，也有一批毕业于复旦大学、中国科学院大学、香港大学、华东师范大学等名校的硕士、博士，他们在临港这个年轻的、充满创造与活力的地方，创造着华二临港奉贤分校发展的历史，也用自己的教育思想，影响着年轻的华二学子。作为华东师范大学第二附属中学的校长，作为华二临港奉贤分校的校长、法人，从建校之初，我就一直关心着这座分校的发展，关心着这群值得让人敬佩的教师的工作与生活。而今，他们用短短一年半的时间，就做成了这样一件事，并且奉献给全国教育同仁们这样一本有分量的书，我感到十分自豪。

可以说，在当下全国都在轰轰烈烈地开展课程思政，"为国育才，为党育人"的今天，华二临港奉贤分校《审辨视域下中学课程思政教学的建模与实践》一书的出版，为我们课程思政教学提供了一个崭新的思路、一条可行的方法、一个可供参考学习的范式。当然，其中也一定会有些许不足，还需要全国教育同仁们批评指正。

但是，愿意为国家教育去探索，努力去尝试育人新路径，这已经让我敬佩与感动，为此，我愿意为这本书写序，并推荐给大家。

是为序！

周　彬

目　录

第一章　审辨视域下中学课程思政教学的理论研究……001

第一节　审辨视域下中学课程思政教学问题的提出与假设……001

第二节　审辨视域下课程思政教学的研究过程……005

第三节　审辨视域下课程思政教学建模与实践研究的创新……012

第二章　审辨视域下中学语文课程思政教学的实践研究……016

第一节　审辨视域下散文类课程思政教学的建模与实践……016

第二节　审辨视域下戏剧类课程思政教学的建模与实践……027

第三节　审辨视域下说明类课程思政教学的建模与实践……041

第四节　审辨视域下小说类课程思政教学的建模与实践……050

第五节　审辨视域下大单元类课程思政教学的建模与实践……062

第六节　审辨视域下写作类课程思政教学的建模与实践……072

第三章　审辨视域下中学其他学科课程思政教学的推广……087

第一节　审辨视域下中学数学课程思政教学的建模与实践(一)……087

第二节　审辨视域下中学数学课程思政教学的建模与实践(二)……100

第三节　审辨视域下中学英语课程思政教学的建模与实践……115

第四节　审辨视域下中学化学课程思政教学的建模与实践(一)……131

第五节　审辨视域下中学化学课程思政教学的建模与实践（二）……146
第六节　审辨视域下中学思想政治课程教学的建模与实践……161
第七节　审辨视域下中学历史课程思政教学的建模与实践……172
第八节　审辨视域下中学地理课程思政教学的建模与实践……183
第九节　审辨视域下中学美术课程思政教学的建模与实践……191

参考文献……204

第一章 审辨视域下中学课程思政教学的理论研究

第一节 审辨视域下中学课程思政教学问题的提出与假设

华东师范大学第二附属中学 郝敬宏

中学课程思政教学是各学科教师在课堂教学中贯彻落实党的教育路线方针的重要方法，也是解决现当代中学生理想缺失、动力不足的重要手段。为此，中共中央办公厅、国务院办公厅印发《关于深化新时代学校思想政治理论课改革创新的若干意见》(2019 年 8 月)明确提出，要“深度挖掘高校各学科门类专业课程和中小学语文、历史、地理、体育、艺术等所有课程蕴含的思想政治教育资源，解决好各类课程与思政课相互配合的问题，发挥所有课程育人功能，构建全面覆盖、类型丰富、层次递进、相互支撑的课程体系，使各类课程与思政课同向同行，形成协同效应”。为此，在中学各学科教学中，开展学科课程思政教学，对于落实学科教学的“立德树人”以及“新时代，育新人”的任务具有十分重要的意义。

课程思政，实质是一种课程观，它不是增开一门课，也不是增设一项活动，而是将思想政治教育融入各学科课程教学和改革的各环节、各方面，实现全过程立德树人，润物无声。但现实中的课程思政教学，大多学校与教师只注重学科思政资源的挖掘，却忽视了思政资源教学中学生的问题以及教师对学生资源的再开发，使得现有学科思政教学重教师的说教，重思政的灌输，学生的质疑却得不到很好的解决，学生对学科思政资源难以产生兴趣，甚至产生逆反的心理，造成现有学科课程思政教学效果不理想的局面。

为此，审辨视域下的中学课程思政教学，就是以审辨思维的内涵要求为参照，借鉴审辨思维的模型，在学科课程思政教学中建立一种审辨思维视域下的学科课程思政教学模型，并基于此模型开展学科课程思政教学，提升现有学科课程思政教学效果。

一、中学课程思政教学研究现状及问题

课程思政相关研究文献数量较多，笔者梳理近五年来国内外相关研究内容及动态如下：

1. 高等院校课程思政的理论及实践研究已较为成熟

这些研究从理论上厘清了课程思政的概念，明确了课程思政的功能，同时从实践层面设计了课程思政的实现方式。这类研究以高德毅、宗爱东的《从思政课程到课程思政：从战略高度构建高校思想政治教育课程体系》、陆道坤《课程思政推行中若干核心问题及解决思路——基于专业课程思政的探讨》为代表。前文指出：课程思政具备360度德育“大熔炉”的合力作用，发挥思政课的“领舞”作用，可以实现高校课程“共舞中共振”效应，为此，作者提出构建思想政治理论课、综合素养课程、专业课程三位一体的高校思政课程体系。后文提出：课程思政是一项系统工程，要坚持科学理念，秉持系统思维，借助周详的规划与设计，用卓有成效的实践加以推进；要从课程思政的设计、专业课教师思想政治素养和思想政治教育能力、专业课程思政的评价、专业课程思政与思想政治理论课程的关系入手，提高课程思政的实现效果。由此我们可以看出，高校在课程思政理论以及课程思政的实施策略等方面的体系已经比较成熟。

2. 中学学科课程思政的实践研究取得一定进展

这些研究主要表现为课程思政资源的开发，具体案例的设计、实施、分析、评价等，这说明现在中学课程思政教学实践已经开展，并且从不同方面进行了创新。其中汪瑞林在《中小学“课程思政”的功能及其实现方式》一文中提出，“中小学学科课程应多维度发掘其中蕴含的思政元素……应尽量采用有机融合、联系生活、实践探究的教与学的方式，以便更好地实现课程思政功能，取得较好的育人效果”。《“课程思政”融入高中生物科学史教学的课堂实践》一文以“遗传信息的转录”一节为例，通过分析本节内容相应科学史中的思政元素并进行应用，引导学生体会科学家继承创新的科学精神、严谨求实的科学态度以及敢于质疑的科学品质。《高中地理“课程思政”教学情境特征及创设路径》一文

提出高中地理"课程思政"教学情境的创设路径：依据契合点设立情境背景，通过生活化切换情境，基于知识问题化与问题活动化实现情境的全程贯穿。《中学语文课程思政建设策略探究》一文从深入挖掘教材中的思政元素、转变传统育人观念、创新教学方式、促进语文专业知识与思政元素融合四个方面提出了语文学科思政建设的策略。由此可见，现有中学各学科对课程思政的意义都十分重视，开始注重学科思政资源的挖掘，并注意通过创设情境，提升课程思政的效果。

但综合以上分析发现，相较于高校课程思政，中学课程思政研究有三点明显不足：一是课程思政的理论研究不足，造成课程思政的实践缺少理论的支持，在实践层面不能建立有效的教学模型，因此课程思政教学不能与常规教学有机结合，课程思政还不能在学科教学日常中发生；二是课程思政教学的方法单一，大多注重教师的灌输与正面教导，对于学生存在的质疑、问题重视不足，因此学生对课程思政资源的认同度、挖掘深度不够，甚至个别同学对于这种说教类的思政教育有逆反心理；三是课程思政与课程教学"两张皮"，课程思政教学没有与学科思维的培养有机结合，没有从学科思维培养的深度，思考如何深入发掘课程思政的育人价值。

二、审辨思维的理论基础、内涵构成及在解决课程思政教学问题中的作用

基于以上三点不足，本研究提出以下假设：在现有"课程思政"研究的基础上，引入"审辨思维"这一概念，以"审辨思维"为研究视域，基于课程思政教学中学生的问题与质疑，引导学生在广泛阅读的基础上，审慎地质疑、思考，并通过公开辩论、分析，最后完善、提升自己的认知，并内化为自己的行动。

1. 有关"审辨思维"的理论基础及内涵构成

审辨思维的理论研究，以中国古代著作《中庸》、西方著作《论据的使用》和今人研究成果《审辨思维：21 世纪核心素养 5C 模型之二》为代表。《中庸》提出"博学之，审问之，慎思之，明辨之，笃行之"，指明"审辨"思维是一个系统的、完整的思维过程，为审辨思维模型的建构指明了方向。《论据的使用》一书对西方审辨思维进行了较为全面的介绍，提出了审辨思维的核心是"不懈质疑、包容异见"，并建立了一个较为可行的审辨思维训练模型。《审辨思维：21 世纪核心素养 5C 模型之二》一文在梳理和回顾已有研究的基础上，尝试把审辨思维的认

知技能和思维倾向整合在一起，提出适用于教育领域的审辨思维框架，提出审辨思维在面对不同情境时，不但能够不懈质疑、理性分析、不断反思，得出合理的结论或提出有效的解决方案，而且能慎重考虑他人的观点且尊重他人挑战自己观点的权利，包括质疑批判、分析论证、综合生成和反思评估四种能力。

由此可见，中学课程思政教学中的审辨思维，是一种系统的思维过程，它包括广泛地阅读获取更多、更全面的信息，积极、主动地质疑，审慎地思考，公开或明确地对不同观点展开辨析，最后修订、完善、提升自己的认知五个过程，它的核心是“不懈质疑、提升认知”，具体包括广泛阅读获取信息能力、主动质疑发现问题能力、辨析能力、反思能力、包容能力。

2. 审辨思维对解决课程思政教学中出现的问题的作用

基于审辨思维开展中学课程思政教学，可以有效解决现有中学课程思政教学中的以下不足：一是理论不足。审辨思维的引入，让中学课程思政教学研究有了理论的支撑。中学课程思政研究就可以基于此理论，建构中学课程思政教学的模型，有了理论的引导与模型的参照，中学课程思政教学就可转化为日常常规教学。二是现有课程思政教学方式的不足。现有思政教学重灌输，轻引导；审辨视域下的课程思政教学，注重学生的广泛阅读，注重学生的质疑与提问，教学基于学生的问题展开，这样就能有效解决学生对课程思政教学的疑问，有效提升学生对思政资源的认同感。三是课程思政教学与学科思维教学不能紧密结合的不足。从学科思维能力的提升入手，以学生思维的培养提升学科课程思政的效果，使学科教学与课程思政教学紧密结合在一起。

三、审辨视域下课程思政教学模型的建构

基于审辨思维的内涵及能力要求，我们建构了如下模型（见图 1－1）。

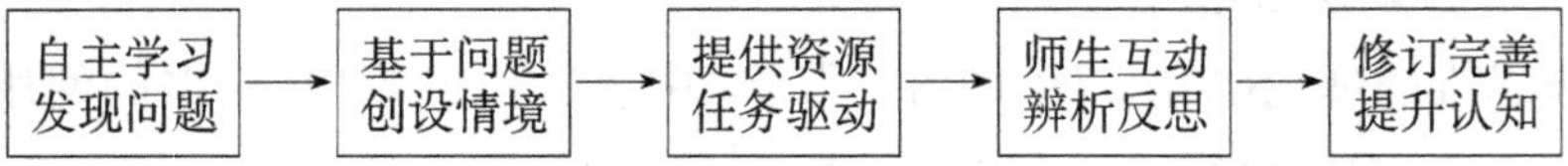

图 1－1　审辨视域下课程思政教学模型

在这个教学模型中，首先，学生就学科课程思政资源进行自主学习，并在此过程中发现并提出问题；其次，教师基于学生的问题，创设真实的学习情境，并在此情境中，产生相应的学习任务；再次，教师为学生的问题探究提供相应的学习资源，以便学生在任务驱动下开展审慎的思考活动；然后，在学生广泛阅读、审

慎思考的基础上，教师要提供师生、生生间的互动平台，通过讨论、辩论等形式，让不同观点展开碰撞，充分地展示不同观点间论据与论证的逻辑；最后，教师根据不同观点间的碰撞，加以审辨引导，引导学生对不正确的观点加以修正，对不完善的认知加以提升并完善，从而提升学生对学科课程思政资源的审辨认知。

第二节　审辨视域下课程思政教学的研究过程

华东师范大学第二附属中学　郝敬宏

课题研究的过程，主要是课题申请时提出的假设，在中学课堂教学的实践中探究、反思、总结、再实践的过程。如果说课题的申请主要运用的方法是文献研究，是尽可能多地探究课程思政研究的前沿资料，从中发现不足，然后提出研究的问题，那么研究的过程，则是主要运用行动研究法，在实践的过程中不断探索、创新、总结。

全国教育科学"十四五"规划教育部重点课题"审辨思维视域下中学课程思政教学的建模与实践研究"于 2022 年 8 月 8 日正式批准立项，课题组按照规划办要求，于 2022 年 9 月 30 日在山东省青岛第二中学进行了正式开题。经过北京师范大学中华文化教育研究院院长、北京市中小学师德师风建设基地负责人王文静教授、山东省教育科学研究院黄玉兵老师、青岛市教育科学研究院王宪廷主任、山东省青岛第二中学正高级教师高保卫、山东省青岛第二中学赵春雨老师等多位专家的论证，认为选题方向明确，直指中学思政教育的痛点、难点，方法明晰，且路径明确可行。

课题组按开题的方向，参照申请时的方法与路径，对研究人员进行了分工。其间，课题主持人郝敬宏由山东省青岛第二中学调动到上海华东师范大学第二附属中学工作，并任华二临港奉贤分校执行校长，从青岛到上海，地点发生了改变，教育的情怀没有变，课题的研究也一直在进行。

在此过程中，课题组主要完成了以下工作。

一、进一步明确了课题研究目标、内容框架及重难点

（一）进一步明确了课题研究的主要目标

(1) 明确了审辨视域下中学课程思政深化育人的目标。

(2) 建构了中学课程思政的常规教学模型。

(3) 在实践、反思、创新中推广中学课程思政教学模型。

(二) 明确了本课题研究的总体框架

首先,确定审辨视域下课程思政教学的育人目标。其次,基于审辨育人目标,研究审辨思维视域下中学课程思政教学的模型建构,并在各学科课程思政教学实践中,不断总结、反思、完善、创新这一教学模型。再次,基于育人目标与教学模型,研究审辨视域下的课程思政教学流程,包括情境的创设、课程思政内容整体把握、相关内容的广泛阅读、思政内容的质疑反思,并基于审辨思维的视域,形成包容融合的审辨式认识,从而改变传统课程思政以说教、灌输为主要方式的学习流程。最后,基于模型建构和教学实践,研究教学模型与教学流程的优点及不足,开展实践、总结反思、再实践、再完善、再创新研究,从而不断完善教学模型与教学流程,从而更好地实现课程思政内容的教学与育人目标的落实。

总体研究框架见图 1-2。

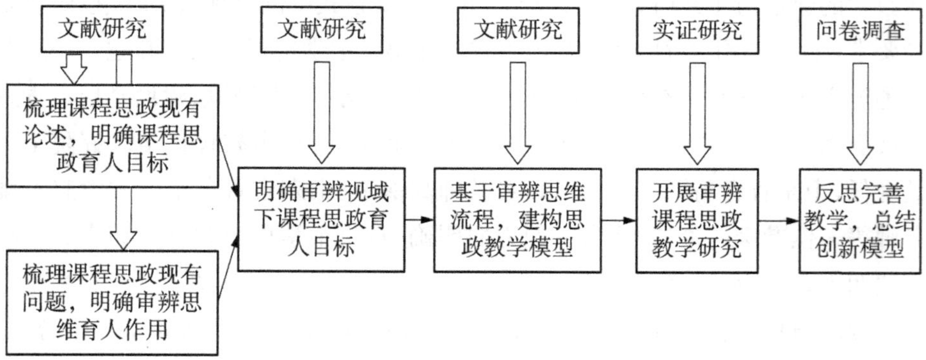

图 1-2　审辨视域下课程思政教学课题研究总体框架

(三) 进一步明确了课题研究的重点、难点

课题重点是审辨视域下中学课程思政模型的建构研究。本课题研究的难点是中学各学科课程思政教学的实践研究,这是因为课程思政教学涉及学科多,各学科教师都肩负着学科育人的责任,因此各学科都有开展课程思政教学的责任。

二、课题研究的进展情况

（一）课堂引领与交流汇报时间（2022年12月—2024年9月）

课题组利用一年多的时间进行了三次集中研讨与探究活动。其中2023年4月，在山东省青岛第二中学，郝敬宏老师集中展示了高中语文小说、散文、诗歌三种文体的审辨式课堂教学，并就这三种文体的模式建构与教学设计、教学后的反思，集中作了展示。在这次展示中，课题主持人郝敬宏老师重点讲述了这三种课型建构的方式方法，具体来说可分为以下三步：

第一步，以文献研究法梳理近些年来小说、散文、诗歌三种文体的教学实录及教学设计，重点是中文核心期刊上所发表的此类文本，逐步梳理出这三种文体的教学思路与流程，重点关注这三种文体的教学反思，从中找出不足之处。

然后再利用文献研究的方法，梳理近些年来审辨式教学方法的课堂教学设计，找出审辨式思维教学的基本流程与方法。

在此基础上形成高中语文审辨式教学的基本流程：传统＋问题＋审辨。即在传统教学流程的基础上，让学生基本掌握住应有的知识与能力；之后，通过质疑生问题的导入，对传统教学中的知识与能力进行质疑；接着引领学生的思维走向深入，思考这些知识从哪里来，为什么正确，有什么不足，怎样更加完善，还有哪些新的应用。从而把以知识和能力获得为基本教学目标的传统课堂教学，转化为以素养提升为主要目的的教学。

第二步，发现并挖掘文中的思政点，在设计问题时尽量围绕着思政点进行。比如在《背影》散文教学中，最重要的就是中国的孝文化，但是当代中学生对这种纯粹感恩性的孝是质疑的，他们会质疑：父母所有的要求都是对的吗？我一定要听吗？特别是处在高中叛逆期的孩子，更会带着这样一种怀疑。为此，在《背影》散文教学中，郝敬宏老师就专门提供素材，证明《背影》中的父亲此前的一系列不可宽恕的做法，从而让学生思考，朱自清为什么还要流泪多次。特别是多年之后回忆起车站送别时，作者为什么还要流泪。经过学生的讨论、教师的引导，学生才明白：原来这个世上没有十全十美的父母，连我们自己都做不到十全十美，所以这个时候再去苛责父母，是我们对他们的不孝。

这样，学生就可以更加审辨地看待自己父母身上的不足，对“孝”的认识更加审慎，不会站在道德制高点上对他人指指点点。

第三步，以这节课为课例，建立散文这类文体的基本模型：梳理“形”—初步感知“神”—对“神”进行质疑—讨论阅读—审辨认知。

其他两篇文章也是如此进行。

在这次展示会上，主持人郝敬宏老师的三节课给了教师们清晰的研究路径。

（二）课堂教学集中展示时间（2024年9月—2024年11月）

2024年11月27日，全国教育科学“十四五”规划教育部重点课题“审辨思维视域下中学课程思政教学的建模与实践研究”展示暨奉贤区第29届教学节专场活动成功举办。此次活动邀请了北京市教科院领导、上海市教科院领导、奉贤区教育局领导、华二本部领导、奉贤区各高中校领导、奉贤区教研员、奉贤区各高中教师代表以及华二教育集团各兄弟学校相关学科教师。

展示活动共分为两部分。

第一部分为专家报告及集中学习环节。

专家报告环节，上海市教科院德育院的宗爱东老师以其深厚的学术底蕴和丰富的教育实践，作了“课程思政是育人初心的回归”专题报告。在报告中，宗老师从课程思政的发展脉络、对其内涵的理解以及如何在课堂教学中实施课程思政三个维度，向听众展示了课程思政的历史演变，并分享了自己对课程思政理念的独到见解。

华东师范大学第二附属中学孟祥萍副校长，奉贤区教育学院王玉梅书记、张竹林副院长、贾冬梅主任，北京教育科学研究院基础教育课程教材发展研究中心黄晓玲副主任，通州区教师研修中心第四支部书记、课程研修部李凯主任，北京教科院课程中心朱传世主任等领导分别从不同的角度进行了分享。

第二部分为分学科展示审辨式思政教学环节。

数学老师刘成坤展示了审辨视域下数学课程思政的教学课——“祖暅原理实验探究”。

刘老师以“哪座桥的面积更大”这一情境引入，引导学生从平面图形的面积计算，类比到空间几何体的体积计算，贴合学生生活实际。在实验探究环节，借助学科融合，刘老师首先展示了学生利用3D打印技术自主设计的新型连通器，然后让学生观察五个不同的容器，发现它们的共同特征和差异，并提出值得探究的问题。

华二临港奉贤分校毛建钢副校长(挂职)、华东师范大学第二附属中学教研组长刘初喜在评课中介绍了祖暅原理的历史背景和发展历程,让学生了解到我国古代数学家的伟大成就,培养了学生的民族自豪感和文化自信心。

化学老师姚海远在其精心设计的课程中,进一步融入了丰富的课程思政元素,旨在全方位提升学生的科学素养与人文素养。姚老师不仅以其深厚的专业素养和独树一帜的教学风格,引领学生们遨游于化学的奇妙世界,更将科学精神、社会责任与人文关怀深度融合于教学实践之中。在课堂上,姚老师巧妙地利用红葡萄酒与白葡萄酒的实物展示,不仅引导学生从颜色、气味等物理性质入手探索葡萄酒的奥秘,还以此为契机,深入讲解二氧化硫在葡萄酒保鲜中的关键作用,以及其在食品工业中的广泛应用与潜在风险。在此过程中,姚老师特别强调了科学伦理与社会责任的重要性,鼓励学生在掌握科学知识的同时,要具备批判性思维,学会权衡利弊,思考如何在享受科学成果的同时,减少对环境的影响,保护人类健康。姚老师还结合当前社会热点,如食品安全、环保法规等,引导学生讨论二氧化硫使用的合法性与合理性,激发学生的社会责任感和公民意识。通过案例分析、小组讨论等形式,学生不仅加深了对化学知识的理解,更学会了如何在复杂的社会情境中作出明智的决策,体现了课程思政在培养学生综合素质方面的独特价值。

上海市奉贤区教研员徐雪峰老师从教学设计与目标一致、学生核心素养有效培养、课程思政价值丰富三方面对姚老师的授课内容给予了高度评价。华师大二附中教研组长施华老师对姚老师课堂设计的逻辑性、综合性、多元性、同步性四个方面进行了深入的挖掘。

政治老师张锋,展示了"在实践中追求和发展真理"一课。为了让学生更好地理解在实践中认识和发现真理,在实践中检验和发展真理,设计时以在深圳举办的高交会、人工智能等科技发展的最新成果作为背景材料融入课堂,设置议题,让学生了解这些最新科技发展成果,理解这背后的科学家的实践探索,培养科学精神、创新精神,坚定"四个自信"。同时结合审辨思政课程的特点,让学生在观点碰撞中认识和理解真理的客观性,既要树立科学严谨的态度,又要接受、理解和包容不同的观点,既要学习权威的理论、书本上的知识,又要大胆质疑,坚持与时俱进,开拓创新。

奉贤区教研员张世杨老师、华东师范大学第二附属中学教研组长苏百泉老师认为,张老师这节课做到了知识问题化、问题情景化、情景活动化、活动序列化，本节课内容容量大，能在有限的课堂时间内完成教学任务很不容易。同时他们指出，在政治教学中选择价值判断作为印证认识的真理性要慎重，因为价值判断具有复杂性，要多选择事实判断。

英语老师翟凌姣展示了一节主题为“A day in the life of a digital man”的精彩课堂。翟老师的课充分体现出审辨式思维、“三案”教学和思政教育的教学理念。首先，导入部分设计巧妙，以收到一条申请添加好友的信息，寻求学生的帮助为情景，真实而生动，贴近生活，并与文本内容相呼应，激发了学生的好奇心。随后，进入对文本的回顾分析，翟老师利用有效的问题链为学生搭建好脚手架，帮助学生进行有效的思维训练，培养学生读出言外之意的能力。翟老师还带领学生进一步思考如何承担起营造安全的网络环境这一社会责任，增强责任感和使命感。在辩论环节，辩手们逻辑严密，条理清晰，大方自信，雄辩高谈。辩论结束后的提问环节增强了观众和辩手的互动。

随后，组内张鹏老师、嘉定区高中英语教研员司南老师对翟老师的课堂给予高度赞扬，肯定翟老师的“三案”教学体现了教学评一致性，强调了培养学生批判性思维在英语教学中的重要性，并以本节课为例提出了不同的教学思路，强调要重视教学评一体化。

在审辨式思政课堂理念的指引下，华二临港奉贤分校历史教研组田慧老师开展了以“两宋的政治和军事”为范例的“三案”教学。

华二临港奉贤分校历史组教研组长佟胜利老师随后进行了“审辨视域下《两宋的政治和军事》‘三案’解读”汇报，华二紫竹历史组教研组长周庆彰、华二本部学生处主任王骁老师则聚焦于宋初集权措施的教学，提议运用权力分配图动态演示与教师引导相结合的方式，助力学生理解分权制约原则，并提供了学术观点表达的专业建议。奉贤区教研员朱志浩老师在总结中强调历史学科在课程思政中的关键地位与历史教师的育人使命。

三、取得的阶段性成果

（一）主持人取得的阶段性成果

1.《戏剧中人物形象分析——必修下册第二单元写作任务》

本文于 2023 年 8 月 1 日发表于中文核心期刊《语文教学通讯》。

2.《用审辨，给备课以思维的力量——〈拿来主义〉备课手记》

本文于 2023 年 4 月 1 日发表于中文核心期刊《语文教学与研究》。

3. 《考场作文就要这样写——2022 高考作文之“新情境+ 旧话题”创新写作策略》

本文于 2022 年 4 月 10 日发表于《作文与考试》。

4. 《语文学科智能教学：流程再造与生态重构——以“互联网+ Pad”模式下〈套中人〉教学为例》

本文于 2022 年 3 月 15 日发表于中文核心期刊《上海教育科研》。

5. 《用审辨课程，构建有思想的语文》

本文于 2021 年 7 月 1 日发表于中文核心期刊《语文学习》。

6. 《审辨式思维模式建构及培养策略——以 2020 年高考作文试题为例》

本文于 2021 年 1 月 15 日发表于《中学语文》(省级期刊)。

7. 《〈拿来主义〉：矛盾之真假，对立之统一》

本文于 2021 年 1 月 5 日发表于中文核心期刊《中学语文教学》。

8. 《高考群文阅读审辨思维能力的培养策略——以 2020 年山东、海南新高考阅读材料的指导为例》

本文于 2020 年 6 月 8 日发表于中文核心期刊《语文教学与研究》。

9. 《中学辩论课程》(专著)

本书于 2021 年 10 月由青岛出版社出版。

10. 《语文阅读教学设计》(与华东师范大学张心科教授合作)

2023 年被评为“国家一流本科课程”。

（二） 课题组成员取得的成绩(见表 1－1)

表 1－1 课题组成员取得的成绩

姓名	学科	发表文章	发表刊物	发表日期
唐功亚	语文	《表达的好坏代表懂的深浅》	《中文自修》	2023 年
西海晶	化学	《在高中化学导课环节中落实“立德树人”根本任务》	《文渊》	2024 年
童有彩	物理	《基于核心素养的高中物理单元教学设计研究》	《安徽教育科研》	2023 年
童有彩	物理	《基于核心素养的“光电效应”实验教学探究》	《物理教师》	2023 年

（续表）

姓名	学科	发表文章	发表刊物	发表日期
童有彩	物理	《对 2023 年全国卷高考物理试题模型与情境设计的研究》	《安徽教育科研》	2024 年
张欣涛	数学	《基于高中数学核心素养下数学建模思想渗透课堂教学的研究》	《教学与研究》	2023 年
贾树欣	物理	《促进科学论证能力培养的物理教学设计》	《物理通报》	2024 年
田慧	历史	《“李繁任随州刺史期间建南岳书院”由来考》	《中国四库学》	2022 年
施淑贞	美术	《基于美育背景下高中美术教学策略探析》	《新课程教学》	2022 年
施淑贞	美术	《高中艺术生培养模式改革研究与实践》	《中国基础教育资源库》	2023 年

第三节　审辨视域下课程思政教学建模与实践研究的创新

华东师范大学第二附属中学　郝敬宏

本课题研究的是中学课程思政教学的模型建构与实践，可在中学各学科课程思政日常教学中得到广泛应用，这将对广大中学学科教师开展课程思政教学产生较大的推动作用，同时通过审辨思维模型的引入，对于培育中学生的审辨思维来说，具有更加重要的推进作用。

课题组历经三年大量课例研究，经过课题组全体人员的反复思考、讨论、总结、反思、实践和专家组教师们的点拨、升华，课题组基本完成了既定的研究任务，并取得了一定的创新成就，主要表现在以下三个方面：

一、在实践方面，本课题找到了创新路径

1. 课程思政是中学学科育人的有效路径

当下中国已全面建成小康社会，人们基本的物质生存问题都得到了很好的解决，而中学生为什么学习、为谁学习的问题却显得尤为突出。

当代网络极其发达，信息的传播让学生获得道理轻而易举。在这种情况下，如果教师在课堂上空谈理想、空谈道德或者以灌输的方式对学生进行学科德育，往往达不到理想的效果。

一方面，学生的德育急需寻找方向；另一方面，学生对德育的需求又越来越高，于是当下的学科德育遇到了困难。

基于此，本课题提出，在中学学科教学中利用学科知识学习的过程，渗透学科德育内容，让知识与探究的过程变成学科德育的真实情境，让学生在真实的情境中感知学科知识中蕴含的德育内容，这是一种无声、自然却非常有效的育人方式。

比如，在本课题研究中，对学生进行中国传统文化“孝”的教育时，教师结合朱自清先生的《背影》对学生进行“孝”的渗透，教师创设了真实的情境，让学生跨过教室的课桌体验父亲去买橘子时的不易，以及被人嘲笑也要给孩子去买的坚定。当学生在真实情境中理解了父亲时，教师再引导学生去想一想自己的父母，这时，整个《背影》的学习就成了德育的真实背景，学生由此受到的教育就非常自然而深刻。

2. 审辨式教学是提升中学课程思政教学效果的有效方式

现有中学学科课程思政教学最大的困境是中学学科课程思政教育的方式方法。传统的学科德育也注重课程内容的思政教学，只是传统的育人方式往往是用一种灌输式、说教式的方式让学生接受。在这个过程中忽视了学生自身的独立思考，以及对思政内容的质疑与反思，所以让课程思政内容的接受度受到影响。

为此，本课题提出审辨式教学这种教学方式。这种方式不是对传统教学的推翻，而是在传统教学的基础上，通过引入学生的质疑与反思，把学生对传统教学的质疑与反思当作深入探究的资源，并以此入手，通过质疑与包容，形成一种审辨认知。

比如在《拿来主义》这篇课文的教学中，传统的教学偏重于论点、论据、论证的梳理与总结，以议论知识的学习与议论方法的掌握为最终教学目的；审辨式议论文教学是在传统议论文教学流程的基础上，通过对具体问题的质疑与真实情境的体验，发现问题，真实思考，从而培养学生的审辨思维。传统的议论文教学重在“科学真理”的传授，重在知识的灌输；而审辨式教学模式则重视激发学生对“真理”的质疑与探究，重在问题的发现与自我解决。

3. 建立学科课程思政教学的模型，是推广课程思政审辨式教学的快速路径

作为一种新的教学方式，审辨式教学是融审辨式思维于传统教学法中的新尝试，这种新的教学法对于习惯于传统教学的教师来说，依然有许多需要理解的地方。为此快速提升教师课程思政审辨式教学的方法，就是建立相应的教学模型，让其他教师在不必对审辨式思维进行系统学习的前提下依然可以有效地开展课程思政的审辨式教学。

在实践中，我们根据高中语文小说、戏剧、散文、议论文、说明文、群文阅读等各种阅读类型，建构了七种不同文体的审辨式教学模型，并且用同一种模型在同一类型的其他文本中进行了多次实践，其中最为大规模的实践是 2023 年与齐鲁师范学院合作的虚拟教研室合作项目。在这个项目中，共有山东省七个县中的一百多名高中语文教师参加。每次教研都由课题主持人郝敬宏进行审辨式教学示范，而每一次示范后，都会有五位教师用同一种模式，针对另外一篇同类文体的文章进行审辨式教学，至今已进行了小说、戏剧、散文三种文体的教学，均取得了良好的效果。

二、在理论方面，本课题对审辨思维在教育教学方面的应用，具有一定的创新作用

1. 这是对审辨思维研究的具化、深化

审辨思维作为一种哲学概念，是逻辑学研究的内容，它是针对传统的形式逻辑而提出的。作为一种重要的思维方式，它的研究对象是人的思维方式。而教育尤其是学生的思想教育是思维中的一种，因此，从这个意义上来说，把审辨式思维运用于中学课程思政的教学中，这本身就是审辨思维的具体化、实用化尝试。为此，本课题提出的中学课程思政的审辨式教学思想，是对审辨思维理论的一种充实与拓展，是一种理论上的创新。

2. 这是对中学课程思政教学理论的创新

中学课程思政教学的理论研究，基本上还处于其重要性何在、如何开发整合课程资源的研究上，本课题研究将审辨思维理论引入中学课程思政教学实践，探索审辨思维视域下中学课程思政的模型建构与实现途径，在学术思想上是对中学课程思政教学理论的一定创新，也是对学术融合创新的有益尝试。

三、在研究方法上，本课题采用建模与实践相结合的方法，是一种创新

建模是基于一定理论的模型建构，同样带有一定的理论创新性，既基于理论，又在实践中拓展理论；建模后的实践既重实践，又以实践丰富理论，因此本课题将模型建构与实践结合、一并推进的研究方法，是对相关研究方法的一种创新。

第二章

审辨视域下中学语文课程思政教学的实践研究

第一节　审辨视域下散文类课程思政教学的建模与实践

——以散文《背影》教学为例

华东师范大学第二附属中学　郝敬宏

一、审辨视域下散文类课程思政教学的建模

散文与小说的最大不同是散文写实，小说常虚。无论是写人叙事类、写景状物类，还是抒情励志类散文，阅读时都要注意“真实”这一关键；散文的第二大特征是“形散神不散”，换句话说就是“神不散但形散”，因此散文阅读教学就要注重创设真实的情境，在引导学生梳理散文的“形”时，学会调动学生对散文中人、事、物的初步阅读体验，并初步把握感知“神”；当学生的体验不能深入，或者与文中的真实情境有所不同时，教师就可以提供相应的阅读资料或者课堂活动，引导学生进入文本深处，通过质疑与反思，把阅读引向深处，把情感体验引向内心细微之处，从而形成对散文文本的审辨式阅读认知，提升学科课程思政的效果。

基于以上两点，我们建构了中学语文散文这种文体的审辨式课程思政教学的基本模型（见图 2 - 1）。

在这个模型之中，虚线前的教学过程基本上是传统散文的教学模式，即通过梳理“形”，把握理解散文的“神”，在体会“神”的过程中加强思政教育。这时我们就会发现，传统的课程思政教育偏重于说教与灌输，以《背影》为例，学生对父亲背影中的爱体会不深，甚至觉得作为父亲，送别儿子远行时，翻越一个月

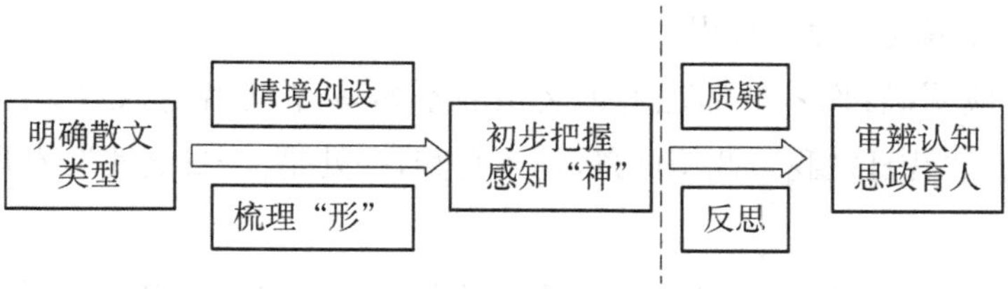

图 2-1　审辨视域下散文类课程思政教学基本模型

台，买几个橘子十分平常，由此可见，思政教育效果并不深入。所以这时教师就应针对学生的质疑处让学生模拟着完成父亲买橘子的情境，通过亲自体验，学生才能发现看似平常的动作在特定的情形下却十分困难。理解了别人的困难，理解了生活的不易，朱自清就会理解父亲的不易，学生也会理解朱自清的泪水。这样的思政教育就是在反思基础上的深入认知，是思维的提升，也是育人效果的升华。

下面我们以《背影》为例，看中学语文散文阅读中课程思政审辨式教学的具体实践。

二、审辨视域下散文类课程思政教学设计——以散文《背影》为例

学习目标

(1) 梳理文章内容，把握叙事类散文的特征；

(2) 阅读、反思、联想，体会父母对孩子的深厚感情。

学习过程

（一）情境设计

今天，我们一起来学习朱自清先生的《背影》。

（二）预习检查，从“昔日之我”“今日之我”的角度进行阅读，使阅读走向深入

师：下面我们一起阅读第五节，哪句话让你最有感触，为什么？这是体会父子之爱。

（教师：补充介绍知识，让学生读其他章节，体会除去爱，还有什么感情）

师：面对父亲的背影，作者感动得流下了泪水，这是第一次流泪，是感动的泪。文中还有一次流泪，为什么多年后回忆起来时作者还是流泪？这里有一个

从怨恨到理解到原谅的过程。

学生应明确：作者更加理解了父亲的不容易，担心惦念父亲，于是流下了泪。一处是“昔日之我”：此情此景，情不自禁；一处是“今日之我”：岁月沉淀，体会加深。

这就是叙事类散文的特点，以“背影”为中心意象，以“昔日之我”“今日之我”叙述视角的变化，重新审视当日之父亲、今日之父亲，于是我们发现，八年，已是物是人非，这就是“形散而神不散”的特征。

（三）情境再现，将“他我”与“自我”相关联，使散文阅读走向生活

师：刚才我们说，让作者由怨恨到选择原谅父亲是因为父亲的背影，多次让作者流泪的也是父亲的背影，那个背影为什么让作者久久不能忘怀？

下面我们就来现场做一个表演，请一位身材很像朱自清父亲的同学上讲台来，请你再现文中父亲买橘子的过程：越过讲台，来我手中拿个橘子，之后再越过讲台放回去。请其他同学仔细观察这个同学的动作。

（这个过程中学生可能会笑，教师不要评价，等这个同学完成所有过程后再点评）

刚才大家有的在笑，笑什么？大家都是善意的，这没有什么，仅仅是个表演。可大家有没有想过，如果这不是在教室里，而是在公共场合，特别是人多的公共场合，比如火车站，你愿意这样做被人笑话吗？

可是有一个人愿意，那就是父亲！

这个被大家笑的人是你父亲，而你就在他不远处，看着大家在笑他，你又是什么感觉？如果我们再进一步想，父亲现在正好失业，家境也陷入困顿，老人又刚去世，儿子也要和他分开，而且儿子与他的关系也不好，请问这个时候作为儿子的你又是怎么想的？

所以，面对父亲的背影，作者不仅仅有感动，还有内疚，甚至还有一丝的同情，甚至还会生出一种要保护父亲的冲动。

请大家在心中默读文中父亲越过月台去买橘子的情形，体会父亲那份不顾自我形象的深情！

（四）调动联想，将“生活真实”与“文本情境”相关联，使阅读走向内心

师：再次阅读《背影》，相信大家一定会有更多的感触，甚至很多人会想到自己的父亲、母亲，那么在你印象中父母给你印象最深刻，或者让你最感动的一幕是什么？你能和我们分享一下吗？

学生A：……

学生B：……

学生C：……

（可能学生描述的不是一幕，而是一件事，教师要帮助学生整理、再现情境画面）

教师总结：刚才通过几位同学的描述，我们发现，父（母）爱是如此深沉，以至于我们必须要用回忆再现的方式重新认识、重新发现，但是当我们对父（母）爱有了新的认识之后，我们也不再是原来的我们了，我们会为自己以前对待他们的行为感到内疚，甚至流下泪水。而一个澄澈的心灵是必须要经历泪水的洗礼才能完成的。这就是经典的力量，这就是真情的力量。

师：请大家课后再次阅读《背影》，并模仿文章的写作方法，写一篇回忆性的记人叙事散文《我的父亲（母亲）》，将真心真情融入笔下，将对父母的感恩展现于文字之中。

三、审辨视域下散文类课程思政教学实录——以散文《背影》为例

师：非常高兴和大家一起来上这一节课。

今年我的孩子高三了，马上就要高考，他与你们还有点缘分，你们高一的时候请学长给你们做过一个报告，这个学长就是我儿子。在高三的时候，他经常跟我说的一句话就是“鄙视你不代表着不爱你”。等你们成长了，一定知道了父母所不知的很多东西，你们在某些方面会“鄙视”父母的无知，但你们心中依然爱着父母。

大家会发现，其实很多文字是不厌百回读的。经历的不同，感受的不同，你可能对这个文字的理解就有不同。

所以我们今天来读一篇大家初中已经读过的文章《背影》。我希望在今天，看看大家离开了父母来到了高中之后，再读这篇文章有没有什么新的感受。

那么我们就从大家很熟悉的第六段开始读起，好吧？在大家读第六段的时候，我想请大家带着问题阅读，第一，第六段有两次流泪，请大家思考两次流泪的原因是什么。第二，现在再读这一段，你觉得你最有感触的是哪一句话。

学生齐读。

师:大家读得很好,我找两位同学来说一说,文中这一段两次流泪的原因是什么?

生:"我"看见父亲在往那边爬的时候,上上下下,然后"我"的泪流下来了。"我"觉得他们一方面是要分别了,在这个时候感情上总会有一些波动。第二个方面,父亲是微胖的身子,却很努力地要爬过去,到那边去买橘子,是非常不容易的。"我"看着父亲在这样的情况下依然去为"我"买橘子,内心也是非常受触动。

师:你是说"此情此境"带来了感动,对吧?"此情此境"一个是分别之情境,另一个是父亲的动作让"我"体会到了父亲对"我"的感情,所以"我"觉得很感动。那么第二次流泪呢?

生:"我进去坐下,我的眼泪又来了。""我"看见父亲的背影混入了来来往往的人中,因为"我们"在这个地方分别后,父亲要回去做他的事情,"我"也要去北京求学,未来还需要"我们"继续往前去,还要"我们"不得不前进,特别是他说"看着父亲的背影混在来来往往的人群中,再找不到的时候",所以眼泪流下来了。父亲往南京去,"我"要往北京去,一南一北,在此分开,这一分别之后又不知是什么时候再见,所以说这个时候会流泪。

师:这是看不到父亲,又不知何时再能看到父亲的伤心,对吧?因此,你认为作者两次流泪是因为分别时的伤感,对不对?好,你请坐。

师:我刚才看这个同学摇头,请你站起来回答,你刚才读第六段的时候,除了这个同学分析的两次流泪让人感动,你觉得最有触动的是哪一句?

生:我感动的一句是"于是扑扑身上的泥土,心里很轻松似的。过了一会说,我走了,到那边来信"。我觉得他们家已经非常破败了,他的祖母也去世了,他们现在生活的处境其实是非常艰难的,他的父亲却依然装作很轻松的样子,说"到那边来信",其实他的父亲应该非常舍不得离开他,父亲肯定也知道以后再难有见面的日子了,但是这种故作轻松的感觉更让人感觉非常心酸。

师:一般某个东西对我们最有触动,一是因为我们在那里面、在那个画面里看到了人间真情,第二是因为这个画面触动了我们自己的内心。所以读文章时,大家会发现,与其说我们是在读朱自清,不如说是在读我们自己,是不是?

这时看见一同学在笑。

师:你笑了,你肯定见过或者亲身经历过这样的情景,是吗?

生：没有亲身经历过。

师：刚才这个同学说没有经历过这个事情，她只是被别人的情感所感动。所以我们下面就再来做一个实验。我们找个同学来模仿朱自清的父亲跨过月台，给朱自清去买橘子的情形。大家看，橘子我给大家准备好了，但是需要你跨过月台。请最前面的这个男生来。你只需跨过这两张桌子来拿走橘子即可，但是需要跨到这个地方。

男生因为身高，一下子跨过去了。

师：不是跨，父亲没有这么敏捷，需要按照课文描写的那样模仿！我们再来一次，我们另一个同学给这个同学读着这一段，让他按描写的动作，规范地操作。

整个过程同学都在笑。

师：橘子买到之后，回来的时候怎么办？应该是再爬回来，我们不需要再演一次了，你现在可以把橘子分给大家了。

非常感谢同学扮演父亲！

刚才大家有没有发现一个问题，这个同学在演父亲爬过这个月台的时候，你们都笑了，你们觉得他演的太不像父亲了，是这样吗？但大家想没想过，这个同学在这个地方真想表演出父亲那种情形的话，是挺难的。换你们任何一位都挺难的。为什么挺难？第一个原因，因为你们穿的是短衫，而父亲穿的是长衫，所以你们表演不出父亲的艰难。第二个原因，父亲比你们任何一个人年纪都大，所以你们模仿不了。第三个原因，月台比这个桌子要高。第四个原因，月台要比这桌子脏很多。但是大家再想，一个比他年纪大、比他身体胖的老人，非要爬过比这要脏、又比这高的月台，给他去买橘子，这多么令人感动！

我们再想一下，当时的情景，肯定也会像今天一样，因为月台不是没有人的地方，所以当时也一定会有很多人在笑，是吧？而且父亲也肯定知道别人会笑，但是父亲却依然要给孩子去买这个，所以大家这样就可以体会出朱自清为什么能够被父亲的行为感动。买两个橘子，这个行为在我们今天生活中太常见了，所以这个同学说没有什么感觉，我们只是没有把两个橘子放在还原的生活场景中。如果还原到这个场景中，我们就可以看到父亲在做一个其实对他来说很难很难的事情，但他非要去做，所以这才最能体现出父亲对孩子的爱。

师：大家原先读这段文字的时候，总是觉得背影表现了朱自清对父亲的深深的爱，也体现了朱自清父亲对孩子深深的爱，那我现在给大家补充一段材料，这个材料是这样说的:1901 年,东海县的一个小官朱小坡,也就是朱自清的父亲,赴扬州上任,从此定居扬州。因为他怀疑新式学校的教学方法,所以他就把六岁的孩子朱自华送进了私塾。朱自华的童年是在父亲的审视中度过的,他父亲对他要求是很严格的。每天晚饭后,父亲总要检查儿子的作业,有时不满意,就会一把火把他的作业烧掉。在父亲严格的管教之下,朱自华的文学素养日益提升,但是也因为父亲的高压监督,我觉得这个画面怎么越来越像你们,父子间的隔阂日渐形成。1916 年朱自华考入了北京大学预科,这一年寒假,因为父母的命令,实际上就是他父亲的命令,他和扬州当地一名医生的女儿结婚。这一年,他改名为"朱自清",因为这时候他的家道有点破落。原先取名"朱自华"是父亲取"腹有诗书气自华"之意,他把自己的名字改为"朱自清",是取《离骚》里边的一句话"廉洁正直以自清兮",表明自己虽然家道败落,也不会为此而改变自己的节操。

我们发现,这时他们父子之间的关系是:父亲严格严厉,孩子有自己的独立思想。所以这样的家庭关系其实是比较尴尬的。

1917 年冬天,朱自清祖母病逝在徐州,任烟草公卖局长的父亲也丢了工作。父亲之所以丢掉公职,是因为父亲在老家已经娶了妻妾,后来到徐州上任的时候,又娶了几房妻妾,以前的一个潘姓的姨太太赶到单位闹得不可开交,当地的新闻还进行了报道,这个影响太坏,父亲就被革职了,又不得不找钱遣散各位姨太太,家里这时又没有钱,所以父亲就只能把奶奶留下的一些首饰变卖,把这些人遣散走。结果他奶奶知道之后气病交加而逝。

大家会发现,这篇文章一开始说的那一段,作者回家奔丧的时候,朱自清心里对父亲实际上是有怨恨的。不仅如此,因为变故,朱自清家里变得困难。朱自清当时在北大上学,有一次非常想买一本《英语大辞典》,大辞典 14 元,朱自清没有钱,就把自己结婚时穿的一件紫色大衣当了 14 元钱才买到这本辞典,这是生活困境的第一个写照。第二个写照是,他用三年的时间读完了四年的预科,因为他知道自己家里没有这么多钱。本来应该去留学,但是因为囊中羞涩,没有办法,就去浙江当了一位国文老师。

所以通过这个资料我们发现,作者对父亲其实是有怨恨的,但是在这种怨恨之下,文中又描写了作者的两次流泪。现在请大家以小组为单位讨论:第一,为什么作者会两次流泪?这两次流泪与看到父亲买橘子时的流泪有何不同?第二,这三个自然段里面,你最有感触的是哪一句话?

小组讨论。

师：首先请这个组的同学来说一下作者为什么会两次流泪？

生：第二段中的流泪，是因为他伤心，他说见着父亲，看见满院狼藉的东西不禁流下眼泪。我觉得他流下眼泪，是因为看到满院狼藉的东西，有点触动，他爱这个家，原本的家和现在的家千差万别，而且祖母不在了，有点物是人非的感觉。

师：你说得很好，其实这段材料里面还有一个细节，就是当朱自清回到扬州的时候，看到家里案子上面朱红的大钟也没有了，然后碧玉做的如意也没有了，包括墙上挂的郑板桥的画全部都没了，全部都空了。你们可以想一想，一个你生活了十几年的家，一个殷实的家，突然间发生了变故，当你回到家的时候，啥都没有了，空荡荡的，一片狼藉。而你自己和父亲关系又一般，和祖母关系比较好，结果关系好的祖母又去世了，这时候不是"物是人非"，是"物也不是""人也不是"，对不对？所以作者想起这些事才会触目伤怀，所以才会落泪。而且这个泪里面多多少少有一点对父亲的怨恨。

那我们说还有第二处流泪，为什么？

生：因为这个时候，他已经长大了，父亲也老了，而且他也知道了生活的不易，所以他有点心疼。

师：我觉得女同学往往都比较心细，体会得比较深。我再追问一个问题，此时朱自清的生活是什么情形？文字里面有吗？

生：有，家境却一日不如一日。

师：大家知道在当时，男子要自觉地承担起一个家庭的责任。这几年朱自清和父亲东奔西走，但是家里却一直没有变好。朱自清因为没有留过学，在清华时常有点自卑。一个有点自卑的人，一个真实感受到生活不易的人，一个到了父亲当年年龄的人，这时就能更加深刻地理解当年的父亲。原先的时候，朱自清只怨恨父亲，觉得父亲怎么怎么不好，把家弄得如此地狼藉。但是现在到了自己身上，自己这么努力地去做，家却并没有变好的时候，作者才知道，才可能真正体会到，让一个家庭变好，真是件不太容易的事情。所以说这个时候再来回忆当年自己对父亲的一些做法，作者就会流下眼泪。

刚才这个同学说心疼，如果换一个词的话，应该是感同身受，感同身受之后开始心疼父亲，这时候的心疼是已经深深地理解了父亲之后的心疼，对不对？

我刚才除了让你们看两次流泪之外，为什么还让你们读第五自然段，那里有一句话“我那时候真是太聪明了”，朱自清这个时候比你们大不了多少，大体上是大一、大二的样子，出过门，到了北京见过世面了，然后父亲却把自己闹得如此狼狈，所以一个孩子这时候看父亲，会觉着父亲不再是伟岸的。但是当时间流逝到八年之后，分别八年之后，作者自己也成人了，也有了责任和负担，才知道父亲其实是真的不容易的。

所以这些话里面还有什么感情？第七段你刚才概括的“心疼”很好，这一段我们再加上一个词的话，应是回想到自己过去自作聪明后的“愧疚”。

师：现在回顾一下整篇文章的结构。这篇文章实际上以“背影”作为中心意象，写了一个“昔日之我”（也就是“送别之时的我”）和“今日之我”（“送别八年之后写这篇文章的我”），通过“我”的变化，写出了不同时期的父亲。

大家看第七自然段，有“昔日的父亲”，他少年时出外谋生，独立，做了许多大事；有“分别时的父亲”，狼狈的父亲；然后又有“今日之父亲”，今日之父亲给作者写信说，他渐不如以前，觉得大去之期不远了。

大家会发现，整个散文里面有许多变化，这就是叙事散文中一种常见的技法。你不要仅写一个情景，因为人变了，你对过去的东西的感觉就不一样了；更重要的是如果这个东西本身又变了，你对这个东西的理解就会更加不同了。这样你就会写出不同来，写出深意来。

所以高一写记叙文的时候，我们建议大家尽可能参照这篇文章的写法，通过自我的变化，写出自我对一个变化了的情境的不同理解。

这就是我们所说的叙事散文常见的手法。

通过“昔日之我”和“今日之我”的变化，作者的感情就不仅仅像刚才大家所说的理解、爱父亲了，从当初对父亲的怨恨，慢慢有了理解，然后开始愧疚，现在开始接纳，甚至开始心疼。

这样的经历，你们身上一定会有。现在我给大家读一段文字，这段文字是你们高一同学写的一篇文章。我找个女同学读，因为我觉得女同学应该体会更深，读的效果比较好一些。

女同学起立，读：

“我给你提个建议，你别不愿意听，你以后把头发扎起来吧，这么披着一点也不精神。昨天家长会你们班主任说让找找上高中以后的变化，我看你就这一点儿变了，你说你把头发扎起来多精神，跟以前一样利利索索的多好。

你看看你们班那个第一，人家学习多好，不光数学满分，物理、历史、地理都是满分，就英语和语文差一点儿。你看看你那个语文，怎么搞的，以前不是分挺高的吗？还有你的英语，人家都考一百四十几，你咋就一百二十几呢？唉，看看人家那孩子，人家就是聪明啊！我还想你怎么也能考个一百名以内呢，这下好，一下来了个二百开外，唉！你别不说话，表个态啊！……我就烦你这个，不许我说别人孩子好，哎！你哭什么啊你。

我也没说你考得不好啊，我就是觉得很失落，你说你那天打电话跟我说成绩，我听得出来你挺满意的，你说你考成这样就满意了怎么能行?！你看看人家，数学、物理、历史、地理都是满分，唉！人家就是脑子好，不服不行啊，我现在后悔了，早知道就不让你上二中了，上五十八中怎么也不能考到二百多名啊！你说我要是有个考第一的孩子，那该多好！……你以前考的那也叫第一？就你们学校那几个人，对了，跟你同校的某某考得怎么样？你看看，你连他都没考过，以前初中那可是你的手下败将啊，怪不得人家说女孩子上了高中就不如男孩了。

唉，也怪我，当时不把你送到好初中去，现在基础也不行了。……没有联系？没有联系你怎么考不过人家了？哦，你这不还是承认你的脑子不如人家好了吗？嘿！不跟我说了就不跟我说了，反正你是没考过人家。好了别哭了，明天返校了要带点什么？明天还降温，你看看你那些外套你要带哪一件？不穿。不穿怎么行？你们老师说了，山上温度总是低个两三度，那冬天不就很冷了！

去了学校要好好学习，别想些有的没的，离那些小青年远一点！就前天家长会完了跟你招手那个。我不管，反正你可给我老实点儿，要是敢早恋，我就打断你的腿，在家跟球球做伴儿！

不能没有压力，身体毕竟是最重要的啊！不尽力是不行的，你要是出七分力，人家出十分力，肯定比不过，到了二中，就是高手之间的竞争，你要时时刻刻尽全力去做事啊！行了快到了，你检查一下东西都带齐了吧。”

“好好吃饭，多穿衣服!”喊完这句话之后，我的家长在寒风中走回车上。

学生掌声。

师：这是你们高一同学写的一段神奇的文字。因为这段文字全部都是她家长的话，没有她任何的动作，就最后有一句叙述，“喊完这句话之后，我的家长在寒风中走回车上”，相信此情此景，你们很多人可能经历过，对吧？

一女同学站起来讲自己的经历。

师：请问你那时是什么样的心情？为什么你觉得父母真的爱你呢？

生:他们无条件地爱我。

师:我觉得这位同学说得太好了,如果说哪个人真的还在管教你,说明他是真的是在疼你爱你。如果哪个老师或者家长都已经不管不问你了,那是彻底失望了,对不对?哀莫大于心死。我觉得这同学体会得太深了。

师:我想很多同学可能还有一种经历,这种经历不仅仅是唠叨,甚至有的同学可能会和家长发生矛盾。

一男生起:我父亲没收我的手机,我们发生了矛盾……

师:你其实也理解父母的心,是不是?有时候我们感觉我们真的是管不住自己,我们需要家长管束一下我们。

等到大家高三的时候,你们也会知道,很多东西父母应该管,否则好多美好我们都会遗漏。这时你就会感谢父母。

已经到下课时间了,我们总结一下今天这节课,今天阅读这篇文章,实际上是从"今日之我"和"昔日之我"的变化来看待父亲的事情。课上我让同学做了一个表演,实际上我是想让大家以自己的经历体会文中父亲的不易。

所以,不能光读到朱自清的变化,你还应该从中读到自己的生活,还应该读到你自己。这样的话我们才算真正读懂了文章。

最后,让我们在这首歌曲中下课。

播放经典老歌《父亲》,下课。

四、审辨视域下散文类课程思政教学评析——以散文《背影》为例

传统的叙事性散文教学往往会从"形散而神不散"的文体特征出发,梳理散文的"形",把握体会散文的"神"。但课程思政的审辨式教学则要求抓住学生的质疑处,把"昔日情境"与"今日之情境"、"文中之情境"与"生活之情境"、"作者之情境"与"自我之情境"相比较,调动相似、相关的真实生活经历,充分地反思、体验,从而达到"物我两忘、惺惺相惜"的效果,实现散文教学中课程思政教育的入脑、入心、入行。

就像这节课的教学,以这篇文章的中心意象背影为中心,构建三个维度。第一个维度是作者昔日之情境和写作当日之情境。第二个维度就是作者之情境和我们今天生活之情境。第三个维度是文中的情境和阅读者的情境。

首先要让学生去阅读、获知作者写《背影》这篇文章的情形,以及这个家族以前的情形。在这个家族家道中落的过程中,已经成长为成人的儿子对父母有

埋怨，但父亲在这个时候还要给孩子去买橘子，表现出父亲虽然有许多不尽如人意的地方，但对儿子的爱依然是没有一点杂质的。这是第一个维度的构建。

第二个维度，那就是文中之情境和生活之情境。当我们通过分析让学生了解了文中的画面之后，我们还是要让学生模拟一下这个画面，为什么？因为父亲越过月台给孩子去买橘子的情境，没有生活的体验，学生可能是体会不到它的艰难的。所以我们设计让学生在课堂上去翻过桌子，就当作是翻过月台去买橘子。当这个学生翻桌子时，他的动作会引起大家的发笑。这个时候我们就会让学生思考：朱自清的父亲当年翻过月台的时候，面对满车厢人的异样眼光甚至一些嘲笑的时候，为什么没有顾及这些？因为他心中只有孩子，这恰恰是一个父亲的伟大之处。这样就会让学生更深地认识到文中情境所塑造的画面感人的力量。

第三个纬度就是作者之情境和自我之情境。这是一个真实的事情，开展散文的阅读教学时，我们应该建立文学作品与作者之间的一个关联。想想在你的父母亲身上有没有过像朱自清父亲一样的事情，只有这样的环节才能够让学生深刻体会到背影这一中心意象所揭示的父爱。将文中情境联系到自己身上，联系到自己的父母亲，这样我们就建立了文学作品与社会现实之间的一个密切关联，这样就达到了我们散文课程思政教育的重要目的。

第二节　审辨视域下戏剧类课程思政教学的建模与实践
——以戏剧《雷雨》教学为例

华东师范大学第二附属中学　郝敬宏

一、审辨视域下戏剧类课程思政教学的建模

戏剧文学是在一定的舞台空间，通过戏剧冲突和戏剧语言来表现人物性格、揭示社会现实的一种文学类型，因此舞台空间的限制或者说舞台空间的表现力是戏剧文学与其他文学最大的不同。为此《普通高中语文课程标准(2017年版2020年修订)》学习任务群5“文学阅读与写作”中明确规定：“了解诗歌、散文、小说、剧本写作的一般规律”“根据诗歌、散文、小说、剧本不同的艺术表现方式，从语言、构思、形象、意蕴、情感等多个角度欣赏作品，获得审美体验，认识

作品的美学价值，发现作者独特的艺术创造。”2019 年教育部命题中心为山东省新高考命制的高考模拟语文试题中出现了现代诗歌的阅读考查，于是戏剧剧本也多次出现于各地高考模拟试题中。

但是传统的戏剧教学完全忽视了戏剧文学与其他文学的根本不同，把戏剧教学与其他文体教学混为一谈。“在选择教学内容时，把戏剧当小说，分析其‘三要素’；把戏剧当散文，进行文本细读；把戏剧当语言研究或口语交际的材料，进行学术探讨或会话训练。在安排教学过程与方法时，将剧本当成‘教学文本’，按小说的要素切块拼接；将剧本当成影视文本，播放据此改编的完整或片段的影片；把剧本当成‘线性文本’，侧重讲授和鉴赏。”华东师范大学张心科教授提出，“应该认识到戏剧是一种在特定的空间里通过会话推动冲突发展的艺术。戏剧阅读教学可分为文本鉴赏和戏剧表演两大步骤。在文本鉴赏环节要围绕寓居空间、历验空间、景观空间和社会空间，分析人物的对话和聚谈，理解人物之间的冲突，探究作者写作的意图”。

为此，审辨视域下戏剧阅读教学的重点就是要在学生表演课本剧，同学看戏、评戏的过程中，让学生体验舞台中道具的作用，以发现道具、质疑道具作用为审辨式教学的主要手段，围绕道具这一重要舞台空间的构成要素，展开对戏剧冲突、语言冲突、人物性格的分析，从而把戏剧阅读引向进一步的深入思考，包容接纳，产生审辨认知。其教学模型重构见图 2-2。

图 2-2 基本模型

在这个模型中，戏剧教学的第一步是基于传统的阅读技巧，梳理、分析、整合剧本文字的主要内容，明确戏剧文本中的形象、语言、冲突与戏剧主题；在此基础上，让学生进行说戏（即布置舞台）、演戏（体验舞台）、看戏（体会舞台）、评戏（评价舞台），从而对剧本文字阅读的原认知质疑、发现、反思，进而丰富原有阅读认知，形成审辨认知。

下面，我们就以统编版高中语文教材必修下第二单元《雷雨》为例，看戏剧审辨式阅读教学的具体设计。

二、审辨视域下戏剧类课程思政教学设计——以戏剧《雷雨》为例

学习目标

（1）通过说戏、演戏等活动，审辨理解戏剧艺术的特点。

（2）通过说戏、演戏等活动，体会剧本的思想感情。

学习过程

（一）介绍戏剧，导入新课

20 世纪 60 年代，有一位著名的日本作家访问中国，他专程登门拜访了中国的一位作家，并表达了这样的愿望："我希望日后也能写出像您那样的语言来。"时隔三十多年，这位日本作家在 1994 年获诺贝尔文学奖，他就是大江健三郎先生，而他当年访问的这位作家就是《雷雨》的作者曹禺。《雷雨》为何如此出名？我们又如何通过学习，发现戏剧剧本这种文体之美？今天我们就以《雷雨》第二幕的节选为例，来学习戏剧这种文体。

戏剧是一种舞台艺术，它在有限的空间内，通过人物语言来制造冲突，反映社会。所以人物、语言、冲突是戏剧三要素，但是戏剧与其他文体的不同之处是其舞台艺术。今天我们就要通过说戏、演戏、评戏等活动来体会其舞台艺术及三要素之美。

（二）教师示范引领

1. 检查预习，为说戏、演戏、评戏作铺垫

师：大家预习得很好，根据戏剧的情节发展，我们可以把这一幕戏划分为几个节点，一是鲁侍萍初见周朴园，二是周朴园认出鲁侍萍，三是鲁大海与周朴园的斗争，四是鲁大海与周萍的冲突。我们共分为四个组，第一组负责第一节，第二组负责第二节，第三组负责第三节，第四组负责第四节，第五、六组负责总评。前四组根据情景推选出演戏的人，其他同学一起来给他们说戏、布置舞台。第五、六组最后要对各组的舞台设计与表演进行总评。

2. 请一组同学上来布置舞台

在他们布置的过程中，教师要不断提醒这个客厅空间的道具摆设如窗户、桌子、照片、沙发、雨衣等各放在什么位置，特别是桌子、沙发与窗户的相对位置，思考周朴园应在哪里，鲁侍萍在哪里，同时思考为什么这样安排这个空间。

大家通过讨论明确：桌子在客厅中央，照片应在对着沙发的位置，窗户应越过沙发，这样鲁侍萍才能从周朴园前面走过关窗户，他才会发现她的行动极其熟练。客厅中挂着另外一个女人的照片，也可以看出周朴园在家里的霸道，也可以看出他与繁漪的关系，也可以看出在他心中有着对鲁侍萍的怀念。

3. 学生演戏

4. 教师以采访演员的方式提几个问题

A：文中对话时有许多破折号，这些破折号有的是转换话题，有的是声音的延长，有的是停顿，你演这些台词是怎样的心情？为什么要这样说话？

B：除去人物对话外，还有一类戏剧语言叫舞台说明，第一幕中的舞台说明很多是动作与神态，在演这些动作与神态时，你认为主人公是一种什么样的心理？

5. 教师组织大家评戏

评戏可以从剧本中的人物形象入手，分析演员表演与人物形象是否符合，语言表达是否能表现出其真实内心等。

重点评学生语言是否能表现人物内心世界，特别是这时在鲁侍萍知道周朴园，但周朴园不知鲁侍萍的情形下。

（三）小组合作说戏、演戏

第二组注意周朴园的表现，重点思考他前后发生这么大变化的原因，并深层剖析其内心世界，从而认清周朴园的人物性格。

由于时间关系，这一节课不可能演完，可以问："你们准备好了吗，哪一组愿意来表演？"

如果没有，直接进入第三组。

第五组的同学可以分到第三组中去，因为第三组中需要的演员多。

第三组：注意道具"合同"，注意周朴园在既是工人又是儿子的大海面前是一种什么样的心理，又是如何表演的。

第四组：注意周冲、周萍的位置。特别注意鲁侍萍说"你是萍——凭什么打我儿子"时的心情、语气、神态。

教师要参与各小组说戏过程，同时解决学生的一些问题。

比如，第二节课教师参与学生的讨论。

周朴园：你的生日——四月十八——每年我总记得。一切都照着你是正式嫔过周家的人看，甚至于你因为生萍儿，受了病，总要关窗户，这些习惯我都保留着，为的是不忘你，弥补我的罪过。

师：但是当他得知侍萍没有死时的话语是什么？

鲁侍萍：这个人现在还活着。

周：（惊愕）什么？

……

周：她还在？不会吧？我看见她河边上的衣服，里面有她的绝命书。

……

周：哦，救活啦？

……

鲁侍萍：老爷，您想见一见她吗？

周：不，不。谢谢你。

如果换成是我们自己，一个刻骨铭心的恋人，一个你一直以为死了的恋人，突然你得知她没有死，你是什么样的表现？

生：真的？她真的没有死吗？那么她在哪里？她现在还好吗？我可以见一见她吗？

师：我们看周朴园的话。

周：（惊愕）什么？（不相信，这一点我们可以理解）

周：她还在？不会吧？我看见她河边上的衣服，里面有她的绝命书。（她应该真死了的啊，她怎么会活下来呢？）

周：哦，救活啦？（她真的活了）

鲁侍萍：老爷，您想见一见她吗？

周：不，不。谢谢你。

为什么不愿意相见？是什么决定了他的不愿意相见？请从人物内心的矛盾冲突来看。

这里关键性的问题是：侍萍如果真的活着，会给周朴园带来什么影响？

生1：揭穿他的真面目，他是一个爱情的骗子，真实的贪财者。

师：可是他现在不用再贪财了啊，他可以不再为财而委屈自己了啊！

生2：繁漪不能接受啊！

师：如果是因为繁漪的话，那么他每天都生活在侍萍生活过的房子里，这种精神上的背叛不是更不能让繁漪接受吗？

生:(无语)

师:不是因为旧情,不是因为面子,不是因为妻子,那么他不能接受的是什么? 同学们想一想,侍萍活着这个信息对于整天都在思念着她的周朴园来说最大的不利是什么? 或者说周朴园想到更多的是什么?

生:(无语)

师:(提醒)当真的侍萍就站在他面前时,他最怕的也是他最想知道的是什么?

生 3:是金钱。他说了一句:"好! 痛痛快快的! 你现在要多少钱吧!"

师:鲁侍萍代表的是感情,而真的出现时可能带来的是金钱的损失,因此他不愿意她真的出现,而宁愿生活在他的想象中,因为想象中的侍萍是不会给他带来麻烦的。

师:这就是周朴园,这就是他的真实面目与性格。

后面他说:"好得很,那么一切路费、用费,都归我担负。那么,你现在要什么? 那么,我们就这样解决了。"当侍萍真的说"我,我要点东西"时,他说:"什么? 说吧?"都是疑问的语气,我想他说这话时一定带有轻视或者冷笑,他一定在对自己说,还是被我说中了吗,你还是奔着我的东西来的吧!

而我们都知道,侍萍根本不是要东西,因此当我们读到这里时,我们对周朴园这个人在物质面前的表现极其鄙视。

这是第二层戏中戏,侍萍不是为钱来,而周朴园却不知其来的真实目的,因此又给我们演了一出戏。

师:那么如何理解周朴园这个人物呢?

他有重情的一面,但是本质上,当情与财发生矛盾冲突时,他的本质是重财。

(四) 评戏

评戏的小组主要是总结节选部分的主题思想、主要人物性格、矛盾的冲突进程、戏剧语言特点,从而提醒学生在说戏、演戏过程中不要入戏太深,忘记从整体上把握戏剧这种文体的特征。

(五) 教师小结

鲁迅先生曾说过:"悲剧是将人生的有价值的东西毁灭给人看。"一场雷雨,把人间的亲情、爱情彻底毁灭,这就是悲剧,而悲剧的意义就在于当美好毁灭时我们不得不思考，造成这一切的原因是什么？是社会制度吗？这样的事情可以发生在那个时代，也可以发生在今天，所以，这不是制度原因，也不是时代的原因，是人性的贪婪、人性的扭曲，也正是因为如此，我们才能说《雷雨》具有穿越时代的经典和永恒的力量，所以希望大家课后再好好读读《雷雨》。

三、审辨视域下戏剧类课程思政教学实录——以戏剧《雷雨》为例

师：今天非常高兴和大家一起来学习《雷雨》。在学习《雷雨》之前，我先介绍一个背后的故事。20 世纪 60 年代，有一个日本的著名作家，专程来拜访中国的一个作家并表达了一个这样的愿望，他说："希望我能够写出像你那样的语言来。"这位日本作家在时隔 30 年之后的 1994 年获得了诺贝尔文学奖，他就是日本的大江健三郎先生。而他拜访的这位中国作家就是我们今天所要学习的戏剧《雷雨》的作者曹禺。

在中国现代文学史上有六位具有重要地位的作家，即"郭、鲁、茅、巴、老、曹"，其中"曹"指的就是曹禺，而曹禺在中国现代文学史上的位置，就是由《雷雨》奠定的。《雷雨》到底神奇在什么地方？我们首先来了解一下戏剧的知识。

戏剧是一种特殊的舞台艺术，剧本和其他文学作品的不同就在这里，它是一种舞台的艺术，是在有限的空间里面，通过人物的对话制造冲突，来揭示社会现实。所以我们今天学习《雷雨》，就要体验这种文体的舞台艺术与其他文体的不同之处。

所以，我今天这节课的大多数时间需要你们自己说戏、演戏、评戏。通过说戏、演戏、评戏，理解剧本这种文体和其他文体到底有什么不同，体会这个剧本的思想感情。

我们这节课主要完成第一幕的学习。在学习第一幕之前，我们要对整个《雷雨》的情节作一个了解，也算是我对大家的一个预习检查。大家可以一起回答，也可单独回答。

教师播放关于《雷雨》人物关系图的 PPT。

第一个问题：周朴园和鲁侍萍是什么关系？

生：情人。

师：周朴园与周萍是什么关系？

生：父子。

师：鲁侍萍与周萍之间呢？

生:母子。

师:周朴园和鲁大海之间呢?

生:父子。

师:很好,但是今天这幕剧里面,周朴园和鲁大海是以什么身份出现的?

生:老板与员工,罢工的工人与资本家。

师:鲁侍萍和鲁大海之间是什么关系?

生:母子。

师:那么周萍和鲁大海之间是什么关系?

生:兄弟。

师:在今天这一幕里面,周萍和鲁大海却是仇人关系。我再问大家,周朴园和繁漪现在的关系是什么?

生:夫妻。

师:周朴园和周冲的关系是父子,繁漪和周冲是母子,鲁侍萍和鲁贵是后来的夫妻,四凤和鲁贵是父女。然后大家再看:鲁侍萍和四凤是母女,鲁大海和鲁贵是父子,鲁大海和四凤是兄妹,是异父同母,周冲和四凤之间是单相思,周冲恋着四凤,但是周萍也爱着四凤,周萍因为爱着四凤而繁漪又喜欢周萍,所以繁漪才把四凤赶走。

从你们的"啊"就看出你们预习的情况了,对不对?因为繁漪也爱周萍,所以才有了今天这幕剧的开始,那就是繁漪把鲁侍萍叫到自己家中,要求她把四凤领走!于是鲁侍萍再次来到了周朴园家中,才有了我们今天的第一幕——再见周朴园。

人物关系的复杂恰恰意味着戏剧冲突的复杂。戏剧的冲突无外乎外部人与人之间关系的冲突、内部人内心自我心理的冲突。刚才大家看人物关系好复杂,复杂的戏剧冲突就集中在有限的空间内,于是一定会有好戏看。

好,第一场,鲁侍萍再见周朴园,开始!

现在请负责剧务的同学摆放道具,同时请一组负责表演的同学做好准备。

剧务同学开始摆放道具。教师在旁边不停地提问。

师:那是雨衣吗?雨衣是不是应该放在这个地方?那是什么?那是相片。我给你们准备照片了,剧务同学,照片放在哪个地方?

生:贴在白板上就行。

师:我现在问一下剧务的同学,你这样布置合适吗?

生：这是客厅，这样放的话好让演员面对观众。

师：这样确实方便面对观众，但是有一个问题，你布置的是客厅，周朴园要坐在沙发上，那么鲁侍萍旧日的照片就没有地方放了，你不可能贴到教室后面去吧？所以你贴到了白板这里，按你这个方位，周朴园就要每天背对着照片，这不合理。还有一种方法，你改一改周朴园沙发的位置，改一改照片贴的位置，让演员与照片都斜对着大家就可以了。同时，你还要注意一下窗户在哪，因为鲁侍萍还要关窗，你还要注意鲁侍萍从哪儿入场，你要跟演员说好。

学生终于在教师的指导与帮助下完成了剧务的安排。

师：你们想一想我们这样安排与原先的安排有何不同。

生：演员侧着演了，但是这样演出效果更好，因为观众能面对整个剧场，会有一览全局的观赏感。

师：你将来可以当剧务了！我们再来考虑一下这些道具。因为舞台艺术决定了道具一定不能多，有哪些道具？

生：桌子、相片。

师：鲁侍萍来的时候怎么着？

生：站起来。

师：鲁侍萍来的时候周朴园他会站起来吗？

生：不会，因为他是这个家的主人，他在家里有权威性。

师：但是很奇怪的是，刚才复习这部剧的背景时，我们都知道此时他和繁漪是夫妻，是现任夫妻。但在他家的客厅，注意不是他的卧室里面，是客厅里面，光明正大地挂着旧日情人的照片，你不觉得你布置的这个场景好奇怪吗？要么是这个人性格有问题，要么是你布置得不合适。

生：剧目里面他就是在那挂着照片的。

师：那么我们就要思考，从这个道具中我们可以看出周朴园是个什么样的人物？

生：多情。

师：你多情的话，繁漪在家，你怎么不对繁漪多情？他现在和繁漪是夫妻关系，但是他家里的客厅里面却挂了他旧日情人的照片，也就是说繁漪在他的生活中、在他的家里，说话是不算数的，而他才是一个最专权的人。

我刚才说戏剧是舞台艺术，你们看到就在这个细小的道具上，我们都不可轻视。

我们今天不可能把四幕四场都演完，所以第一场演出，我们就要仔细体会一下戏剧与其他艺术的不同。大家看我们这个剧本里面还有一些不显眼的道具，但也要仔细体会。比如这是窗户，那是门，周朴园坐在客厅的正前方，现在鲁侍萍要从门口入场了，是吧？请鲁侍萍同学入场。

学生出场，教师提醒：要拿着雨衣是不是？学生拿上雨衣。

两个同学表演第一幕。

之后学生鼓掌，教师也跟着鼓掌。

师：大家的掌声就代表着你们俩表演的效果，虽然有时候会忘词，大家也会笑，但大家都是善意地笑，为什么？因为台词这么长，你们都能记着，真是不简单！所以我建议大家再次用掌声对这两位同学表示感谢！

请表演的两位同学先不要走，你们表演的时候，有一个细节，这位表演鲁侍萍的同学，手一直是这样放着的，大家看到了吗？因为她在这个场景里面，是作为一个下人的妈妈出现的，对不对？她这时候什么都不知道，只是见了周朴园之后才知道，所以说从她的这个手势就能看出鲁侍萍此时的身份，所以你表演得真好。

（教师拉着另一位学生）这位同学说话的时候也很好，有一次他站起来了，你们看到了吗？他站起来表示他的吃惊。所以从整个表演来说，两位同学的表演是很不错的。但是我有一些问题，请教两位同学。

我们大家都知道，舞台艺术除了我们刚才说的摆设之外，戏剧的三要素是指戏剧语言、人物、戏剧冲突，当然戏剧语言包括人物的对话和舞台说明。我的第一个问题，是有关人物对白的，我们不再把所有的对白都分析了，请大家打开书，你们俩也可以打开书，我们一起以第 27 页、28 页的人物对白为例，大家会发现，这些地方有好几处都有破折号，大家知道破折号的第一个作用是转换话题，第二个是声音的延长，第三个是解释。

第 27 页几处周朴园的话里，比如说“在无锡有一件很出名的事情——”，这里用了一个破折号，我想请教演周朴园的同学，你觉得在这个地方他为什么用破折号呢？

生：我觉得他是在想自己要不要问这个。他觉得对方是无锡口音，他想问，但是心里也有可能会有一点怀疑这个人的身份，所以他就不知道自己该不该问啦。

师：你的意思是他想问又不知道该不该问，为什么怕？好不容易碰到了一个无锡人，他如果是真要找侍萍的话，现在碰到一个无锡人，那还不赶快问？为什么还要在这个地方用一个破折号表示一个停顿呢？

生：欲言又止。因为在30年前，这个事情对他们周家来说不是很光彩。

师：很好，这是一个不光彩的事情！所以他想打听这个人，他内心有点愧疚，但是又觉得这个事不光彩，所以周朴园现在内心是比较纠结和矛盾的。既有愧疚，但是又害怕出现这个事情。

好，这是第一处破折号。第二处，他说"我派人到无锡打听过。——"又用了一处破折号，这明显是转换话题了。为什么？

生：是想到了什么，我觉着很复杂……

师：为什么要转换话题？为什么不赶快问下去？你看他说"我派人到无锡打听过"，然后接着话锋一转，"三十年前在无锡有一家姓梅的"，这里的意思是如果你听说过了，我就不说我要打听的东西了，为什么？

为什么他不想多说说？他怕的是眼前这个人。如果你真的知道过去的一切，就麻烦了。所以我现在是试探你到底对这个事情知道不知道？知道多少？对不对？

所以你可以看到周朴园的另一个性格，很小心翼翼地掩盖自己，掩盖自己的真实，就是我们说的虚伪，是不是？

好，继续往下。第三个，他说"梅家的一个年轻小姐，很贤惠，也很规矩。有一天夜里，忽然地投水死了。后来，后来，——你知道吗"用了一处破折号，他想干吗？

生：应该也是在试探。

师：所以周朴园对过去的事情充满了愧疚，但是又充满了害怕，他害怕的是什么？害怕别人知道自己这件事，因为这件事到底不光彩，甚至是罪恶。他想掩盖自己的内心不安，想掩盖自己过去的罪恶，这就是周朴园的性格，所以表演周朴园的时候不容易，这也是我刚才表扬这两位同学表演得很好的原因。

我们就以这三处的破折号为例，分析了人物的语言。文中还有很多破折号，大家都可以仔细体会这些人物的对话。

我们再看另一种语言，因为戏剧的语言除了人物的对话之外，还有一个舞台说明，就是文中的括号部分。

我们来看几个括号部分，第28页有一个"汗涔涔地"。大家当时注意没注意，我们这位演周朴园的同学当时做了一个这样的动作，是不是？你们再看一下第29页的“忽然立起”,这两处括号内的文字,一个是神态,一个是动作,我想知道你当时做这个动作和神态的时候,你是什么样的心情?

生:“汗涔涔”,是因为眼前的这个人对这件事太了解了,他又重新感觉到了这件事的不光彩,而且他有些害怕。

师:比较害怕。那么他突然立起是为什么?

生:更加害怕。

师:所以他站起来之后,下意识问的话就是“你是谁?”你当时做出的动作很好。好,请回吧,谢谢两位同学!我们真应该给这两位同学再鼓一次掌。

刚才我们采访了两位同学,通过采访我们发现,这两位同学对第一场里边的人物对话和对白的把握都是很好的,我们也通过几个破折号分析了人物的语言,也分析了舞台说明的作用。我们现在再来看这一幕里面的冲突,在这一幕里面,外部冲突就是周朴园和鲁侍萍。大家注意到没有,演鲁侍萍的同学后来做了一个转身的动作。我想问你,你当时为什么要转身呢?你原先一直是这样对着周朴园的,后边到了这个地方的时候,你为什么要转身?你说“我是四凤的妈”时,声音很小,我都提醒你声音大一些,我怕录像机录不上,但是你转身的时候,声调一下子提上去了,一开始声音很小,但后来声音突然很大,你的转身动作和声音很大的原因是什么?

生:她很生气,也很愤怒……

师:你的意思她要控诉,是这个意思吗?

生:对,所以她的语调突然间提高了。

师:但是她一开始不说出来,而是在后面时才说出来?

生:鲁侍萍现在认识到一切了。

师:你是说她之前也有幻想,现在她认识到了一切,她开始愤怒。好,你的转身和你声调的提高,真实表现了鲁侍萍现在的内心实际上是翻江倒海式的。因此在这一幕里面,外部的戏剧冲突,鲁侍萍和周朴园之间的冲突并不明显。但实际上很有意思,周朴园现在明里,不知道这个人是谁,但是鲁侍萍此时已经知道这个人是周朴园了。所以这一幕里面的冲突,大家主要体会的是人物内心的冲突。大家可以想象,自己的女儿在一个大户人家打工,作为四凤的妈,鲁侍萍突然被人家主人叫去领回女儿,结果发现这家主人竟然是自己二十多年前的旧情人,自己的女儿又跑到他家去了。鲁侍萍当时的心情是什么样的?我们再想象一下周朴园,周朴园今天遇到一个无锡口音的人,这个人一点点地揭露了当初无锡事件的全部，随着她慢慢地描述，往日的画面再次出现在自己面前的时候，周朴园心里又是什么样的？

因此大家看，这两位同学平静的表演下面，内心却是翻江倒海一般的冲突，是人物内心真实的冲突。

我们来总结一下周朴园的性格，周朴园是一个什么样的人？

通过道具我们可以发现他的专横。为了娶繁漪，他把侍萍赶走，而且两个月的孩子都让她带走，为了钱，为了地位，他毫不留情地把自己的恋人，甚至自己的骨肉都甘愿抛弃，这是他的凶狠。但是他也有一点点人情，他会对自己做的事感到愧疚，甚至会把这个东西一直放在某个地方，家具不能变，然后雨衣也用原先的。但是当这个人突然出现，真实地出现时，他又会表现出另一面来。所以你会发现他先前之所以内疚，实际上是用这种内疚来减少自己的负罪感。所以当这个人真实出现的时候，他又不能够接受了，所以他会说"你来干什么"，然后给她钱，说"我们就这样解决了"，先前充满了负罪感，但是人家真来的时候，他又不敢表达自己的负罪感，所以这个人内心充满了虚伪和自私。

所谓自私，表现在你一旦侵犯我的利益，我一定不能接受，赶快让你走。虚伪，他的负罪感就是虚伪，他不能见真人，真人来了之后，他马上就想到保护自我的利益。所以你会发现周朴园的性格里面自私、贪婪、凶狠、虚伪都有，性格非常复杂。

正是因为周朴园性格的复杂，所以说《雷雨》最后的结局其实非常悲惨。因为后来所有人都来到了周公馆，揭开了一切面纱，之后四凤实在是接受不了这个现实，不能接受和自己相恋的竟然是自己同母异父的哥哥，而且他还恋着他的母亲。所以四凤就冲出了客厅，那天正好是雷雨之夜，第一幕就说下午很闷热，四凤不小心触电身亡。周冲对四凤单相思，周冲也跟着出去，结果也触电身亡。这一切让周萍无法接受，他也开枪自杀。鲁侍萍和繁漪都疯了。鲁大海走了，客厅只剩下周朴园一个人，在那里受着自己良心的谴责。

到最后的时候，这种复杂的矛盾冲突让整个故事酿成了一个非常悲惨的结局。鲁迅先生曾经说过这样一句话："悲剧是将人生的有价值的东西毁灭给人看。"《雷雨》的关系里有亲情，有爱情，有恋情，这些感情本都是美好的，但是都给毁灭了。所以《雷雨》是个大悲剧，那么大家都要思考这样一个问题，《雷雨》这幕剧想表达一个什么样的想法？

我们分析了人物，分析了对话，分析了冲突，我们要从这些分析中，找出作者想得到的结论，想传达给我们的思想，因为悲剧把美好的东西毁灭的时候，我们一定要想，谁毁灭了这些美好的东西，谁把亲情、爱情毁灭了，谁？是社会制度吗？

生 1：应该是。

生 2：不能全部是社会制度。

师：为什么不能全部是社会制度？

生：这是周朴园个人骨子里的那股自私、那种对利益的追求造成的，这些天性迫使他做出那些事。不能所有的锅都让社会制度来背。

师：如果不全是社会制度的事，也就是说其实这个事情可以发生在那个时代，也可以发生在今天，对不对？所以这个同学说不能全部让社会制度来背黑锅。那么这个人骨子里的那个东西，是什么？是他的人性，是他复杂性格中表现出的人性！

经典为什么能成为经典？经典成为经典的原因恰恰就在于，无论是什么时代，无论是什么样的人，我们读这个作品的时候，都能读到自己人性之中的那一点阴暗。换一句话说，我们对别人有没有过周朴园一样的内疚感？但是当我们真的面对这个人的时候，我们是不是不敢说出真话？因为一旦说出真话，又会损害我们的现实利益。所以你看周朴园这个人可恶，但我们有时候还觉得我们也有周朴园的影子；鲁侍萍这个人可怜，但我们又觉得她身上也有可恨之处。正是因为这些复杂的性格，在这个特殊的舞台空间——周公馆里面发生了这样的纠葛和牵连，所以最终才导致雷雨整个悲剧的产生。

这就是《雷雨》经典的魅力。

这节课还是有一点可惜的，我们只能体会到这里。第二、三、四幕不能表演了，但我相信大家排演得很好，可惜没有时间了。我希望你们不要因为这一节课的结束就结束，而是按照我们这节课所学习到的知识，把第二、三、四幕表演下去。因为第三幕的时候，鲁大海又出来了，出现了新人物，舞台艺术又不一样了，对不对？这些人都站在什么地方？仆人应该站在哪个地方？鲁大海应该站在哪个地方，这个时候的周朴园应该站着还是坐着？

当你在那个地方想象的时候，你会发现，其实写剧本还真的是不容易，但写好后也真的会很好。

今天这节课就到这里，好，谢谢大家，同学们再见！

四、审辨思维视域下戏剧类课程思政教学评析——以戏剧《雷雨》为例

传统的戏剧教学往往忽视戏剧这种文体本身的特殊性，常常把戏剧上成小说的“三要素”分析，或者散文式的人物对话赏析。戏剧是一种舞台艺术，是在有限的空间内，通过人物语言来制造冲突，从而反映社会、反映人物内心世界的。所以，戏剧教学需要注意戏剧语言、人物分析、情节冲突，但戏剧教学更应注重戏剧空间艺术的赏析。这个空间艺术包括生存空间、道具空间、社会空间。这些都是戏剧中人物、语言和冲突发生的背景与土壤。分析这些空间可以让我们对戏剧冲突、人物性格、戏剧主题的认识更加深化。所以，戏剧教学更应注重对空间艺术的分析。

为此，本课的设计以说戏、演戏、观戏、评戏等活动为主线，以戏剧空间场景的变化为节点，引领学生不断发现道具、反思道具、体会道具的作用，进而引领学生深入思考人物的心理、语言、冲突和主题。这样既体现了以学生为主的学习理念，又在审辨式的反思活动中强化了戏剧这种文体与小说、散文的不同，让学生真正意识到戏剧是一种空间的艺术，让戏剧教学回归原点。

第三节　审辨视域下说明类课程思政教学的建模与实践
——以说明文《中国建筑的特征》教学为例

华东师范大学第二附属中学　郝敬宏

一、审辨视域下说明类课程思政教学的建模

当前说明文阅读教学中存在的最大问题是，把说明文阅读教学处理成说明文写作教学，从而造成说明文阅读教学重在分析说明文写作知识，如说明对象的特征、说明顺序（结构）、说明方法、说明语言，而不是教学生获取文本信息的技能。还有一个问题是把说明文当成文学作品进行阅读教学，分析文章的说明方法、说明顺序、语言严谨等。以上教学造成学生在学习完说明文后，却不一定能读懂说明书，更不一定能在读懂说明书的情况下完成说明事物的使用，从而出现语文学习与生活严重脱节的问题。基于此，华东师范大学张心科教授提出

要回到说明文阅读的重点:获取信息,以做促读。

基于此,我们建构了说明文这类文体的审辨式阅读模型(见图 2-3)。

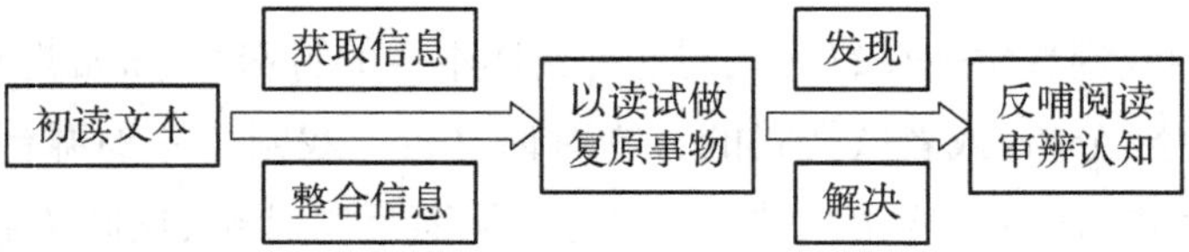

图 2-3 基 本 模 型

由图 2-3 可见,说明文阅读教学的第一步,即引导学生初读文本,获取说明事物的信息,并整合这些信息,初步完成对说明事物的把握;第二步,在获取与整合信息的基础上,试着复原说明的事物,用动手复原的形式实现对初次阅读的加深;第三步,在动手复原过程中,学生一定会有问题、有质疑、有发现,同时也一定会解决这些问题,这就是一个"以做促读"的审辨阅读过程,在此过程中,阅读与生活紧密结合,却又相互冲突,促进学生高阶阅读;在动手完成说明事物复原的基础上,反哺阅读,让学生尝试把文字说明不当、不细、不形象的地方进行修改、完善,从而促进说明文的审辨认知。

下面以高中语文《中国建筑的特征》一文为例,看审辨视域下高中说明文阅读教学设计。

二、审辨视域下说明类课程思政教学设计——以说明文《中国建筑的特征》为例

学习目标

(1) 学习本文说明事物的方法、顺序,了解说明对象的特点。

(2) 按照说明内容动手组建并想象中国式建筑,加深对说明对象的理解。

学习过程

(一) 设置情境,任务驱动

这是青岛的一则房地产广告:"宅中有院,院中有廊,廊后有屋,屋中有露台,并非世外,却有桃源!"据说此广告吸引了许多人的目光,因为在每一个中国人心中,特别是生活在钢筋水泥丛林中的城市人,每个人心中都有一个"中国院子"的梦,假设你有这个能力,设计一个这样的院子,你会如何设计,才能让它成

为你梦中的桃源呢?

今天我们就一起来学习《中国建筑的特征》,一起来设计我们梦中的院子。

(二)学生自主阅读,教师检测学生信息获得情况

这是一篇说明文,平时我们购买商品时都会阅读说明书,从而获得商品的功能与使用方法,所以今天我们阅读这篇说明文,也要自主阅读,阅读完后我来出几个题目检测大家获得的信息是否准确。

学生独立阅读5分钟,教师展示一组判断题。这些判断题的内容涉及文章的逻辑思路、说明事物的特征、说明方法、说明顺序;以判断题的形式出现是为了检测学生在自主阅读中获得的这些信息是否完整、准确,从而发现学生在说明文阅读中的问题,比如整体把握文章结构与思路的能力、筛选信息的能力、整合信息的能力等。

判断下列说法是否正确。

(1) 文章第一部分的主要内容是在世界建筑体系中发现中国建筑体系。文章第1—2节从纵向的时间和横向的地域两个维度界定了中国建筑是一种独特的体系,且影响时间长、范围广。

(2) 第3—13节,文章从中国建筑与其他建筑之间的差异性方面,阐释中国建筑的组成、平面布置、木材结构、斗拱、举折举架、屋顶、构件的装饰性、大胆的颜色、材料的装饰性九大特征,运用了总分的结构,具体说明中国建筑与世界建筑的不同特点。

(3) 第3—13节,文章综合运用了举例子、作比较、引用的说明方法。例如第9节,拿其他体系建筑中屋顶素来不受重视和中国很早就发挥了屋顶部分的巨大装饰性作用作比较,说明屋顶在中国建筑中的重要位置。引用《诗经》"如鸟斯革,如翚斯飞"的句子,来歌颂像翼一般舒展的屋顶和出檐。

(4) 第14—17节是文章的第二部分,主要内容是在文化里发现建筑文化。作者运用了打比方的说明方法,认为"建筑和语言文字一样",中国建筑也有自己的文法与词汇,文法提供了惯例法式,具有一定约束性,但同时又具有灵活性、多样性的特点。

(5) 第18—19节是文章的第三部分,主要内容是说明建设体系的共性——"可译性"。如同语言和文学一样,为了同样的需要,为了解决同样的问题,乃至为了表达同样的情感,不同的民族,在不同的时代是可以各自用自己的“词汇”和“文法”来处理它们的。

(6) 第 20 节是文章的第四部分,主要说明我们如何在自己的优良传统基础上建设中国建筑,并提供了参考资料。

在此过程中,教师根据学生的回答情况进行追问、引领,并加以点评,从而让学生明确每一个试题背后考查的目的。

小结:总结本文的说明方法、说明顺序及说明事物的特点。

(三) 小组合作,深入思考,理解说明事物的关键信息

在总结完判断题后,教师提出问题,让学生思考:文章梳理了中国建筑九个方面的特征,九个特征中是否有一个核心特征。

全文核心的特征——木结构。可以引导学生精读下面的语段。

……中国建筑怎样砍割并组织木材成为梁架,成为斗拱,成为一“间”,成为个别建筑物的框架;怎样用举架的公式求得屋顶的曲面和曲线轮廓;怎样结束瓦顶;怎样求得台基、台阶、栏杆的比例;怎样切削生硬的结构部分,使之同时成为柔和的、曲面的、图案型的装饰物;怎样布置并联系各种不同的个别建筑,组成庭院;这都是我们建筑上两三千年沿用并发展下来的惯例法式。

这是阅读说明文的第二个重点,在全面把握说明事物特征的基础上,要引导学生了解说明事物的关键点,这好比看说明书,关键之处就是一两点,了解了关键点,我们就可以根据说明书来使用说明的事物了。

(四) 设置情境,活动驱动,加深理解

(1) 好的说明文,不仅让人知其然,还能让人使其然,每个小组分发一个鲁班锁,了解中国木质的架构特征。

(2) 在此基础上,让学生根据文字与想象,简单描绘出《红楼梦》中“荣禧堂”的画面,要有点有面,“点”是荣禧堂,“面”是院子。

参考的文字有:

①《阿房宫赋》:使负栋之柱,多于南亩之农夫;架梁之椽,多于机上之工女;钉头磷磷,多于在庾之粟粒;瓦缝参差,多于周身之帛缕;直栏横槛,多于九土之城郭;管弦呕哑,多于市人之言语。使天下之人,不敢言而敢怒;独夫之心,日益骄固。戍卒叫,函谷举,楚人一炬,可怜焦土!

②《阿房宫赋》:廊腰缦回,檐牙高啄;各抱地势,钩心斗角。

（五）链接生活，探究创新

学习了中国建筑的特征，了解了中国建筑的特征及文法，生活在今天中国城市的我们，每个人心中都有一个“中国院子”的梦。如果你家有一块宅基地，你想在此建筑一个怎样的院子？请用你的画笔或文字描绘出你梦中的院子。

设计意图：学习了中国建筑特点后，让学生设计自己的院子，一是加深对中国建筑的理解与运用；二是引导学生中西结合，因为现在中国的建筑，大都是西方建筑材质；三是用自己设计自家院子的方式发挥学科育人的目的。

可以在学生画出阿房宫房子的基础上，加上游廊等。

同时提供学生《红楼梦》中“荣禧堂”的资料。

众嬷嬷引着，便往东转弯，穿过一个东西的穿堂，向南大厅之后，仪门内大院落，上面五间大正房，两边厢房鹿顶耳房钻山，四通八达，轩昂壮丽，比贾母处不同……进入堂屋中，抬头迎面先看见一个赤金九龙青地大匾，匾上写着斗大的三个大字，是“荣禧堂”，后有一行小字：“某年月日，书赐荣国公贾源”，又有“万几宸翰之宝”。

（六）成果展示，反哺阅读

各小组上台展示，并对课文的说明部分文字进行再说明，并尝试结合自己小组的例子进行补充，使说明更加形象具体。

（七）课堂总结，立德树人

教师总结阅读说明文的要求：一是正确、准确获得信息，二是把握关键信息点，三是能在说明的基础上，有所创造，在此过程中体会其精巧之处与文化的博大精深，期待学生将来都能将中国建筑的精华运用在我们的生活中。

三、审辨视域下说明类课程思政教学实录——以说明文《中国建筑的特征》为例

师：非常高兴和大家一起学习一篇说明文《中国建筑的特征》。在学习之前，大家首先来看一则房地产广告：“宅中有院，院中有廊，廊后有屋，屋中有露台，并非世外，却有桃源！”据说此广告吸引了许多人的目光，因为在每一个中国人心中，特别是生活在城市钢筋水泥丛林中的城市人，每个人心中都有一个“中国院子”的梦，假设你拥有一个这样的院子，你会如何设计，才能让它成为你梦中的桃源呢？

首先，我们要一起来学习《中国建筑的特征》这篇说明文，整体把握中国建筑有什么特点。了解中国建筑的特征后，我们就能在设计中融合这些特征。

课前大家都进行了预习，下面再给大家两分钟时间，把文章整体阅读一遍，我会给大家提出几个问题，让大家来判断这些问题是正确还是错误。

学生快速阅读。

师：下面我们一起检查一下大家阅读的情况，判断下列说法是否正确，大家一起回答就可以了。

第一题，文章第一部分的主要内容是在世界建筑体系中发现中国建筑体系。文章第1—2节从纵向的时间和横向的地域两个维度界定了中国建筑是一种独特的体系，且影响时间长、范围广。对还是不对？

生：对。

师：很好。

第二题，第3—13节，文章从中国建筑与其他建筑之间的差异性方面阐释中国建筑的组成、平面布置、木材结构、斗拱、举折举架、屋顶、构件的装饰性、大胆的颜色、材料的装饰性相互联系的九大特征，运用了总分的结构，具体说明中国建筑与世界建筑的不同特点。

生：对。

师：很好。

第三题，第3—13节，文章综合运用了举例子、作比较、引用的说明方法。例如第九节拿其他体系建筑中屋顶素来不受重视和中国很早就发挥了屋顶部分的巨大的装饰性作用举例子，说明屋顶在中国建筑中的重要位置。引用《诗经》“如鸟斯革，如翚斯飞”的句子，来歌颂像翼舒展的屋顶和出檐。

生：错。

师：知道错在哪里吗？

生：其他体系建筑中屋顶素来不受重视和中国很早就发挥了屋顶部分的巨大的装饰性作用，是一种作比较的说明方法。

师：为什么对中国建筑进行说明的时候，要和其他建筑进行比较？

生：这样更能突出中国建筑独特的一面，同时也说明中国建筑与世界其他建筑一样，可以比较，可以互译。

师：很好，你都联系后文内容了。请坐。

第四题：第14—17节是文章的第二部分，主要内容是在文化里发现建筑文化。作者运用了打比方的说明方法，认为“建筑和语言文字一样”，中国建筑也有自己的文法与词汇，文法提供了惯例法式，具有一定约束性，但同时又具有灵活性、多样性的特点。对还是不对？

生：对。

师：第五题，第18—19节是文章的第三部分，主要内容是说明建设体系的共性—“可译性”。如同语言和文学一样，为了同样的需要，为了解决同样的问题，乃至为了表达同样的情感，不同的民族，在不同的时代是可以各自用自己的“词汇”和“文法”来处理它们的。这种说法是正确还是错误？

生：正确。

师：第20节是文章第四部分，主要说明我们如何在自己优良传统基础上建设新中国的建筑，并提供了参考资料。对还是不对？

生：对。

师：以上大家的判断都很正确，说明大家预习得很好。这些判断题的内容涉及文章的逻辑思路、说明事物的特征、说明方法、说明顺序；以判断题的形式出现是为了检测大家在自主阅读中获得的这些信息是否完整、准确，从而发现大家在说明文阅读中的问题，比如整体把握文章结构与思路的能力、筛选信息的能力、整合信息的能力等。

现在思考一个问题，文章梳理了中国建筑的九个方面特征，九个特征中是否有一个核心的特征？

小组合作讨论，教师巡视，2分钟后，一组同学回答。

生：中国建筑都有一定的风格和手法，都有“文法”。建筑和语言文字一样，一个民族总是创造出他们世世代代所喜爱的风格，这种沿用的惯例，成了法式。

师：你说得对，只是你有没有意识到，文法与法式是比喻的说法，具体到中国建筑上，是什么文法？

下面你来读一读这一语段：

……中国建筑怎样砍割并组织木材成为梁架，成为斗拱，成为一“间”，成为个别建筑物的框架；怎样用举架的公式求得屋顶的曲面和曲线轮廓；怎样结束瓦顶；怎样求得台基、台阶、栏杆的比例；怎样切削生硬的结构部分，使之同时成为柔和的、曲面的、图案型的装饰物；怎样布置并联系各种不同的个别建筑，组成庭院；这都是我们建筑上两三千年沿用并发展下来的惯例法式。

生：中国建筑的核心是“木结构”。

师：非常好，这是阅读说明文的第二个重点，在全面把握说明事物特征的基础上，要了解说明事物的关键点，这好比看说明书，关键之处就是一两点，了解了关键点，我们就可以根据说明书来使用说明的事物了。

师：好的说明文，不仅让人知其然，还能让人明其理，现在每个小组分发一个鲁班锁，我已经拆开了，请小组内会玩的同学，或者大家都可以试试，如何组装起来。

学生在活动中……

师：大家完成得很好，现在给大家出一个难题，我们都学习过《阿房宫赋》，你们能根据刚才的学习，想象并绘画出阿房宫的样子吗？

教师展示相关文字。

①《阿房宫赋》：使负栋之柱，多于南亩之农夫；架梁之椽，多于机上之工女；钉头磷磷，多于在庾之粟粒；瓦缝参差，多于周身之帛缕；直栏横槛，多于九土之城郭；管弦呕哑，多于市人之言语。使天下之人，不敢言而敢怒；独夫之心，日益骄固。戍卒叫，函谷举，楚人一炬，可怜焦土！

②《阿房宫赋》：廊腰缦回，檐牙高啄；各抱地势，钩心斗角。

学生以小组为单位绘画……

教师巡视，小组展示，并说明课文中有一些需要修改的文字。

生：课文"个别的建筑物，一般由三个主要部分构成：下部的台基，中间的房屋本身和上部翼状伸展的屋顶"，可以改为："个别的建筑物，一般由两个主要部分构成：下部的台基，中间的房屋。房屋的屋顶呈翼状伸展。"这样更符合逻辑。

生：第九个特征中"木上刻花，石面上作浮雕装饰，砖墙上也加雕刻"不全面，因为有许多石面上是深雕，比如曲阜文庙前的石面就是如此，可以改为"石面上用雕刻作装饰"。

生……

师：同学们都很棒，表明大家学会了说明文，为大家点赞。

今天学习了中国建筑的特征，我们了解了中国建筑的特征及文法，生活在今天中国城市的我们，每个人心中都有一个"中国院子"的梦。如果你家有一块宅基地，你想在此建筑一个怎样的院子，请用你的画笔或文字描绘出你梦中的院子。

大家可以在前面阿房宫房子的基础上，加上游廊等。同时大家可以参照一下《红楼梦》"荣禧堂"的资料：

众嬷嬷引着，便往东转弯，穿过一个东西的穿堂，向南大厅之后，仪门内大院落，上面五间大正房，两边厢房鹿顶耳房钻山，四通八达，轩昂壮丽，比贾母处不同……进入堂屋中，抬头迎面先看见一个赤金九龙青地大匾，匾上写着斗大的三个大字，是“荣禧堂”，后有一行小字：“某年月日，书赐荣国公贾源”，又有“万几宸翰之宝”。

学生沉浸在想象与绘画之中……

师：今天我们学习了《中国建筑的特征》，了解了中国建筑的文法与程式，当今中国，钢筋水泥建筑越来越多，很坚固，但也失去了一些中国的味道，所以我们今天学习这篇说明文，就是让大家了解中国建筑，学习中国建筑，在将来你们有可能做设计的时候，能把中国建筑的精髓融入其中，实现中西结合，为世界提供中国建筑的智慧！

四、审辨思维视域下说明类课程思政教学评析——以说明文《中国建筑的特点》为例

传统的说明文阅读教学，常把说明文阅读教学当成说明文写作教学，表现为分析说明文写作知识，是为了让学生写说明文，而不是为了让学生提升获取文本信息的技能；也有的说明文教学与文学作品阅读教学不分，重点鉴赏说明文语言中的准确、简明等特点；而且在说明文的教学过程中，往往按说明要素切块安排教学过程，违背了自然阅读的程序。

为此，本文按照华东师范大学张心科教授说明文阅读教学重回“获取信息”原点的要求，建构了一个“整体获取信息、以做促读”的说明文阅读教学模型。在这个教学过程中，整体获取信息是把文章作为一个整体进行阅读，把说明对象、说明方法、说明顺序统一放在信息整体中，符合学生的阅读认知习惯。在“以做促读”过程中，通过让学生根据文本动手描绘阿房宫，并让学生在此基础上为自己设计一个中国院子，在还原与想象的过程中细读相关文本，加深对说明文的理解。

学生在动手描绘与想象过程中，虽然会有不同，有的描绘出的画面也不美观，但是都是学生对中国建筑特征的理解，也都是心目中的中国建筑特征，这样既能让学生加深了对文本的理解，又很好地实现了说明文中立德树人、文化自信的要求。

第四节　审辨视域下小说类课程思政教学的建模与实践

——以《林教头风雪山神庙》教学为例

华东师范大学第二附属中学　郝敬宏

一、审辨视域下小说类课程思政教学的建模

小说是以人物形象的塑造为中心，通过情节的开展与环境的描写来揭示文章主题的，因此华东师范大学张心科教授认为，“小说‘三要素’不是割裂、静止、抽象出来的，而是相互联系、影响、生成一个文本，或者说融化在一个文本中，那么小说教学过程就是通过设计一些环节、安排其顺序而把‘三要素’及‘三要素’之间的关系呈现出来”。为此，课程思政背景下的小说审辨式阅读教学就要通过情境创设，引领学生对小说文本进行整体解读，整体把握小说的主题、情节、人物与环境；在学生整体把握小说内容的基础上，通过质疑，引领学生对原有阅读进行反思，把阅读引向深入思考，学会包容接纳，产生审辨认知，进而加强思政教学。其教学模型重构见图 2－4。

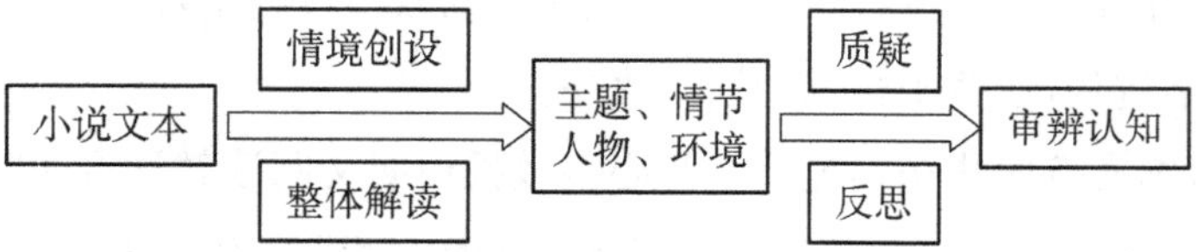

图 2－4　基 本 模 型

在这个模型之中，前半部分的教学过程基本上是传统小说的教学模式，即通过梳理小说“三要素”，把握小说的主题，加强思政教育。这时我们就会发现，传统的课程思政教育偏重于说教与灌输，以《林教头风雪山神庙》为例，小说主题会让学生感觉到时代的久远，并不能感同身受；小说的主题“官逼民反”在今天这个社会也不符合实际。这些，都有可能成为学生阅读时的质疑，所以，我们就需要让学生对小说的“三要素”进行再阅读，从而产生审辨认知。比如林冲可不可以看作是一个符号，一个社会中的精神形象、一种君子形象？然后再引导学生思考，一个社会中精神支柱如果对这个社会产生了怀疑，这个社会应如何

改善？这样的思考就把阅读与现实联系了起来，与学生的生活联系了起来，这时产生的审辨认知就会深刻，而思政教育也就变得自然。

下面我们以《林教头风雪山神庙》为例，看中学语文小说阅读教学中课程思政的审辨式教学具体实践。

二、审辨视域下小说类课程思政教学设计——以小说《林教头风雪山神庙》为例

学习目标

（1）根据行程路线图，分析小说的情节发展，体会环境描写对情节的作用，并在情节中分析小说中的人物形象。

（2）结合林冲的经历，体会文章的主题，提升学生的审美鉴赏能力。

学习过程

（一）创设情境，导入新课

（课前播放《水浒传》主题曲《好汉歌》）

刚才播放的是电视剧《水浒传》的主题歌《好汉歌》，其中有这样一句歌词："路见不平一声吼，该出手时就出手啊，风风火火闯九州啊！"这是我们心目中的梁山好汉形象，路见不平尚且拔刀相助，更何况是自己受人欺侮呢？但是在梁山的一百零八个好汉中，却有一个人路见不平不能吼，自己的妻子被人调戏，他举起的拳头都不敢落下，甚至在自己的妻子被人侮辱时都不敢吱声，但同样是这个人，在一个风雪之夜却亲手连杀三人，这个人就是林冲。林冲身上到底发生了什么？《水浒传》把这样一个人放在了开篇第七回之中，想说明什么？

今天我们就来学习《林教头风雪山神庙》，看在林冲走向梁山之前，在他身上到底发生了哪些事情？他的经历让我们得到哪些反思？

（二）把行程图作为一个项目，引领小说三要素的整体分析

（1）课前同学们都已经预习完了文章，下面请同学们根据预习内容，画出本章节中林教头的行程路线图，同时注明在他的每一个行程点上发生了什么事，涉及的人物有哪些，这些人是什么样的性格。

（学生独立绘制 4 分钟，之后小组内交流，小组长做好记录）

同学们都阅读完了，现在大家以前后排为一小组，在小组内相互展示自己

的路线图，看大家所画有何不同，为什么不同。

（2）小组展示。教师找不同小组上台来展示，展示的内容分别为：沧州城、草料场、山神庙、集市。

第一组：沧州城

事件一：沧州遇故知。人物：店小二。店小二是个知恩图报、恭敬孝顺的人，表现在对落难中的林冲非常照顾，同时也非常敬重。林冲是个逆来顺受的人："我只因恶了高太尉，吃了一场官司。"

事件二：陆虞候来到沧州。人物：陆虞候。鬼鬼祟祟。

事件三：管营付与好差事。人物：管营。教师在此补充此情节之前的材料，诈钱害人。这与管营对林冲表现出的善良形成对比，可以在此设置一个悬念，为什么管营会发生这样的变化？

第二组：草料场

事件一：交接草料场。人物：林冲、差拨、老军。

事件二：安身草料场。人物：林冲。天晴去城里叫人修理，表现出林冲的安于现状。

第三组：集市

事件一：发现山神庙。人物：林冲。顶礼拜神，希望得到保佑。表现：随遇而安。

事件二：集市吃酒。人物：林冲。吃了酒肉、买了酒肉。表现：随遇而安。

第四组：山神庙

事件一：草料场塌陷。人物：林冲。恐不小心烧了草料场，探半身摸。表现：认真负责。

事件二：入住山神庙，听到事实真相。人物：林冲、陆虞候、差拨、富安。陆虞候：心狠手辣、奸诈、忘恩负义。林冲：勇于反抗、奋力反抗。

（三）提出质疑，引领学生的审辨思考，深入理解三要素

教师提出问题：如果按刚才大家的梳理，故事以下情节也太巧合了吧？

林冲为什么离开草料场，躲过了房子塌陷？

房子塌了后，不去沧州城，为什么却要去山神庙？

林冲去山神庙，陆虞候为什么也要去山神庙？

陆虞候去山神庙为什么要自己说出事情真相？

教师要提醒学生注意路线图中几个地点的距离，以及当天的自然环境。之后在小组内自由讨论，这是一个自我发现的过程，学生可能会发现以下细节。

沧州城距草料场十五里，集市距草料场二三里，因此林冲去市井打酒而没有回沧州小二处，否则就会遇到陆虞候，下文就没有故事了。这是作者设计巧妙。

小说中说去草料场时，沿路也没有吃酒处，而老军却告诉林冲说东去二三里市井处有酒店。这也是林冲为什么去集市打酒的原因，也正是因为去市井打酒，所以才知半里处有一山神庙，回去见屋倒之后才想起来这里过夜，所以林冲最终夜宿山神庙。

因为陆虞候有差拨带领，所以他也知半里处有一山神庙，而且又因为风雪极大，他们要避雪，这样林与陆才会在山神庙相遇。

这时可以让学生推测并画出陆虞候的行程路线图，我们会发现，两拨人前后行动的时间差不多一致，差不多同时在山神庙相遇。地点的合理安排，让巧合最终促使了这个结果的发生。

分析这一系列巧合后的必然，学生就会发现以下这些规律。

(1) 风雪在情节中的作用。这时教师要跟上去提示，文中一共有三处风雪描写，看这三处风雪描写有什么作用?

找出后，总结：推动了故事情节的发展，渲染了气氛，为下文作铺垫。

(2) 情节安排的巧妙之处。

现在我们来总结情节安排的精妙之处：明暗两条线索，使情节更加紧凑，使冲突更加激烈，使叙事更加清晰。

(3) 差拨他们之前是暗，林冲是明。现在林冲是暗，他们是明。原来明的现在在暗里听到了原来暗中害自己的人走到了明处。无心之处最真实，人物性格再分析。

刚才我们在分析行程时已经对林教头、陆虞候、富安、差拨等人的形象有了初步认知，现在交换了处境，我们会发现，在林冲身上，前后有着极其矛盾的一面，他一方面安于现状、逆来顺受，一方面又乐于助人、奋勇杀伐。但是当他在暗处听到陆、富等人的话时，当他知道了真相，知道了即使他一再忍让，但依然无路可走时，恶气一生，就发生了杀人的事情。

无论怎么说，我们也不敢相信这是林冲所作所为，但这又是事实，由此我们可以看出林冲的另一个性格：刚烈、凶狠、勇猛。

总结：

陆虞候：阴险狠毒。差拨：逢迎巴结，厚颜无耻。林冲：刚烈、凶狠、勇猛。

（四）在“三要素”基础上分析主题

现在我们再仔细品读一下林冲杀人一节的文字，来做一个小活动，大家都站起身，找一个同学上讲台，我读课文，你们现在就是林冲，听我读，跟着文中的林冲做。

让学生体会林冲杀人的章法。

再让学生读林冲杀陆虞候时的话，比较《水浒传》第四十回李逵江州劫法场杀人一节：

“只见他第一个出力，杀人最多。”晁盖喊他他也不听，“那汉哪里肯应，火杂杂地抡着大斧，只顾砍人。”大家跟着李逵，“当下去十字街口，不问官军百姓，杀得尸横遍野，血流成渠，推倒倾翻的，不计其数。”后来，晁盖阻止李逵别滥杀百姓，可是，“那汉（即李逵）那里来听叫唤，一斧一个，排头儿砍将去。”李逵这时的杀人纯粹就是以此为乐。而相较而言，林冲杀人有章法、有间架，不疏不密，而且杀人之前还要发表一个宣言，典型的君子作风，更符合其身份。

但是就这样一个杀人都如此有君子之风的人，却实实在在地杀了人，而且那么凶残，请同学们思考，是什么原因把一个“君子”逼成了杀人犯？

思考主题……

（五）课内总结

《论语》在论述君子时说：“君子食无求饱，居无求安。”但是“敏于事而慎于言，就有道而正焉。”也就是说，一个君子，可以食不饱，可以居无安，但是对道德却孜孜以求。所以君子隐忍不是好强，而是为了守住自己的道德底线，但是如果一个社会让一个君子不得不一步步改变，最后突破自己的底线，成为一个凶狠的杀人犯，我们就要反思这个社会。一个社会最可怕的是君子的堕落，因为君子有自己的道德底线。这就是《水浒传》把林冲的故事放在前面的一个原因，那就是一百零八个好汉，大都是因为被社会所逼。所以阅读《水浒传》时我们一定要注意一个“逼”字，是社会环境在一步步地把这些人逼上了梁山。而这恰恰是今天我们建设社会主义和谐社会时要着力避免、引以为戒的。

在那个风雪连天的草料场，在那个阴森可怕的山神庙，林冲完成了人性的突变：从善良变得可怕，从忍辱负重到奋起反抗。我们套用金庸武侠小说中的一句话：那一夜，我看到了真正的江湖！只是愿这样的江湖不再，愿公平、正义、和谐永存！

三、审辨视域下小说类课程思政教学实录——以小说《林教头风雪山神庙》为例

教师播放电视剧《水浒传》主题曲，一是为了把学生的注意力快速集中起来，二是为了引出下面学习的内容。

大河向东流哇，天上的星星参北斗哇（嘿嘿嘿嘿！参北斗哇），（生死之交一碗酒哇），说走咱就走哇！你有我有全都有哇！（嘿嘿嘿嘿！全都有哇）！（水里火里不回头哇）路见不平一声吼哇，该出手时就出手哇，风风火火闯九州哇！（该出手时就出手哇）（风风火火闯九州哇）嘿呀依儿呀唉，嘿唉嘿依儿呀，嘿呀依儿呀唉！嘿唉嘿依儿呀！路见不平一声吼哇，该出手时就出手哇，风风火火闯九州哇！（嘿嘿！嘿嘿呦嘿嘿！嘿嘿！嘿嘿呦嘿嘿）

师：同学们，刚才给大家播放的是《水浒传》的主题曲《好汉歌》。其中有一句歌词是“该出手时就出手”，所以在我们的印象中，水浒一百零八个好汉都是这种“路见不平一声吼，该出手时就出手”的人。但是《水浒传》中有一个人不仅不能够“该出手时就出手”，甚至他举起的拳头都不敢落下，甚至他的妻子被人侮辱，他都不敢发出自己的声音。但就是这样一个人，在一个风雪之夜竟然连杀了三个人，这个人就是林冲。在这个人身上到底发生了什么事情？《水浒传》把林冲放在前七回又有什么意图？今天我们大家就一起来学习《林教头风雪山神庙》这一章节，看在林冲身上到底发生了什么事情，我们从他身上又能读到些什么？

师：课前我已经让大家预习了。那么根据我们预习的任务，请大家根据我刚才出示的林冲行程地图，将行程中沧州城、草料场、山神庙和市井等地点发生的事情、涉及的人都描述出来。同时思考，我们可以从中看出林冲是什么样的性格特点。里面的人物又是什么性格。

我们按座次分一分，左侧的这一排为一组，描述沧州城发生的事，二组描述草料场，三组描述山神庙，四组描述市井。

小组活动。

我们先从第一组开始。

第一组组长：沧州城里的林冲遇到了李小二。李小二在店里听到了陆虞候

的事,李小二又把这件事说给了林冲。涉及的人物有李小二,还有来到李小二店里的陆虞候、林冲。

师:这件发生在李小二店内的事情,让你觉着林冲是个什么样的人?

生:林冲帮助过李小二,我觉着他是个挺仗义、乐善好施的人。还有一点,他非常冲动,他在听到李小二的话后,就去集市上找了陆虞候。

师:你说他是仗义,我觉着挺好。你说他比较冲动,我认为不太符合。你知道陆虞候和林冲之间的关系吗?陆虞候最早是在林冲的帮助下,进了太尉府,结果陆虞候却帮着太尉陷害林冲两次,甚至把林冲的妻子骗到自己家里,供高太尉儿子调戏,所以说他们是仇人。李小二不敢跟他说,是怕林冲动,还是怕出事?对,怕出事,所以说林冲乐善好施、仗义我们可以接受,但是冲动还算不上。

现在请第二组的同学,回答在草料场发生了什么事情?

第二组组长:陆虞候他们来到草料场,趁林冲不注意烧了草料场,并且跑到雪地里看火烧。

师:你的故事情节跨得有点大,一下子就到烧草料场了。是差拨领着林冲到了草料场,对吧?到了草料场之后,与老兵进行了交割,老兵回城,林冲就在草料场里面收拾,看到大风吹得草料场摇摇欲坠,他就想着天晴之后要到城里去找个水泥匠来修一修。这是草料场火烧之前发生的事情。我想问你的是,林冲原先是什么身份?

生:八十万禁军教头。

师:这么高的官职,而且他这一次犯罪明明是被诬陷的,现在却让他去看守一个草料场,他还想着明天找个泥水匠修一修,他想在这个地方长期住下来了,对吧?因为有这样的想法就是想长期住下了,对不对?你说林冲这个时候是抱怨现实,还是一个安于现状的人?

生:安于现状的人。

第三组:他在山神庙看到了一座神像,他进去拜了一拜。他当时去集市买酒,路上看到庙,然后就进去拜拜,我觉得他就是那种心理,他是崇敬神的。

师:崇敬神就代表相信有神灵存在,对吗?因为他遭受到了不公平的现实,非常地痛苦,所以心里想有所寄托,于是就相信有神灵存在。由此大家可以看出,林冲是相信命运的,他可以接受自己的命运。

第四组:他从山神庙去市井,找到了老兵以前买酒的店,吃了些酒,然后他买完酒又回到草料场,之后又回到山神庙,准备在那里过夜。这个时候遇到了陆虞候，后来遇到了差拨三个人。

师：他们在干吗？

生：他们三个人把草料场给烧了，当时正好在庙门前面，因为林冲把门用石头堵死了，然后他们就在庙门前面盘算他们的阴谋，结果全部被林冲听到了，林冲一气之下把门推开，在山神庙把这三人一块杀了。

师：好，非常好，谢谢这位同学，这位同学读得非常仔细，为什么我说读得仔细？她不仅将故事情节说清了，陆虞候他们来到山神庙，试着推开山神庙的门时，有一块石头堵着门的细节也都读到了。

通过几个小组的叙述，现在我们对整个故事情节有了一个全面的了解，我们现在完整地回顾一下整个故事情节，会发现情节发展太巧合了！巧合到什么程度？巧合到林冲离开山神庙，山神庙塌了；巧合到林冲来到山神庙，陆虞候他们也来到山神庙；林冲用石头顶着门，他们推门进不去，就在外面说自己的罪行，就让林冲听得清清楚楚！你不觉得这个故事安排得太巧了吗？所以我们大家再完整地回顾一下，思考一下到底是哪些因素促使了这些巧合。

学生讨论。

师(提示)：我们可以分开想，(教师指着行程图)我们看这是林冲的整个行程，大家按行程思考：是什么让林冲离开草料场去打酒，是什么让草料场塌了？是什么原因让林冲在草料场塌了之后不回沧州城？因为沧州城有李小二一家，有相对温暖的住处。但是如果他要回沧州城的话，路上就会遇到富安，会遇到陆虞候，因为路就一条，而且沿途荒凉，原文说“又没买酒吃处”。如果是那样的话，就没有了后面一切故事，是不是太巧了？

我们大家再想想差拨的行程，他应该是把林冲送到草料场，回城；回城之后他要和陆虞候、富安一起来到草料场，之后放火烧了草料场。又是什么原因，让他们在烧了草料场后也来到了山神庙？来到了山神庙后，又是什么原因让他们进不去，站在门前说了自己的罪行，结果让林冲听到了？

之后，大家综合起来，小组长汇总一下，是哪些因素促进了最后这个故事情节的巧合？

小组讨论。教师巡视，点拨。看到有的小组在算时间，就肯定地评价“这样很好”。

师：同学们，我刚才转了一圈，听大家讨论得还不错，我们现在先从第一组开始。(第一组同学起立)你们组认为是哪些因素促成了这些巧合？

第一组同学：我们讨论的是天气，因为朔风很冷，他才想到，之前老兵给他说的旁边有市井可以去那里买酒这件事，我们组认为环境很不好，促进了情节的发展。

师：除了朔风很冷之外，第110页和第111页分别有一处“雪”的描写，大家找到了吗？一处是“雪下得正紧”，还有一处是出门的时候“到晚越下得紧了”，对不对？我们题目叫“风雪山神庙”，风雪有没有作用？

第一组同学：有风有雪，共同促使了林冲去买酒暖身子御寒，所以林冲才离开了草料场，路上才看到山神庙，关键是他还进了山神庙，还说改日再来烧纸钱，所以他才有可能在草料场塌了后往山神庙去。而且沧州城离草料场很远，回去不太方便。

师：这个小组讨论得很好。我们把他们的话梳理一下，大家就能更清楚地知道他们刚才表达的意思。第一，林冲为什么要离开草料场？因为有风有雪。我再补充问大家，为什么房子会塌呢？也是因为风雪是不是？林冲为什么要离开草料场，而不是守望在旁边，也是因为风雪对不对？陆虞候他们烧了草料场之后，他们也不可能在那个地方站着看烧，为什么？也是因为风雪。

所以你会发现“风雪”在这个情节发展的过程中不可缺少，而且推动了整个情节的发展，请大家记住这是风雪的第一个作用，那就是推动了故事情节的发展，刚才大家在看林冲行程和差拨行程的动画演示时，你们看得挺有意思。但放在真实的故事里其实是惊心动魄的，所以文中两处描写雪的句子说“下得正紧”和“越下得发紧了”，那这两个“紧”字，就给我们渲染了一种紧张的气氛。这就是环境描写的第二个作用。

下面我们请第二组。

第二组同学：我们认为还有一点是路程，刚才我们在计算数字时，发现路程也是一个重要的因素。文中有一个很具体的描述，他说此间东门外15里有座大军草料场，那也就是说草料场离沧州城是15里，老兵说草料场东边三二里外有一个集市，我们给它取约数为2.5里，他走了半里多路看到一处古庙，古庙是0.5里，整个距离呈现出来之后，我给大家算一算路程，林冲的整个行程大体走了：15＋2.5＋2.5＋0.5＝20.5(里)。

但是差拨不行，差拨把林冲送到了草料场15里，再回到沧州15里，然后再领着陆虞候他们再回到草料场又是15里，然后再来到山神庙0.5里，他们走了45.5里。45.5里远远大于20.5里。从数据我们就会发现，林冲会先到山神庄，陆虞候会后到山神庙。

师：所以林冲在这个过程中还有充足的时间在那喝酒，因为他不知道后面会有什么事情，是吧？这个组太棒了！从数字之中发现了神奇之处。

老师再补充一点，从沧州城到草料场15里，草料场离山神庙只有0.5里，又是大雪天，所以林冲也不愿再回沧州城。虽然沧州城有自己的故友李小二。所以大家会发现，刚才这个小组同学很厉害，发现了地理环境位置决定了林冲不会回沧州城而会回到山神庙，风雪决定了陆虞候他们烧了草料场之后也不会回沧州城，也不会守着草料场而会来到山神庙。

但是林冲的20.5里和陆虞候的40.5里又决定了林冲会先到山神庙，陆虞候后到山神庙，而风雪又决定了林冲一定会把破山神庙的门顶住。是这样吗？所以你看所有故事的巧合都是由什么来决定的？是环境。一是风雪的自然环境，二是地理环境。风雪推动了情节发展，渲染了氛围；地理环境为下文整个情节的发展作了一个很好的铺垫。

这样我们就可以总结一下，在《林教头风雪山神庙》这篇课文中，环境描写有三个作用，而且是最经典的三个作用：第一是推动故事情节发展，第二是渲染氛围，第三是为下文作铺垫。

通过刚才说的行程，我们分析了小说中的环境描写，现在思考第二个问题。在这个故事情节里面，一开始，林冲从沧州城到草料场，到山神庙，再到市井，林冲这时候是明的；等到林冲来到山神庙，陆虞候也来到山神庙后，林冲转入暗处。陆虞候一开始来到李小二店里的时候是暗的，然后林冲在沧州城找了他好几天没找到，后来很奇怪他们不仅没有害自己，还给了自己一个好差事的时候，我们也不知道陆虞候在干什么，陆虞候这时候一切都是暗的；但是等到山神庙的时候，陆虞候变成了明的。

所以你看这个故事里面，原来明的现在在暗里，原先暗中害自己的人现在走到了明处。我说这些话好像有点拗口，但故事情节就是这么巧合，最后汇聚在了一起，也就是说故事的两个线索现在终于碰头了，我们说这是一对什么样的线索？

生：明暗两条线索。

师：当林冲从山神庙中跳出来的时候，原来的明暗线索到此都明了，这时候明暗线索都爆发了，所以才出现了我们所说的这个结局。因此我们从这个线索上也可以看出小说情节安排的巧妙。我想问大家这样安排明暗两条故事的线索有什么好处呢?

生:我觉得首先会营造一种比较紧张的氛围。它有一条线是在暗里,然后读者就觉得自己知道了主人公不知道的事情,这时就会替他紧张。

师:你说林冲不知道对不对?林冲不知道,但是你知道,所以要拍这个电影的话,我们就会运用蒙太奇的手法,就是林冲还在若无其事地喝酒,别人已经磨刀霍霍了,是不是?这个时候,你就会替林冲感到着急,但林冲还不着急,所以你就会感到紧张的氛围。所以你的感觉很好,营造紧张的氛围。还有吗?

生:我觉得再一个作用是故事会比较清晰。

师:故事比较清晰?不对吧?如果故事比较清晰的话,林冲这时候怎么做,陆虞候以后怎么做,都交代得清清楚楚,这不更清晰了吗?

生:一明一暗的话,会让读者印象比较深刻。

师:不清楚故事,印象还能深刻?你想想应是让读者印象如何?用哪一个词更好?

生:紧凑。

师:这次你说得很对,继续思考,紧凑在哪里?

生:紧凑在林冲悠闲喝酒的时候,作者没有继续写林冲喝酒,而开始写陆虞候的阴谋。

师:林冲喝酒的时候,文中没有直接写陆虞候的阴谋。

生:我说的意思是文章没有一直围绕着林冲走下去,它穿插了陆虞候的事。

师:你的意思我捕捉到了,只是表达不太清楚,我把你的意思再梳理一下。同学们,如果让你们写这篇文章,写到这时你怎样写?如果写林冲这时候在喝酒,然后再写陆虞候他们这时在干什么,这个故事就不会是现在这些文字,你会发现文字比现在要长很多,对不对?

所以,明暗两条线索,不仅营造了刚才这个同学所说的紧张的氛围,而且还形成了“花开两朵,各表一枝”的分述,这样的话就比较紧凑,节省了文字。

所以这个同学思考得很好,只是没有表达清晰而已。我们总结一下明暗两条线索的作用:一、突出紧张的氛围;二、使情节更加紧凑。

那么我们大家继续看第三个问题,从山神庙中出来的林冲,怒不可遏。我们下面来做一个体验,模仿一下怒不可遏的林冲。请各个小组同学全体起立,组长分配一下工作。组长来读林冲跳出来的那一段,然后你们组找一个同学表演林冲,另外三个人表演陆虞候、富安和差拨,好不好?组长从“林冲举手,胳察的一枪，先搠倒差拨”开始读时，扮演林冲的同学就要做出这个动作，体会一下林冲杀人的那个感觉，富安、陆虞候、差拨就开始做跑的动作，好，现在开始！

组长读时，其他同学开始做动作。

师：好，同学们都体验完了。刚才有两个组的两个男同学，拿着笔当作林冲手中的枪，做了一个这样的动作，我现在请教一下或者采访一下这两个同学：原先委曲求全、乐善好施的林冲，妻子被高衙内侮辱的时候都不敢打的林冲，误闯白虎堂明明是被诬陷却没有反抗的林冲，宁愿被人发配，发配的路上两个解差想把他杀掉，鲁智深救了他，叫他走的时候他也不走，说还是要去服刑的林冲，为什么会突然间做出这样的行为？

生 1：我觉着这样做很爽。

生 2：我觉着他喝了酒。

师：你们的意思是林冲因为喝酒失去了理智，酒在这个地方还壮了他的胆，他这个时候感到很爽。你们注意陆虞候他们在庙外说的所有的话，有一句话表明林冲已经无路可退了，哪一句话？

生：便逃得性命时，烧了大军草料场也得个死罪。

师：此计太过于狠毒，以至于杀了人都不见一点痕迹。但是这样狠毒的计策，偏偏让这个委曲求全的人在里面听到了，这个时候，他的心中是充满了怒火的，所以林冲才会有了“杀气”，这叫痛快！

所以大家就会发现，在林冲身上体现了《水浒传》这一百零八个好汉身上一个很重要的东西就是“逼迫”，也就一百零八个好汉大多都是被“逼”上梁山的，是被逼无奈。而逼他们做坏人的，是坏的社会风俗、社会制度。

所以当一个社会上的风俗制度失去了公平、正义的时候，好多人都已经开始变坏的时候，还有一群人在孤独地站立着，就像庄子一样孤独地站成一棵树，成为我们精神世界的道德领袖。但是当他们也不得不突破自己的道德底线，拿起手中的武器开始自卫，甚至杀人的时候，这个社会才是最可怕的。

所以今天我们学习《林教头风雪山神庙》，其实就是想告诉大家，珍惜我们今天这个社会，珍惜我们一直倡导的正义、公平，只有正义、公平，才有和谐，才不会有今天林冲身上这个事情。这就是我们今天学习《林教头风雪山神庙》的意义所在。

今天课到此结束，谢谢大家，好，同学们再见。

四、审辨思维视域下小说类课程思政教学评析——以小说《林教头风雪山神庙》为例

传统的小说教学，从文本形式的研究出发，往往把小说“三要素”分割进行学习分析，这样分专题进行学习的优点是便于学生深入理解，但也造成了文本的割裂。这种分析完情节后再回过来挑选性地阅读人物、阅读环境的过程，是一个反反复复阅读的过程，更像是西医解剖式的文学研究，而不是小说的阅读教学。而从叙事学视角分析小说，更会把小说阅读变成生硬的阅读研究，也不利于小说阅读教学。按照认知心理学的要求，学习的过程应是人自然阅读的过程，也应是符合人的自然认知习惯的过程。为此，本课的设计，是把小说“三要素”放在一个具体的主问题中，形成一个阅读项目，在这个项目中，有一个始终如一的主问题：林冲行程图。行程的每一个点，恰恰对应着一个具体的任务；每一个具体任务的先后顺序，都符合学生的认知习惯、阅读习惯。而在每一个具体的小任务中，人物、情节、环境都是有机关联、互相影响、有机融合的。这样每一个小任务之间就形成了一个相对完整的阅读环节链，每一个链条连接起来，就形成了一个完整的阅读过程。同时，为了保证阅读的审辨，在学生整体把握小说“三要素”的基础上，教师通过质疑，引领学生深入思考小说设计的巧妙，从而让学生深层次地意识到小说的精彩之处。

这样的阅读教学过程既保证了小说阅读教学与阅读心理、阅读习惯的一致，又提升了学生的审辨思维能力，这样的小说阅读教学才有可能真正提升学生的阅读能力。

第五节　审辨视域下大单元类课程思政教学的建模与实践

——以《林教头风雪山神庙》《装在套子里的人》比较阅读为例

华东师范大学第二附属中学临港奉贤分校　徐海姣

一、审辨视域下大单元类课程思政教学的建模

《普通高中语文课程标准(2017 年版 2020 年修订)》提出：“发展逻辑思维。

能够辨识、分析、比较、归纳和概括基本的语言现象和文学现象，并能有理有据地表达自己的观点和阐述自己的发现……运用批判性思维审视语言文字作品，探究和发现语言现象和文学现象，形成自己对语言和文学的认识。”强调了思维品质和思维能力的重要性，不仅关注各类思维的均衡发展，还突出了批判性思维和审辨式思维的重要性。而在语文教学领域，小说因其思想旨趣的宏大，尤其是反映人类社会本质的特殊性，在有关课程思政教学方面，对培养学生审辨性思维都有着关键性作用。我们可以通过构建科学合理的小说类比较阅读模型，让学生在比较分析不同小说时，深入理解作品内涵，优化学生的思考，开发阅读的层次，发展阅读的理性，使学生的思维广度和深度得到有效拓展。基于此，高中阶段小说阅读教学在审辨视域下渗透课程思政教学就显得至关重要。其实“审辨”一词，最早源于中国儒家经典《中庸》中的“博学之，审问之，慎思之，明辨之，笃行之”思想，它提出了审辨思维的五个步骤，即广泛阅读、质疑提问、审慎反思、明晰辨别、坚决执行。

我们中学语文课堂构建了大单元阅读教学的审辨式课程思政教学模型（见图 2-5）。

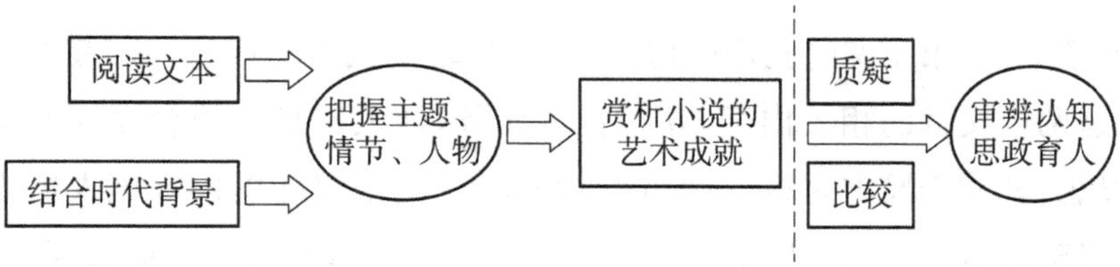

图 2-5　基 本 模 型

在这个模型中，虚线前的教学过程基本是传统的小说教学模式，即通过阅读文本并结合时代背景，把握小说的主题、情节及人物，赏析小说的艺术成就。当然这一过程中也会有思辨教育和思政教育。但在一线小说教学中，往往会出现教条式的理解，学生难以获得小说阅读的独特体验和见解。大部分教师还是单篇教学，没有在单元的框架下开展任务群教学，使小说阅读孤立化，学生的阅读仅停留在浅表化阅读层面，不仅阅读视野拓展受限，在辨识、分析、比较、归纳，直至批判、审视等方面也会受限。所以这时我们就应整合多元信息，确立核心比较点，并引导多角度分析。我们要营造开放氛围，要有新颖的情境导入，让学生突破传统认知，对文本、文中人物言行等大胆质疑，有质疑就会有思考和探究，就会有思维的碰撞和锻炼，就会有鲜活的生成。从感知文本到深入文本到最终走出文本，联系我们的实际生活，拓展延伸，这样育人的效果也会凸显。

下面我们以《林教头风雪山神庙》和《装在套子里的人》比较阅读为例，看中学语文小说比较阅读中课程思政教学的具体实践。

二、审辨视域下大单元类课程思政教学设计——以小说《林教头风雪山神庙》《装在套子里的人》比较阅读为例

学习目标

(1) 分析人物所处的社会环境，进而分析其对人物命运的影响。

(2) 通过比较阅读，细品“套子”，探究人物在时代之下的不同选择。

(3) 学会观察生活，积极面对人生。

教学课时

第 2 课时(共 2 课时)。

学习过程

（一） 情景剧导入，感知文本

同学们，在第 1 课时我们已初步了解《林教头风雪山神庙》和《装在套子里的人》这两篇文章的相关内容，并布置了任务，让大家自由组合完成情景剧表演。设想：林冲于风雪之夜忍无可忍、奋起反抗、手刃陆虞候等仇人后拐了个弯，刚好碰到滚下楼梯的别里科夫，林冲于是劝说别里科夫，这两人之间会展开什么样的对话呢？请两位同学上台表演，学生对表演的情景剧展开讨论，说出自己的看法和理由。(通过这一环节，让学生更好地了解《林教头风雪山神庙》和《装在套子里的人》这两篇文章的相关情节及人物性格，并为后面讨论的展开服务。虽然文中两位人物来自不同时代，有着不同国籍和经历，我们此处默认他们能听懂对方的话，甚至了解一些对方的遭遇。)

（二） 分析人物在所处环境下做出的不同选择，深入文本，比较阅读

(1) 分组讨论并发言。

活动任务一：思考探究

① 别里科夫有哪些“套子”，他为什么要把自己装在套子里，对于自己和身边的人和事，他有改变吗？

② 林冲的身上有这样那样的“套子”吗，他又是怎样做的，他的性格有发展

变化吗?

(请同学们结合文中体现时代特征的语句及人物表现展开思考并探讨,最后推荐两位组长发言。)

(2) 比较异同后小结。

其实在一开始面对黑暗的社会现实时,别里科夫和林冲两人都选择了逃避与退让。但不同的是面对所处的社会环境,别里科夫一味地封闭守旧,始终丢不掉奴性,深陷"套中",最终走向死亡;而林冲从忍辱求安到放弃幻想,愤而反抗,挣脱"套子",最终走向自由,获得新生。

(三) 联系实际,走出文本,当堂写出你的思考:时代之下我们应该做出怎样的选择

活动任务二:课堂演练,拓展延伸

你周围是否也有形形色色的"套子"? 如果有,你是怎样看待这些"套子"的?(200 字左右)(学生可自愿上台分享阅读)

(四) 课堂总结

一个时代的精神是青年代表的精神,一个时代的性格是青年代表的性格。作为新时代青年,我们需要有一定的规则,但不能用规则套死人,我们既要能遵守合理的规则和做人的底线,更要有敢于打破各种不合理的"套子"的勇气,勇于质疑,积极向上,有创造新环境的意识和担当。

(五) 课后作业

必做:梳理课堂所得,修改自己课堂演练中"任务活动二"的文字。(不少于200 字)

选做:拓展阅读《小公务员之死》《乌合之众》。

三、审辨视域下大单元类课程思政教学实录——以小说《林教头风雪山神庙》《装在套子里的人》比较阅读为例

师:同学们,在第 1 课时我们已初步了解《林教头风雪山神庙》和《装在套子里的人》这两篇文章的相关内容,并布置了任务,让大家自由组合完成情景剧表演。设想:林冲于风雪之夜忍无可忍、奋起反抗、手刃陆虞候等仇人后拐了个弯,刚好碰到滚下楼梯的别里科夫,林冲于是劝说别里科夫起来反抗,这两人之间会展开什么样的对话呢? 请两位同学上台表演,同学们对表演的情景剧

展开讨论，说出你的看法并说明理由。虽然文中两位人物来自不同时代，有着不同国籍和经历，我们此处默认他们能听懂对方的话，甚至了解一些对方的遭遇。

（台上扮演林冲的同学衣服有些凌乱，手上还握着一把类似红缨枪的武器；扮演别里科夫的同学完全就是书中所描绘的别里科夫日常出行的打扮，戴着一顶帽子和黑色墨镜，穿着羊毛衫和暖和的棉大衣，衣领竖起，脚上穿着雨鞋，手上拿着雨伞。）

讲台下学生一看他们出场就笑了，有些人还翻开书对照起来，很快两位同学的表演就吸引了大家的目光。

林冲（语重心长）：别里科夫，你先静一静，不要总担心出乱子。以前面对高衙内对我娘子的调戏我忍了；后来面对高俅在白虎堂的陷害，我也忍了；再后来在野猪林又受到他们的种种迫害，我还是忍了。等我到了沧州去看守草料场时，我本以为他们会放过我，我只想安分守己地活着，盼着能早日与妻子团聚，但他们仍然不愿意放过我。他们竟然和我的好朋友陆虞候勾结，放火烧了草料场，非要置我于死地。这样还能忍吗？忍无可忍，我终于反抗了，最终结果了他们三人。如此一来倒是无拘无束，也不再担心什么了，岂不快哉！你应该像我一样，你可以光明正大地和华连卡在一起，又何必整天疑神疑鬼、畏首畏尾，总是害怕眼前的一切，一点都不改变呢？

别里科夫（深吸一口气，自言自语）：竟还有这般歹毒的人。把一位中学教员画成这般滑稽的模样，还发给教师官员。华连卡也是，竟然同她弟弟一同骑自行车，难道中学教师和小姐骑车还成体统吗？如果传到督学耳朵里去，这怎么能有好下场呢？最最可恶的是，我好心去劝说柯瓦连科，他竟然这样与我争吵，还对我动手，不可理喻，真不可理喻！我滚下楼的样子更是被华连卡和她的朋友看见了，这要是传了出去，指不定又会闹出什么乱子。哎，哎！

林冲（无奈状）：你怎么这么固执呢，你不试试怎么知道？你会后悔的！

别里科夫（忧虑状）：这怎么可以呢？这要是传出去得闹出多么大的乱子！到时候他能有什么好下场呢？不行，我心里乱得很，说不定有人偷听我们的谈话了，为了避免我们的谈话被人家误解，以致闹出什么乱子，我得把我们的谈话内容报告给校长，我不能不这样做。

林冲（生气状）：你去报告吧，赶紧去！

讲台下学生都笑着热烈鼓掌。

师(笑着说):两位同学表演得很精彩。看来林冲不仅没有说服别里科夫,反而还被他气到了,同学们能说说原因吗?

生 1:从两位同学的表演可以看出他们对文章及相关情节非常熟悉,沧州遇到店小二时,林冲是忍辱求安,不思反抗,到买刀寻敌时的怒起,再到草堂交接时的安于现状、逆来顺受,到最后风雪夜中忍无可忍、奋起反抗、果断报仇;再看别里科夫,无论穿着打扮还是典型语言,在漫画事件和骑车事件中,他都是胆小怕事、保守落后、惧怕一切新事物的,从出场到最终死亡他都没有变过。我想如果是我应该也不能成功说服别里科夫。

师:嗯,你看得很认真,也思考得全面,请坐。

生 2:别里科夫身上的“套子”太多了,被牢牢套住了,而林冲就没有那么多束缚,他作出选择和改变要容易些吧。

话音刚落,另一位同学便急急地站起来发言了。

生 3:我不这么认为,其实我们从文中体现时代特征的语句中可以看出,林冲和别里科夫虽然是不同国家、不同时代的人,但两者所面临的社会环境是有相似地方的。林冲本来一直都不想反抗,实在是被逼得忍无可忍、没有退路了才愤而抗争的。

生 4:我也这么认为,如此安分守己的林冲最终被逼上梁山,可见当时社会有多黑暗,身心都面临着重重“套子”的束缚。

师:大家思维很活跃,不仅有自己的看法,还能互相提出疑问。非常好!对了,同学们提到了一个词“套子”,那“套子”在你们心中都有哪些含义呢?

(同学们回答时互相补充,踊跃发言。)

生 1:我想套子本义应该是指做成一定形状的、罩在物体外面的东西吧,正如《装在套子里的人》中的别里科夫,生活起居几乎都像装在一个套子里,它束缚着、禁锢着人。

生 2:我认为,这里的套子是有隐喻的,有多种比喻义。它可以是当时黑暗、压抑的社会,当时政府的各种法令;各种旧思想、旧制度;如果再延伸,甚至可以是指固定的、一成不变的心理、规则,可以是外在环境的禁锢,是自我性格上的软弱和消极,等等。

师:看来面对“套子”这个词,大家有许多想说的话,让我们一起来完成活动任务一:请同学们分组讨论并发言。(6 人一组,共分为 6 组,每组一位组长。)

① 别里科夫有哪些“套子”,他为什么要把自己装在套子里,对于自己和身

边的人和事，他有改变吗？

② 林冲的身上有这样那样的“套子”吗，他又是怎样做的，他的性格有发展变化吗？

（请学生结合文中体现时代特征的语句及人物表现进行思考并探讨，最后推荐两位组长发言。）

组长1：别里科夫有形的套子主要体现在生活习惯上：晴天穿雨鞋，带雨伞，穿棉大衣，戴黑眼镜，耳朵眼用棉花堵着，脸藏在竖起的衣领里，伞、表、刀也装在套子里，出行时坐上马车，支起车篷，住的卧室像箱子，床上挂着帐子。尤其在思想观念上更是被无形的套子牢牢套着：他一味地歌颂过去，歌颂从没存在过的东西，用所教的古代语言躲避生活，只信政府的告示和报纸文章，对不合规矩的事闷闷不乐，整天只求不出乱子，活得战战兢兢。

师：第一组说得很详细，别里科夫的形象仿佛就在我们眼前，可谁不想活得无拘无束，他为什么要将自己装在套子里？

学生异口同声回答道：怕。

组长1（追问道）：他怕什么？为什么怕呢？

生1：害怕出乱子。别里科夫害怕一切社会变革，哪怕与华连卡的恋爱都没能让他改变。（听到这，有学生笑了。）

师：嗯，你笑了，你说说他不能改变的原因。

生2：《装在套子里的人》这篇文章中有很多体现时代特征的语句，例如：禁止中学生在晚上九点钟以后到街上去；“我们”只好让步，降低彼得洛夫和叶果格夫的品行分数，把他们禁闭起来，到最后把他俩开除了事；全城都受着他辖制呢；等等。可见当时的社会是多么压抑。而且《装在套子里的人》写于1898年。我们在历史书上就学过，19世纪末，是俄国历史上反动统治特别残酷黑暗的时期。工人罢工和农民起义在全国风起云涌。沙皇政府竭尽全力妄图维持其摇摇欲坠的专制制度，反对任何自由的要求和革新的行为，俄罗斯大地笼罩着恐怖、窒息的气氛。《装在套子里的人》就表现了这个时代的情绪，别里科夫其实也是一个受害者。

（众学生自发给他掌声。）

师：说得真好！其实别里科夫不仅是一个受害者，他还是当时社会间接的帮凶，他不仅套自己，还用自己的言行去套别人，最终落得套死自己的下场。接下来哪一组能上来说说林冲？好，第五组组长上台发言。

组长5:《水浒传》我们都很熟悉,当时北宋末年,内困外扰,政治腐败,社会动荡不安,奸臣当道,相互勾结,人民苦不堪言。《林教头风雪山神庙》中也有体现当时社会背景的句子,例如:"端的亏管营、差拨两位用心!回到京师,禀过太尉,都保你二位做大官。这番张教头没得推故了!""再看一看,拾得他一两块骨头回京,府里见太尉和衙内时,也道我们也能会干事。"

林冲自幼相交的陆虞候,屈服于现实,在背后帮助高太尉和几个人一起密谋陷害林冲。林冲所面对的是压抑、禁锢、专制的整个社会,这和别里科夫所处的时代特征是相似的。其实这何尝不是一个套在林冲和别里科夫身上最大最紧的"套子"呢?

师:非常有道理!其实林冲用今天的话说,他是"体制内"的,作为八十万禁军教头,他工作稳定,家庭生活幸福,所受的教育程度高,还有他本身心地善良、安分守己、忍辱求安的性格,这些在他通向反抗的路上也是一些束缚的套子,意味着不到退无可退他都会忍,直到"杀人可恕,情理难容"地步他才最终奋起反抗。

这时有个学生站起来问道:老师,我在契诃夫的小说中看到,"再也不能照这样生活下去"这句话,作者借兽医伊凡·伊凡内奇的口道出了当时要求变革的社会情绪。而事实上《装在套子里的人》以一种超越现实的再现手法,夸张变形地再现生活,别里科夫一直是当时秩序的维护者,在套自己又套别人的过程中最终还是没逃过套死自己的结局,让人们在笑过之后,感受到19世纪末沙皇俄国的黑暗现实。而林冲呢,这个就当时社会来说不管从其社会地位还是个人性格方面看都完全不可能造反的人,最终忍无可忍,起来反抗,上了梁山。这个故事同样揭露了封建社会"官逼民反"的黑暗现实。这两篇文章社会环境相似、主题也相似吧?

师:说得非常好!我们应该将掌声送给他。(学生一起鼓掌。)

林冲和别里科夫是生活在两个不同时代、两个不同国家的作者创造出来的不同人物形象。从表面上看,二者没有可比性。但这位同学却能在质疑中细加分析,发现相似之处。其实别里科夫和林冲一开始面对不公正的社会现实时,两人都选择了逃避与退让。但不同的是面对所处的社会环境,别里科夫一味地封闭守旧,始终丢不掉奴性,深陷"套中",最终走向死亡;而林冲从忍辱求安到放弃幻想,愤而反抗,挣脱"套子",最终走向自由,暂获新生。

这时,课前表演林冲的男生说道:如果林冲没有反抗,他会不会也是一个

“装在套子里的人”呢？我这劝说任务真不容易。

旁边的学生禁不住笑起来。

师：是的，阅读、赏析、在质疑中辨别比较，慢慢地，当我们走出文本会收获得更多。课前已经让大家思考过活动任务二：在你周围，是否也有形形色色的“套子”？如果有，你是怎样看待这些“套子”的？请当堂继续写出你的思考（200字左右）。

（学生可自愿上台分享阅读。）

生1：卢梭曾说：“人，生而自由，却无往不在枷锁之中。”契诃夫笔下的别里科夫常常把“千万别闹出什么乱子来啊”挂在嘴边，以“套子”将自己束缚至死。反观当今，我们的生活中也存在着形形色色的“套子”。

不可否认的是，有一部分“套子”是合理的。尊老爱幼、尊师重教等传统美德使社会和谐发展，有利于构建良好的社会风气。但是，有些“套子”却让人们同化与麻木，丧失独立思考判断的能力，囚禁了思想，套住了灵魂。“人生只有考上好大学才是有价值的”“只有努力学习的人才是好学生”，这样的话语不绝于耳。他人不断将一句句判断句抛向我们，告诉我们“应当如何做”“什么才是正确的”。但我们可曾勇敢地提出过一句否定句，抑或是疑问句呢？“套子”由他人编织，但又何尝不是我们自己心甘情愿地将其套上的呢？

面对生活中形形色色的“套子”，我们当明辨是非、勇于创新，主动撕破桎梏人性与思想的“套子”，允许差异和不确定性的存在，并以开放包容的心态去对待。

【热烈掌声】

生2：我们周围的“套子”时时刻刻影响着我们的思考与行为，我们应当敢于创新，勇于挑战，不被“套子”扣住手脚和思想，不成为保守、僵化、被奴役的套中人。

积极健康的社会环境为个人搭建成长的平台，但也应避免社会环境中群体的思想取代个人的思想，使个人融进无意义、情绪化的乌合之众中。社会文化建构出的产物，时刻影响着个人的思维与行动。当社会环境刻意钳制人们思想之时，对个人成长不利的“套子”快速形成：前期不敢反抗的林冲、总以“可别出什么乱子”为口头禅的别里科夫，都成为被奴役的套中人。那么我们应当如何钻出套子，避免无意识地被社会群体的主流思想所同化呢？作为新时代的青年，我们更应当以独立之精神，审慎思考，勿让思想与行为的惯性与惰性拖住前进的脚步。我们要在顺应社会环境的同时不被其控制，敢于跳出思维的循环，寻找新的机遇。路虽漫漫，吾将上下而求索。

【热烈掌声】

教师总结：一个时代的精神是青年代表的精神，一个时代的性格是青年代表的性格，作为新时代青年，我们需要有一定的规则，但不能用规则套死人，我们既要能遵守合理的规则和做人的底线，更要有敢于打破各种不合理的"套子"、勇于质疑、积极向上、创造新环境的意识和担当。

四、审辨视域下大单元类课程思政教学评析——以小说《林教头风雪山神庙》《装在套子里的人》比较阅读为例

课堂以别出心裁的情景剧导入，林冲劝别里科夫反抗，这种跨时空对话瞬间抓住了学生注意力。而且情景剧能让学生回顾上节课所学内容，并引出对林冲和别里科夫所作所为的讨论。文章从感知文本到深入文本，到最终拓展延伸，走出文本，课堂思路清晰，思维逐层递进。

学生能针对文本发表看法，并相互质疑，教师顺势引出"套子"的含义，并引导学生剖析林冲和别里科夫所背负的多种"套子"。林冲不仅受封建体制、高俅迫害等"套子"束缚，他自身前期的性格、八十万禁军教头的身份以及对安定生活、夫妻团聚的希望，对于他选择彻底反抗又何尝不是一种"套子"？别里科夫更是从内到外都被沙皇专制制度、守旧思想所禁锢。一个最不想反抗的人最终选择了反抗；一个始终一成不变的人最终也被"套子"套死，相似的社会环境之下，选择不同，结局也不同，那我们又该如何去做呢？随着课堂的深入，学生的思考也在一步步深化。这不仅加深了学生对文本主题的理解，更让学生意识到，无论古今中外，不合理的制度与思想会给人套上枷锁，这是思政教育在文化层面的渗透，让学生理解不同文化背景下的共性问题，从而培养文化理解与批判意识。

两人面对"套子"的不同选择，是思政教育的关键切入点。林冲从委曲求全到奋起反抗，展现觉醒与抗争；别里科夫则在"套子"中自我麻痹，直至死亡。教师引导学生思考差异所在，让学生明白，面对困境，应勇敢抗争，不能消极逃避。这对学生价值观塑造意义重大，可以鼓励他们在生活中面对困难挫折时，要坚定信念、勇于挑战，培养坚韧意志与积极人生态度。

最后，课堂从文本延伸到现实，引导学生思考中学生面对身边的"套子"时

如何选择。教师鼓励学生质疑、审慎反思、明晰辨别，在严守底线的基础上学习林冲的抗争精神，打破不合理束缚，树立正确价值取向，力求全面发展。这将思政教育从理论层面落实到学生实际生活，让学生将文本所学内化为行为准则，提升社会责任感与担当意识。

这堂课也有提升空间。在引导学生分析文本时，可多鼓励学生自主提问、讨论，教师还可以再退一退，将课堂更多地放手给学生，培养学生的独立思考能力与深度审辨能力。同时，联系现实环节，可引入更多社会热点案例，增强思政教育的时效性与感染力。

审辨视域下的语文课程思政教学，以中外经典文本为载体，通过巧妙设计与引导，将语文知识传授、能力培养与思政教育深度融合，虽有不足，但希望能为中学语文课程思政提供思路与实践范例。

第六节　审辨视域下写作类课程思政教学的建模与实践
——以高中议论文《孤独与智慧》写作指导为例

华东师范大学第二附属中学　唐功亚

一、审辨视域下写作类课程思政教学课堂建模

审辨思维，也称审辨式思维，是一种对事实、证据、观察结果和论据进行理性、分析性思考以形成判断的思考方式。它是一种有目的性的、自我调控的判断过程，综合运用“解释”“分析”“评价”“推理”等形式，审辨式思维者以事实为依据，合乎逻辑地论证观点，善于提出问题，不断质疑，同时也反省自身的问题，对异见保持包容的态度，公正客观、持之以恒地追问所探究的问题。

“课程思政”理念作为一种全新的综合教育理念，强调将思想政治教育融入各类课程之中，实现知识传授与价值引领的有机统一。审辨思维作为培养学生独立思考、提高学生综合素养的关键能力，与思政教育结合，能够更有效地引导学生深入思考，提升学生思维品质。探讨审辨视域下写作类课程思政教学模型构建，将思想政治教育的理论知识、价值观念和精神追求融入作文指导，促进学生创新思维与辩证思维的发展，对培养学生的批判性思维和独立思考能力，使他们能够基于正确的价值观和世界观，深入分析、解剖问题，进而形成独到见

解，具有重要意义。

审辨视域下语文课程思政高中议论文写作教学，其内容体系包括说理论证的方法指导和思政育人两类元素，一方面是写作的知识体系，诸如概念辨析、意义解码、类比联想、逻辑构建等写作任务分配，另一方面是思政元素融入，包含社会主义核心价值观教育和思想道德品质教育；进而以这两方面的结合来实现知识掌握、价值塑造和能力培养的多元统一。

审辨视域下高中议论文写作教学课程思政的课堂建模，包括课程目标、内容体系、教学流程和课程评价等方面。

（一）课程目标

审辨式语文课程思政写作教学的核心目标是培养学生的审辨式思维能力，使其具备独立思考、理性分析、辩证判断的能力，同时树立正确的世界观、人生观和价值观。具体目标包括以下几点。

提升审辨式思维自觉：通过作文教学，引导学生学会从不同角度分析问题，使学生具备批判性地审视和分析议论对象的觉悟；培养学生独立思考和自主判断的能力。

融合思政教育元素：将思想政治教育的内容融入作文指导中，使学生在写作过程中形成正确的价值导向和思想沉淀。

通过系统训练，提高学生的写作水平：使学生能够清晰、准确、泾渭分明地表达自己的观点，提升学生的逻辑推理能力，增强其论证能力。

（二）内容体系（见图 2－6）

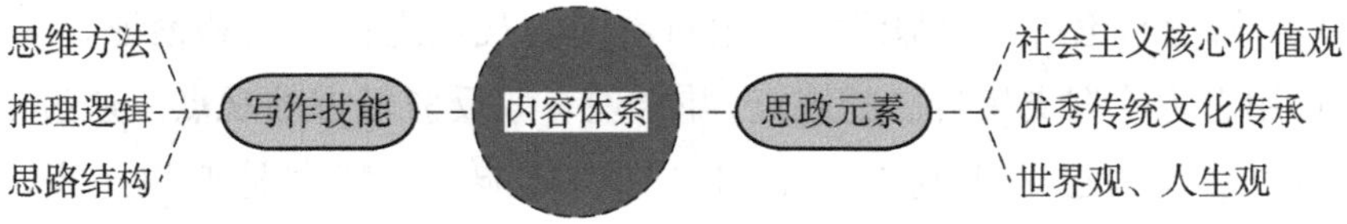

图 2－6 议论文写作教学课程思政的课堂内容体系图

（三）教学流程

首先是教学方式变革。为实现审辨式语文课程思政写作教学的目标，需要在教学方式上进行以下变革。

1. 问题导向教学

以针对性问题为线索，提出问题和难点，引导学生在解决问题的过程中，挖掘并呈现所涉及的价值观和思维方式。例如，针对当下语境的社会热点问题，如环保、科技发展等，引导学生进行深入的讨论和分析，培养其辩证思维能力。

2. 情境体验教学

创设与现实生活密切相关的情境，让学生在模拟中体验和思考，增强思政教育的针对性和实效性。例如，让学生在现实生活情境中体验不同人生角色的思考方式和价值选择。

3. 合作学习

通过小组讨论和合作学习等方式，鼓励每位学生发表自己的个性见解，聆听、审视其他学生的独到观点，从而获得对事物和论辩对象更加全面的认知。教师可以抓住一些能够引起争议的话题，让学生在小组内进行讨论，形成自己的观点后再进行全班共享。

4. 信息技术融合

利用多媒体技术、网络平台大模型等现代科技手段，将抽象的理论知识以直观、生动的方式呈现出来，增强学生的感知和理解。同时，呈现大量的信息，便于讨论理解和整合积累。

课堂教学流程大致可以如下安排。

(1) 话题引入。通过启发性提问或展示相关规定材料，引入写作话题，并引导学生对规定话题进行初步定向讨论，形成初步的有价值的观点和认识。

(2) 头脑风暴。学生分组就话题进行头脑风暴，列出与写作论辩内容相关的必要疑问并讨论写作的框架结构和展开内容。教师在此过程中必须给予适当的引导和积极反馈，帮助学生整合复杂信息，形成每个人清晰的思路。

(3) 辩论与论析。教师组织学生对不同的观点进行质疑和论证。学生应学会运用有力论据支持自己的观点，并合理有效反驳对方的观点。通过辩论，学生可以锻炼自己的批判性思维和口头表达能力。特别是抓住一点，扭住关键。

(4) 项目化写作实践。学生在讨论和辩论的基础上，进行项目化的写作实践。教师应鼓励学生运用所讨论的思想，表达自己的发现，快速、准确、简洁地完成作文。

(5) 检测评价。①概念推敲：对作文中的核心概念进行推敲和解释，从而确保中心论点或论题由哪些方面构成，并提炼出分论点。②搜证行为：教师对学生运用相关论据论证自己观点的过程进行检查，确保论据充分、论证合理。

③逻辑查谬：教师应要求学生注意文章的结构和逻辑，确保文章条理清晰、层次分明。

（四）课程评价

重点审视审辨式课程思政课堂教学的建模能否有效促进学生写作能力与审辨思维的双重提升，即审视是否显著提升了学生的写作能力、审辨思维及思政素养。数据收集：选取不同年级、不同水平的班级作为研究样本，收集作文作品、课堂记录、学生反馈等信息。深入了解学生审辨思维与写作能力及思政素养的提升情况。可以观察三个方面的变化。

（1）学生写作能力变化：通过前后测试对比，展示学生在审题能力、论据运用、逻辑结构、实例分析等方面的进步。

（2）审辨思维发展：分析学生在作文中体现的多角度分析、批判性思考以及创新性表达等写作能力的提升。

（3）课程思政元素融入效果：评估学生在作文中体现的价值皈依，以及社会责任感、思想品德、科技素养等方面的提升。

二、审辨视域下写作类课程思政教学设计——以高中议论文《孤独与智慧》写作指导为例

作文题：人类文明史上，有智慧的人往往孤独，成长中的我们是否要努力远离人群？请写一篇 800 字左右的文章。

学习目标

（1）课程思政育人目标。

① 通过辨析“孤独”与“智慧”的关系，深化对人生哲理的思考；

② 引导学生正确看待“孤独”，促进其对个人成长和社会责任感的关系的认识；

③ 通过互动对话，增进同学间的理解与思想交流。

（2）审辨式思维写作目标。

① 深入辨析“孤独”与“智慧”的内在联系及给我们的启示；

② 运用批判性思维，从多角度审视孤独对个人成长的影响，形成有价值的独立见解。

教学重难点

重点：辨析“孤独”与“智慧”的内在联系，培育社会主义核心价值观。

难点：运用审辨式思维，从多角度审视“孤独”与“智慧”，建构层进式逻辑结构。

学习过程

1. 任务一：话题引入

引用《左传·襄公二十四年》：“太上有立德，其次有立功，其次有立言，虽久不废，此之谓不朽”导入，再引唐代孔颖达的注解：“立言，谓言得其要，理足可传”，最后引诗人特拉克尔的诗句“灵魂，大地上的异乡者”，提出写作的追求，即立言与读解——关乎灵魂的品味，进而展现本节课的写作指导目标：从解剖一个问题到解决一类问题，“唯深识鉴奥，必欢然内忻”。

2. 任务二：解题辨析（审辨环节之一）

（1）解剖题目中的疑问：有智慧的人为什么孤独呢？有哪些人呢？成长中的我们为什么要远离人群？这里边有一个默认的认同：要成为人类文明史上的那些智者，就要自觉地远离人群。这仿佛是一个前置的条件。那么问题来了：这样的智者是我们该努力学习的，但只要孤独就能成为这样的智者吗？今天成长中的我们应该成为这样的智者吗？

（2）引领质疑：怎样做一个有智慧的自得者？孤独或者是离群索居，为什么就可以成为智者呢？“孤”的后面假如紧跟一个字，难道就只是孤独？你还可以讲成“孤……”？

3. 任务三：扭住“一个”，怎么解剖才是理会到底（审辨环节之二）

（1）提示：意义解码和关系辨析——求解本质路径。

此一环节，提示同学把握对象的本质内涵，不必要求穷高极深、千金一字。

提供几个同学的就题论题的意义解码的典型的理解范例，例如有同学讲到的：“一个人难以在以自我为中心的孤独的世界中独善其身”，让同学们开展头脑风暴，展开课堂讨论。进而辨析这些概念背后的意义，深入地探讨这些观念思想、情感的价值和合理与否。

（2）课堂生成：扭住“一个”，可以怎么展开。课堂讨论：“解剖一个问题”，也就是解剖人类文明史上有智慧的人往往孤独背后包含的道理，为下文升华写出“见道之语”做好铺垫。

4. 任务四：引导学生把握议论文写作逻辑结构中的升华环节

也就是从解剖一个问题到解决一类问题的"解决一类问题"这个难点。具体就是"究其根本，要我们思考什么"这一方法论的问题。这也就是我们在审辨式思维中引导学生走向质疑反思，追求从一般到特殊，从具体到抽象，从一个到一类的升华。

（1）教师要做好示范引领。可以提供加缪、康德等哲学家的思想来启发同学。

（2）要抓住关键概念内涵解读，促进深度提升。启发、引领学生进行辨析和论证，开展有深度的讨论。

（3）讲到议论文逻辑结构中的境界升华的环节时，要对同学的思想感情、价值皈依、生活道路的选择，成长的追求，做出符合时代精神的引领，提示学生呼应青年人成长的内心的渴望，赋予生活以意义。马克思说：生命活动对人来说已变成人自己意志和意识的对象。我们有同学就写到"把自己交给更高的存在"，《诗经·小雅·鹤鸣》："鹤鸣九皋，声闻于天。"

5. 任务五：写作提纲编拟，完成写作任务

三、审辨视域下写作类课程思政教学实录——以高中议论文《孤独与智慧》写作指导为例

师：同学们好！

生：老师好！

师：今天我们讲评这次质量检测的作文，哪位同学来读一遍作文题？……这次质量检测的作文题看起来不难写，但要写出高水平还是不容易的。

师：有人讲过"立言与读解，关乎灵魂的品味"，特拉克尔也讲过"灵魂，大地上的异乡者"。至于"立言"呢，我们原来也讲过，《左传·襄公二十四年》里面有一句话是"太上有立德，其次有立功，其次有立言，虽久不废，此之谓不朽"。

生：我们还要追问"灵魂的不朽怎样才能实现"。

师：是的，人们经常在思考，作为一个生存者，如何能够做到灵魂的不朽。

师：孔颖达在注"立言"的时候提到"言得其要，理足可传"。

生（重复）："言得其要，理足可传。"

师：如果我们从这两个方面来切入，就是做人要做大地上的异乡者，那就是个独特的人了，有不一样的灵魂。假如一个人能够欣赏落叶和羞花，能够从细

微处发现美好，那么生活就不能把他怎么样。

生：言外之意，生活经常把人怎么样。（笑）

师：我们的生活像卡夫卡写的《变形记》，格里高尔面对生活的重压，变成一个甲壳虫。

生：所以要思考生存的哲学，做大地上的异乡者。

师：说得好！给你一个作文题，怎么解读，怎么立意，怎么写出自己不一样的灵魂？立言与读解，关乎灵魂的品味啊。写作文最怕就事论事，能就事论事也是不错的，至少可以得个五十分左右。做文章的人，有时候是为了怡情，有时候是为了悦性，有时候是为了悟道，也叫“棒喝”，“棒喝”就是告诉你要懂这个道理。

生：当然更多的时候像春风化雨吧？就是说最怕就事论事，要能够做到从这个事情到另一个事情的升华。

师：就是告诉人们，比如说做大地上的异乡者，怎样才能做到啊，提出你的思考，尝试给出回答。更进一步说，我们的这个文章不就事论事，就是要做到基于此一问题的本真性进行思索。那么，什么叫本真性？

生：就是根本的、本质的属性。

师：我们从这里得到生活的启发，写出了这样的一种哲理，这样就能做到“深识鉴奥，欢然内忻”。文章真正写得深刻了，别人才从心里真正信服你呀。

生：“忻”是什么意思啊？

生：欢乐、开心、高兴。

师：好，我们今天就来尝试一种重要的写作能力，即从解剖一个问题到解决一类问题。把这个作为我们今后做文章、思考问题、观察世界来表达自己的生命体验的一种思想方法。解剖一个问题在文章指导上就是解剖这个题目本身的问题。解决这一类问题就是我刚才讲的基于此一问题的本真性思考。

生：其实我们在生活中的存在也要这样，要能通过解剖一个问题来解决一类问题，就能够做到一种规律性的遵循，得到一种普遍性的启发、一种本质性的获得。

师：讲得好！那么解剖一个问题，到底怎么解剖呢？

集体交流讨论

生：解剖题目的疑问词。

师：这个作文题中哪个词触动你的灵魂？

生：老师，你要解剖一个题目的问题，你往往是怎么去解剖的？

师：关键词。

生：嗯，我觉得还要发现其中的矛盾之处。

师：有水平！就这个题目里面，到底有什么矛盾，看似很简单，但是这里面有问题啊，那么我就把这个问题解释出来。

学生交流讨论。

教师启发：我们的解剖只能占很小篇幅。解决一类问题就是思考这类问题背后的本真性，思索这类问题背后的普遍性哲理。

生：那是什么问题？

师：我给你们提炼了一个，例如"给困惑者的指南"。

生：我有个问题，人家有智慧的人真是孤独的吗？那我们今天要变得有智慧，是不是也要有意去孤独地生活？

生：你要孤独很简单，你到终南山去隐居啊，搞个山洞躲在里面自己烧稀饭，吃烤山芋，种菜、养鸡鸭、养蜜蜂，风餐露宿就孤独了，仿佛不食人间烟火。

师：如此你就变得有智慧了吗？记住要"给困惑者提供指南"。解决一类问题，就是基于这类问题你得出的一个结论。再比如要有必然的价值判断。这个背后有一个逻辑的必然性，就一定要这样去遵循这个价值观。

生：老师，要想做有智慧的人，就要去做孤独的人吗？

师：这个背后是一种什么价值遵循？

生：任何事情背后都是有意义的。

师：我记不清是哪一个哲学家说的，人在生活中啊，他总是为眼前的这些物质所局限，他忘掉了那背后的意义。哎，你要做个孤独者，这到底背后是什么意义呀？比如说你要做一个在学校里独特的异乡者，要做一个有智慧、有上进心的优秀学生。你怎么做？

生：那我要做一个孤独的人。

生：我自己到图书馆找一个桌子，每天就在那一角，就是我的所在。

生：我找一个楼梯角落，每天我就到那里去生活。

生：要那样，那背后的意义是什么？

师：你这个行为选择的意义指向就叫应然的意义。联系我们的文章就是要解释这个东西。同学们想想你的文章有没有涉及这一块？没有这一块，那么就变成了就事论事，是不是这样？这就是我们常说的缺乏启发性，缺乏启发性就是缺乏深刻。

生：懂了，老师说得好！（全场笑）

［**活动**］

教师再次展示作文题目：这就是我们今天的题目，在人类文明史上，有智慧的人往往孤独，这是否意味着在成长中的我们也应该努力远离人群？（展示文题）

师：现在请大家讲你所谓的关键词，所谓的矛盾处，所谓的这个“文眼”。

生：这里面没有文眼。

师：“有智慧的人往往孤独”，你说没有文眼？文眼也可以是个句子嘛！还有关键词，你说哪里是关键词？

生：智慧和孤独。

师：英文里面“智慧”这个词怎么翻译啊？你来写吧，你就写在这里。

师：怎么念？

（集体读英文单词）

师：智慧是个富含哲理的词。咱们华东师范大学哲学系的创始人、当代著名哲学家冯契先生，他专门写过“智慧书三篇”。冯契师从金岳霖、冯友兰。有人讲冯友兰讲哲学是把复杂的问题讲简单，那金岳霖讲哲学呢，是把简单的问题讲复杂了。他们两个人都是伟大的哲学家。

师：好，那哪里是矛盾处啊？

生：矛盾处就是远离人群和孤独。

师：嗯，成长不能只有孤独啊！可你的作文不是这么写的啊！

师：请坐，我给你们念念这位同学的文章。他说“这个话是荒谬的”，说人家是荒谬，可以说是有欠思考，不太严密，过于武断，下断语要有分寸。

师：不要讲人家“荒谬”，说“细究起来，可能微妙得多”，这个话就有分寸了。

生：我是说，这种荒谬之感来源于本句话逻辑上的谬误，这就叫矛盾。这个命题将相伴随的现象当成了因果。

老师再读学生范文例句：“智慧也许伴随着孤独，但孤独绝无可能倒向智慧”。“在荒谬之后引发我们思考的这个命题，无非是要我们讨论应该用怎样的态度面对人群，要如何追寻自己。”

生：老师，我看他这个分析没有刚才回答得好，这里面的矛盾很明显。智慧的人往往孤独，不是说孤独是有智慧的条件吗，这么解释就很好。

师：那么同学们，我们现在来看啊，要想讨论这个问题，假如我们要就事论事地去讨论，真正地解读到位，如何做到？我给大家提两个建议，第一个建议就是，你要解剖当下的问题，要做到理会到底，铢分毫析。

师：你刚讲了一个关键词还不够啊，譬如说“成长中的我们”，“成长中的”要抓住什么含义啊？

生：是说“我们要不断地去成长，做不一样的自己”。

师：“我们”是谁？“我们”是今天的你我，是青年人。

生：“成长”也还要挖掘，我要成为什么样的人？

师：成长中的我们要成为有志有为的新时代青年。

生：在成长中我们是否应该做到孤独？

师：或者是孤独到底能不能够让我们做到有智慧？这孤独到底和智慧有没有必然的联系？那么这个问题可以怎么展开？

生：通过一个事例展开。我的意思就是一个人他有智慧但是不被世界所理解，所以孤独哦，那是一个事实呀。

师：对，那么孤独能不能带来智慧呢？

生：在我的理解上显然是不可能的。

师：为什么孤独不能够带来智慧？

生：因为我觉得融入社会的话，可以让我们获得更多的经验，从而变得更加有智慧，但是孤独是不行的。

师：孤独不能带来智慧，还可以讲什么观点？

生：可以讲自我的认识和发展。

生：我觉得外界可以给智慧带来帮助。

生：我觉得智慧的获取源自我获得了一些知识或者其他的道理。

生：那么在获得这个知识或其他道理的过程中，我就和以前的先贤形成了连接，那么就不存在孤独这个概念。

生：我们的孤独可以是一种入世的态度，就是像大隐隐于市，我们虽然是从属于人群之中，但是我们保留了自己的一个观点，有自己的想法，这是一种自足。

教师提示：尽管我在闹市，但是心远地自偏，我同样有自我满足感，他是这么个意思。这里就要讨论个问题：一个以自我为中心的人，是不是就能够走向智慧？

师：现在看来第二个问题的展开比较困难，而第二个问题的展开正好指向我们要讨论的生存的本质性思考。因为前面还是可以讨论出很多话题来，比如你孤独不能带来智慧。因为人是与外界，人是与社会，人是在与他人的关系性对话中存在。

教师继续展示：那么我们再来看看同学们的高见。（作文展示）

生："反听谓之聪"，这话讲得好。在这样的人与人的对话中，就成就了你自身。

师：某同学说"人是生活在他编织的意义之网上的动物"。讲得多好！往下说下去要扣住意义之网。刚才讲到意义，那我们要编织什么样的"意义之网"？

生：成长中的我们要编织一个什么样的网啊？

教师：再看什么叫"理会到底"？朱熹讲的"理会到底"就是思考到极点，那你要编织什么"意义之网"啊？建立智慧，建立自己的价值观者，你又回到智慧价值这句话，太空了。

生：成长有关键的意义点，你能不能讲一个比较具体的呢？

生：我的意义是为祖国健康工作五十年啊，那就是要健身。

教师：有的人说"一个健康的乞丐比那个高贵的国王要幸福得多"。国家提倡每天一个人至少要锻炼两小时，所以早上叫你们跑跑操，你怎么还能吐槽？叔本华讲了要跑步。身体健康的人才有幸福感。

生：思想也要健康，灵魂也要健康，身体也要健康，这就是我成长的理念。那么怎样做到这个？我可以兼听，也可以反听。大家再念念，"反听谓之聪，兼听谓之明"，这样就聪明了。

师：但是光有聪明是不是就有智慧呢？某某同学说"一个人难以在以自我为中心的孤独的世界中独善其身"，这话讲得好。

生：不是说"自古圣贤皆寂寞"吗，但是也有说"见贤思齐焉"，你怎么能够在孤独的世界中走向有智慧？见贤思齐啊。

师：还有同学也讲了，孤高自矜、一味远离是一种狂热偏执的表现。

教师总结：好了，我们再看，到底有智慧的人是哪样的人？再次强调：除了对对象本质的解读以外，还要上升为一类问题，这才是文章的升华。

生：讨论来讨论去，孤独不能带来智慧，我觉得还要强调令你动容的那份凝重究竟是什么。

师：说得真好！大家看究其根本我们要思考什么？（指黑板）黑板上这里是空白，要你去填空。我请一个同学回答一下，你说这个问题背后究竟是要我们思考啥？

师：××，这一次开头几句话写得很好，你回答一下，究其根本，需要我们思考什么？

生：赋予生活以自我的意义。

师：××，你说“人用孤独的这样一种方式来成就有智慧”，这到底是要我们思考什么？

生：就是让我们思考如何处理与外界的关系，然后去获取我们自身的一种智慧和自身的独立。

师：这个所谓有智慧的人，他不只是有知识的文明史上有智慧的人。为什么他孤独啊？

生：不是因为他知识特别高深，而是因为他灵魂特别有味道，所以他孤独。

师：他有什么孤独？可能像屈原。你们不讲了吗，“举世浑浊而我独清”，他可能有这样的意义。

生：还有我说可能指向的意义就是有意志和信仰的坚守。

师：要有意志和信仰的坚守，一种有尊严的处事态度。

生：老师教我们从分析一个问题上升到一类问题。

教师总结：加缪“以我的声音和我在伟大的时代中的庄严，提醒你注意光辉的希望”，这就是独立的自我。所以“孤独”不如改为“孤傲”，改为“孤高”，对不对？这就是所谓“孤独的人走向有智慧的人的态度”。原来题目是叫我们有这样一种尊严和意志，无非是提示这个。不是叫你变聪明，是叫你变成一个大地上的异乡者。对吧？

生：那这是我讲的有智慧的人是这样的。他是清醒的现实主义者，清晰地知道看不见的根本，能看清未来。

师：最后，我们用这样的一个阶梯式造型的 PPT 示意图去思考。赋予生活意义，呼应内心的渴望，把自己交给更高的存在。

师：“无非是要把自己交出去，交给一个更高的存在。”革命者都是孤独的，因为他能看清革命光辉的未来，所以他孤独。但是他又不孤独，对不对？马克思说“生命活动对人来说已变成人自己意志和意识的对象”。

师：咱们《诗经》中的两句话讲得真好：“鹤鸣九皋，声闻于天。”这种人才是崇高的。

生：崇高的人不止中国有。

师：智利诗人聂鲁达说人家给他颁奖是“属于一个大陆的梦想”。他不是走向独善其身，是把自己与世界联系起来，成为一个人类文明史上的丰碑。他的高贵正如他写的诗句：“那里有渴求与饥饿，而你是水果。那里有悲痛与幻灭，而你是奇迹。”你是水果能慰藉人的饥渴，你是奇迹来启示人们前进的方向。这就是有智慧的人，他是自我封闭的孤僻吗？

师：高蹈出尘，仿佛一盏明灯。我们就是要把文章写成这样，前面那个解读都是为后面铺垫。最后我们再齐读我这节课的主题，你们还记得吗？

学生齐读：从解剖一个问题到解决一类问题。

师：希望后面的文章都能写成这样。下课！同学们再见！

生：老师再见！

四、审辨视域下写作类课程思政教学评析——以高中议论文《孤独与智慧》写作指导为例

审辨式课程思政教学，作为一种创新的教学模式，旨在将思想政治教育融入基础课程，通过引导学生运用批判性思维工具，提升对复杂问题的分析、判断能力。本次写作教学指导实践，通过审辨式课程思政议论文写作指导，给我们提供了评估审辨思维在课程思政中的融入效果的契机。同时可以分析批判性思维工具的运用对教学效率的影响，为进一步优化高中语文写作教学提供参考。

通过收集本节课课堂数据进行分析，下列维度提供了积极有价值的启示。

1. “五学”课堂指标体系评价（见表 2－1）

表 2－1 “五学”课堂指标体系评价

维度	内涵	水平达成
主动学	学生是学习的主体，学习是主动参与的过程	学生有主动参与课堂进行发言、提问、追问、操作等行为，并且学生参与机会充足，差异均等
互动学	学习是师生交往、互动对话的过程	课堂中有充分的师生对话，并且有生生对话；围绕话题的讨论有充足空间
高效学	学习聚焦目标的达成，落实学科素养	教师在课堂教学中有话语向学生表明了本节课的学习目标，指明了核心问题，学生清楚本节课的目标，并在课堂中通过多种反馈话语进行目标回顾、检查与评价；教师引导策略丰富；课堂组织管理效度高

（续表）

维度	内涵	水平达成
深度学	学习指向问题解决，产生高阶思维	课堂学习活动指向问题解决，核心问题有探究空间，有质疑、补充、追问、评价的学习行为；课堂认知水平有评价与创造水平；教师有高阶提问、有高阶言语、有追问，教师有多元引导行为（整理、聚焦、转化等）
多样学	学习有多样方式、多元思维视角	课堂上学习方式多元，有集体教学、个别学习、小组讨论等；学生问题包括是什么、为什么、怎么样、假如及由何的问题；有丰富的认知类型

通过“五学”课堂指标能够非常精确地看出审辨式思维在课堂教学中的作用。课堂学习活动指向问题解决，核心问题有探究空间，有质疑、补充、追问、评价的学习行为；课堂认知水平有评价与创造水平；教师有高阶提问、高阶言语、追问，以及多元引导行为（整理、聚焦、转化等）。

2. 课堂结构

本节课的课堂结构可称为“对话型”，师生对话充分，互动很强，效率明显。从实录也可看出，师生互动充分，思维高效运转，学生始终跟教师一起，就题目中的疑问和深入的逻辑阐述作方向明确的探索追问，教师有力地带动了学生追问思考的能力，避免了常见的议论文写作的浮光掠影和分散用力。

传统的“灌输式”教学模式已逐渐被否定，取而代之的是更加注重学生参与和思维发展的教学模式。其中，“对话型”课堂结构因其独特的教学理念和方法，逐渐受到教育界的广泛关注。本节课“对话型”课堂结构在提升学生审辨式思维效率、学生素养以及思政融入效果方面的作用，为教育实践提供理论依据和实践指导。对话式教学不仅是一种崭新的教学形态，还彰显着一种师生间全新的交流方式，体现着一种回归生活世界的教学方式。它强调师生在平等、民主、沟通、合作的基础上进行互动交流，通过语言交融和心灵交流，实现知识的建构和道德理性的升华。“对话型”课堂结构通过师生间的互动交流，启发学生思考，培养了学生的批判性思维和创造性思维。研究结果显示，学生在“对话型”课堂中的审辨式思维效率显著提高，能够更好地分析问题、提出假设并进行验证。

“对话型”课堂结构注重学生的全面发展，通过师生互动、生生互动等方式，提升了学生的语言表达能力、团队合作能力、自主学习能力等综合素养。研究结果显示，学生在“对话型”课堂中的表现更加积极，学习成效显著提升。

“对话型”课堂结构将思政教育融入课堂教学，通过师生间的对话交流，引导学生树立正确的世界观、人生观和价值观。研究结果显示，学生在“对话型”课堂中对思政内容的接受度更高，能够更好地理解和践行思政理念。

基于数据分析本节课师生语言时长占比，教师为 82.1%，学生为 17.9%，可以看出写作教学指导教师的主导作用明显，但学生的参与度也值得称道。

3. 提问的分析和思政融入检查

一堂高质量的课堂教学应该从所设问题的特征及其在课堂教学中的使用、学生对问题解决方案的讨论与反馈，以及设计的解决方法等围绕此问题属性的多个方面进行评估。基于数据的收集，本节课的验证性追问最多，这有助于增进学生思考的精确性与原创性。教师提出验证性问题意味着要求学生举例、叙述个人经历、引用证据等。向学生提出验证性问题要求其回答，学生就可以把正在学习的与已经知道的联系起来，就能更好地领会主要问题的概念内涵。探询性问题是为了让学生之间展开更多的互动。它是促进学生生成和引发观点更加多样化的一种方式。

思维发展中提问的重要性不言而喻。答案不能推动思维的发展，真正能够推动思维发展的是问题。问题是思维发展的驱动力。质疑，正是对证据、思想、逻辑链分析性思考的一种判断方式，正是一种审辨式思维。

基于数据分析，本节课的教师高频词有“关键词”“立言”“题目”“智慧”“灵魂”“思考”“人”“大地”“世界”“生活”“异乡”等。

从教师高频词也能明显看出，一节作文指导课，教师对学生人生观和价值观的自觉引领。本次实践成功地将审辨思维融入课程思政教学，不仅提升了学生的议论文写作能力，更重要的是培养了他们的独立思考能力与批判性思维能力，以一节写作指导课为契机，有意识地培养学生，使之成为具有社会责任感和创新精神的高素质人才。

第三章
审辨视域下中学其他学科课程思政教学的推广

第一节　审辨视域下中学数学课程思政教学的建模与实践(一)
——以“祖暅原理实验探究”教学为例

华东师范大学第二附属中学临港奉贤分校　张欣涛　刘成坤

一、审辨视域下中学数学课程思政教学的建模

中学数学课程若能巧妙融合实验教学与历史文化元素，将显著提升学生的学习兴趣与积极性，有效培养学生的创新思维与探究能力，同时增强学生的文化素养与民族自豪感，进而全面提升数学教学质量与效率。

传统数学课堂侧重于数学概念的详尽讲解、定理的严谨证明以及解题方法的系统传授，其核心在于加深学生对数学知识的理解和掌握，以及解题技能的锤炼。在课堂上，学生主要通过聆听讲解、深入思考、反复练习等方式来学习数学。教学方式相对固定，多以讲授式、启发式为主，教师作为知识传授的主导者，引领学生学习数学知识和解题方法。教学内容则主要围绕数学概念、定理、公式及解题技巧展开。

相比之下，实验教学则更加注重通过实验活动来探究数学知识背后的规律，它强调学生动手实践能力的培养以及创新思维的激发。在实验课堂上，学生通过观察实验现象、分析数据、推理结论和归纳总结来学习数学，从而深刻体验数学知识的生成过程。教学方式更为灵活多变，小组合作、探究式学习等模

式成为常态,教师在其中主要扮演引导者和支持者的角色,鼓励学生主动探索、发现问题。实验过程强调学生的全程参与和亲身体验,让学生在实践中学习,在探索中成长。通过动手操作和实验观察,学生的好奇心和探索欲被充分激发,他们在探究中发现问题、解决问题,进而体验到成功的喜悦。同时,将数学历史文化融入课堂教学,能够让学生深入了解数学的发展脉络、数学家的传奇故事以及数学在现实生活中的广泛应用,从而拉近数学与生活的距离。

因此,在高中数学教学中,应积极融合实验教学与历史文化元素,以培养学生的审辨思维为核心,促进学生德智体美劳全面发展。基于此理念,我们构建了中学数学实验课程的审辨式课程思政教学基本模型(见图 3-1)。

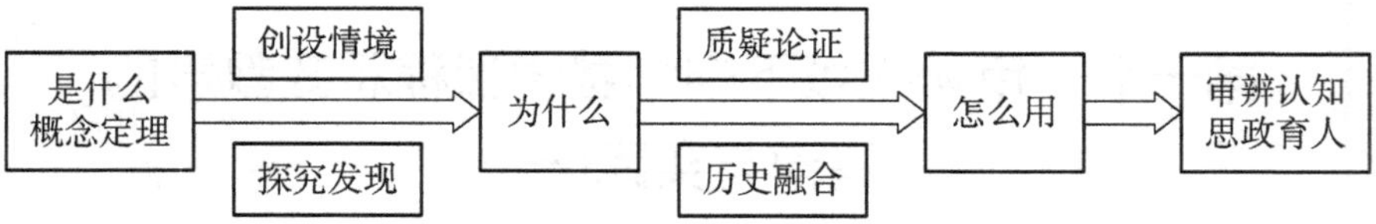

图 3-1 基 本 模 型

二、审辨视域下中学数学课程思政教学设计——以“祖暅原理实验探究”为例

学习目标

(1) 从二维平面到三维空间,体验类比思想在数学探究中的重要性,学生从中提高观察、分析和归纳问题的能力。

(2) 掌握设计探究流程的技巧,学生在实验活动中深化探究问题、合作交流以及质疑问题的意识,同时锻炼动手操作能力,并体验解决问题的成功。

(3) 实验活动不仅展示了现象的发生和发展过程,而且通过学科间的融合,进一步培养了学生的探究精神和创新意识。此外,它还融入了数学文化,有助于培养学生的文化自信,并提升他们的数学核心素养。

学习过程

1. 探究一:创设情境,问题驱动

【问题 1】请学生观察哪座桥的面积更大(见图 3-2)?

【追问 1】对于平面图形的面积,有怎样的一般性结论?

【再问 1】你能把这一结论推广到空间吗?

设计分析：激发学生的类比猜想——平面结论能否拓展到空间几何体？

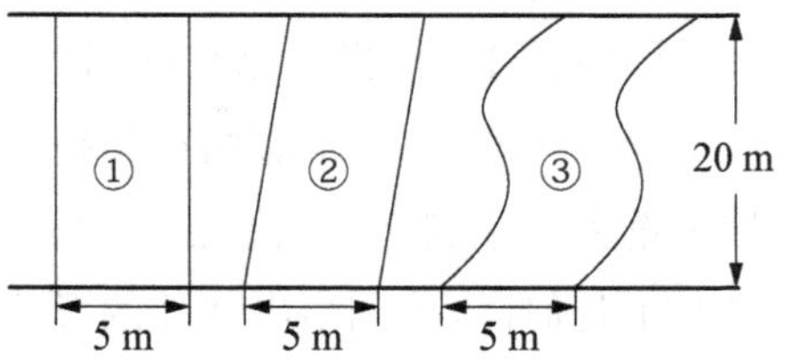

图 3－2

【问题 2】一摞书本整齐地堆在一起，从外观上可看成什么几何体？体积怎么算？

【追问 2】把书本朝一个方向倾斜，体积会变化吗？为什么？

【再问 2】把书本旋转以后，体积会变化吗？为什么？

设计分析：让学生直观感知原理的正确性，从数学方法层面将不规则的几何体转化为规则的几何体，体现了转化在解决问题中的重要作用，从数学思想层面渗透了极限思想。

2. 探究二：祖暅原理的探究与发现

【问题 3】说一说新型连通器(见图 3－3)起到什么作用，这 5 个容器有什么共同特征和差异。

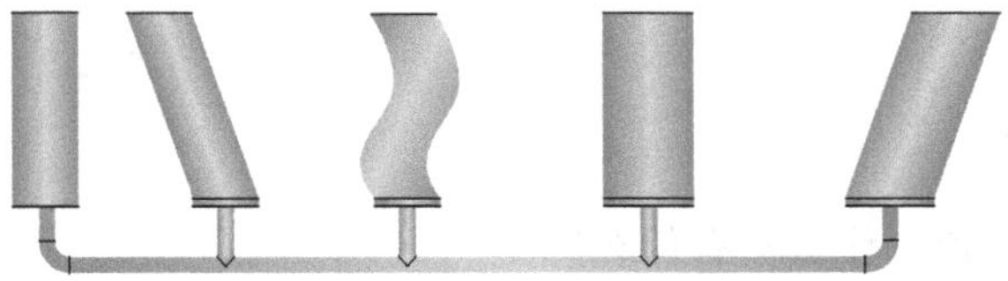

图 3－3

设计分析：培养学生观察问题、分析问题和归纳问题的能力。

【追问 3】你能提出什么值得探究的问题？

设计分析：不限定问题方向，让学生自主合作探究，提出问题，设计比较好的问题情境。

【再问 3】如何进行实验探究？用什么路径和方法？以前有什么经验可借鉴，与同伴交流。

【问题 4】完成实验报告，你能得出什么结论？

祖暅原理：幂势既同，则积不容异。

关键词解读：幂：________，势：________，积：________。

原理解释：____

3. 探究三：祖暅原理应用探究

【问题 5】根据祖暅原理，构造怎样的空间几何体能与半球的体积相同呢？

如图 3-4 所示是底面积和高都相等的两个几何体，左边是半球，右边是圆柱被挖去一个倒立的圆锥后剩余的部分，用平行于半球与圆柱底面的平面去截这两个几何体，分别指出截面的形状，并讨论两个截面面积的大小关系，由此你能得到球的体积公式吗？

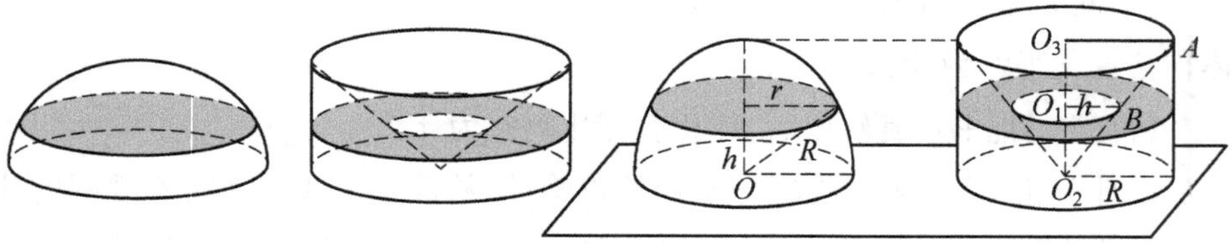

图 3-4

设计分析：教师活动——引导学生画出轴截面，计算大小圆的半径，从而求出截面的面积，最后使用动画进行演示。将球转化为简单组合体，将未知转化为已知，体会转化的思想方法，让学生经历“再创造”的过程，体验数学发现和创造的过程，激发学生的学习主动性，增强学生的求知欲和主动参与的积极性。

课堂小结

本节课你学到了什么？有什么感受？

课后作业，复习巩固

(1) 基础性作业：作业案对应练习。

(2) 拓展性作业：

① 查阅资料，总结完善求空间几何体体积的方法，形成思维导图。

② 查阅资料，寻找生活中能用祖暅原理构造的等积几何体，并设计构造方案。

课后阅读拓展

在中国数学历史中，汉朝时期就有了用于普及田亩和谷仓容积等土木建筑工事的面积和体积计算的教材《九章算术》。

到了魏晋时期，刘徽在校注该书时发现球体体积计算有误，并提出了“牟合方盖”的模型可以用于推导球的体积，可惜没有得出答案。

过了200余年，在南北朝时期，祖冲之、祖暅父子在刘徽的工作基础上，成功推算出球体的体积公式，并清晰地提出了被后人誉为“祖暅原理”的数学思想，可惜著作《缀术》失传。

又过了100余年，唐朝李淳风在校注《九章算术》时考证出了祖氏父子的伟大工作，使得沧海遗珠，再传后世。直到17世纪，意大利数学家、伽利略的学生卡瓦列里提出和祖暅原理相同的内容，但相比祖暅晚了约1100年。

祖暅(456—536)，又名祖暅之，字景烁，范阳遒县(今河北涞水)人。中国南北朝时期数学家、天文学家，祖冲之之子。祖冲之是我国历史上著名的数学家，他首次将圆周率精算到小数第七位。祖暅子承父业，继续在数学领域进行探索，提出了涉及几何求积的祖暅原理。

受家庭的影响，尤其是父亲的影响，他从小就热爱科学，对数学具有特别浓厚的兴趣，青年时代已在天文学和数学上造诣很深，是祖冲之科学事业的继承人。祖冲之编制的《大明历》就是在祖暅三次建议的基础上完成的。

祖暅的主要贡献是修补编辑祖冲之的《缀术》，因此可以说《缀术》是他们父子共同完成的数学杰作。《九章算术·少广》中李淳风注所引述的“祖暅之开立圆术”，详细记载了祖冲之父子解决球体积问题的方法。

《九章算术·少广》中的开立圆术：置积尺数，以十六乘之，九而一，所得开立方除之，即立圆径。然所得不精。刘徽创造了立体图形“牟合方盖”，而球的体积与牟合方盖的体积之比为 $\pi:4$。祖暅再以“幂势既同，则积不容异”得出牟合方盖体积，进而算出球的体积。

三、审辨视域下中学数学课程思政教学实录——以“祖暅原理实验探究”为例

师：前面几节课我们学习了空间几何体的相关概念和结构特征。那么，我们如何去求这些几何体的体积，特别是不规则几何体的体积呢？这就是我们这节课所要探究的内容。

首先，我们从平面图形中的面积问题看起，大家观察图形(见图3-2)，哪座桥的面积更大呢？

生：我觉得是第三幅吧。

师：那你说一下，为什么它的面积是最大的？

生：因为我觉得第一个图形是长方形，第二个图形是平行四边形，第三个图

形是一个不规则图形，我觉得它弯曲面积会更大一点。

师：你直观感觉它的面积更大一些，好，请坐。哪位同学还有不同的认识？

生：我觉得它们面积一样大。

师：你解释一下。

生：因为我们运用极限思想将第三个图形的长度看作趋近于零的话，那么每一块都可以看作一条直线。然后图形就是无限的直线相加。如果我们把这条直线平移过去，它的高度没有变，它的长度是非常短的。如果平移过去的话，斜着这样一个个排下来，那它就是一个倾斜的平行四边形。如果它一个个在这里排下来的话，那它就是第三幅图形，又因为都是平移过去的，所以面积应该是一样的。

师：非常好，请坐。你说的其实就是微元法。就是说对于第三个图形，我把它分割成无数个小的平行四边形，那么它们的面积应该是相等的。我来动画演示一下，发现这个宽度是完全一样的，这样进一步说明这三个图形的面积是一样的。通过面积相等，你能否总结一下，能得到什么样的结论呢？

生：在两条平行线之间，如果它们的长度是相等的，不管这个图形怎样弯曲，它们的面积都是一样的，这是平面图形。

师：哪位同学还能再补充一下？对于两个等高的平面图形，我拿着一个水平平面去截它们，如果所截的线段长度都是相等的，那么这些图形的面积是一样的。我们能否把这个结论推广到空间呢？我们继续观察，这是一摞书本整齐地放在一起，从外观上看，这是一个什么图形？如果向一个角度倾斜，这个几何体的体积你还会求吗？再看这是两摞硬币，我把其中一摞硬币旋转到一定角度，任意旋转。大家来思考这两个几何体的体积又有什么关系呢？你能解释这种现象吗？

生：比如左边这一摞书，不管图形怎么变化，一直都是那几本书，所以体积应该都是不变的。

师：就是说占的空间还是这些，没有变化，那能否用数学语言，把这个结论进行总结呢？

生：我觉得这个几何图形，它在同一高度上所截取的平面面积是相同的。

师：它们的高度大家说是相等的，我拿着一个水平平面去截，它们的截面面积是相等的，它们的体积是相等的。继续思考在什么情况下会有这样的结论，下面进行更深入的思考，这是××同学自主设计的 3D 打印的新型连通器（见

图 3-3)。大家看前三个问题(探究二中的前三个问题),一会找同学回答。

师:回答第一个问题。

生:我感觉这五个容器的底面积都是相同的。

生:这五个容器的高度相等,还有它是连通器。

师:非常好,这五个容器是连通的。还有吗?

生:形状不一样,大小不同。

师:对共同特征和差异都进行了梳理。

师:我们思考第二个问题,用这一套连通器,你能提出什么值得探究的问题呢?

生:首先我觉得左边三个底面积相等的容器,如果它们在同等高度的情况下,我想知道它们体积之间的关系。第二个值得探究的问题是,对两个底面积成一定比例关系的图形,在同样高度下,体积有什么关系。还有就是在体积相等的情况下,它们之间高度的关系。

生:左边第一个和右边第一个,它们的底面积不同,形状也不同。右边第一个和第二个,它们底面积和高度是相同的,左边第一个和右边第一个,在两个同等高度的情况下,体积是否存在一定的比例关系?

师:在形状不同的情况下,体积与什么有关?哪位同学来补充?

生:就是这个连通器,保持往里面注的液体体积相同,那就是控制体积相同,来探求不同底面积下液体高的差异情况。

师:你能提出什么问题?

生:如果它们不是固定高度,在不同高度下,它们的形状和体积会不会有差别?

师:通过刚才几位同学的回答,我们来总结一下。同学们对这些问题都进行了深入的探究。第一个就是体积与什么有关,第二个是体积与形状有没有关系,还有这些容器的水平截面形状是什么。

(同学们回答)

师:有同学说截面形状是圆,还有同学说是椭圆。下面我们对这些问题进行探究。大家看第一个实验,我们来探究这五个容器水平截面的形状是什么,大家拿出准备好的细线,来测量这五个容器的周长,看看它们之间有什么关系。

生:首先测量这三个小的,我们测出来周长都是 15 cm,这两个底面积比较大,测出来周长是 23.5 cm。

师：我们看前三个图形的形状虽然不同，但是它们的周长通过测量还是接近的。那么就给我们一个感觉，它们的截面形状是一样的。我们的猜测对不对呢？下面我们进行动画演示，大家观察水平截面是什么。

生（齐声回答）：是圆。

师：下面我们进行本节课的第二个实验，在这个烧杯里面有 300 mL 水，并用硫酸铜进行颜色调配。把烧杯里 300 mL 的水均匀倒入三个量筒当中，每个量筒 100 mL。下面再进行下一步，把三个量筒 100 mL 的溶液，倒入这三个较小的容器当中，倒完之后，同学们观察它们高度的情况。大家发现这三个高度有什么关系？

生（齐声回答）：相等。

师：拿着这个尺子我们量一下，看看是否相等。

生：高度都是 5 cm。

师：高度也是相等的，大家看是不是很神奇？虽然形状不同，但是相同体积的水倒入不同形状的容器，高度还是一样的。下面我们进行第三个实验。用小镊子把里面的五个橡皮塞全部取出。停 10 秒，再观察这五个容器里的液体高度是什么情况。

生：等高，因为我们用的是连通器，高都是一样的。

师：再用这五个橡皮塞把这五个容器全部堵上。下面我们进行下一步操作，大家都堵完了，高度是不是还一样？下面用洗耳球或橡皮管把这两个较大容器里的液体取出，取完后观察这两个容器内液体体积有什么关系。

生：相等。

师：现在由高度相等来验证体积相等。下面进行第四个实验，从这三个小容器内任选一个，把里面的液体抽出来。

各小组都在有条不紊地进行实验操作。

师：取完之后再来观察这个量筒内液体的体积和刚才量筒内液体体积的关系。

生：我们发现这个小容器里面取出来的液体是大容器取出来的液体体积的二分之一。

师：也就是说是它的一半。刚才计算的周长，一个是 15 cm，一个约等于 23.5 cm。现在拿出计算器算一算这两个面积的关系。通过刚才的实验，我们发现上面的面积之比等于体积之比。刚才我们进行了实验操作，下面我们进行理论验证。前三个的体积和后两个的体积在等高时是一样的。刚才演示的这种现象，就是非常著名的祖暅原理。祖暅原理的内容是幂势既同，则积不容异，就是说夹在两个等高的平行的几何体之间，用任意一个水平面去截，只要截得的水平截面面积相等，那么这两个几何体的体积一定是相等的。通过刚才的实验，在同样条件下，面积之比还等于它们的体积之比，这个就可以作为祖暅原理的一个推论。中国古代数学非常讲究实用，追求数学在生活中的应用。咱们学习了祖暅原理，它有什么应用价值呢？我们如何推导球体的体积公式？首先我们来回忆一下刚刚学习的祖暅原理。

生：最关键的是在等高处所截得的截面面积是相等的。

师：这是一个半球（见图 3－4），假设这个半球的半径是 R，用任意一个水平截面去截的话，假设高度是 h，这个半球的水平截面是什么图形？

生：是圆。

师：水平截面半径是 r，水平截面面积等于多少？

生：πr^2，把它连接起来构造一个直角三角形，那么这个 πr^2 等于 πR^2 减去 πh^2。

师：我们把不规则几何体体积转化为规则的几何体体积，这体现了转化思想。要构造一个几何体，是不是这个水平截面面积也要等于 πr^2？这是圆的面积公式，再想哪一个几何体能截成圆？

生：我想到的是圆柱。

师：根据祖暅原理，先构造一个等高的圆柱。那么半球的半径是 R，所以我构造的圆柱高度也是 R，因为截面高度是 h，那么圆柱的截面高度也是 h。

生：想到构造一个圆环。

师：构造哪个几何体？

生：圆锥，并且还是一个倒扣的圆锥。我们用这个圆柱的体积减去圆锥的体积就等于构造的几何体的体积。

师：这样我们就推出这个球体的体积公式，所以我们求不规则几何体体积的关键是构造等高处的截面面积相等。

下面再利用 GGB 动画演示球体体积的探究过程。

今天我们学习了祖暅原理，这是我国伟大的数学家祖暅提出的。下面我们走进数学家祖暅。《九章算术》成书于汉朝。到了魏晋时期，刘徽在校注该书时发现了球体计算有误，并提出了“牟合方盖”的模型可以用于推导球的体积，可惜没有得出答案。过了200余年，在南北朝时期，祖冲之、祖暅父子在刘徽的工作基础上，成功推算出球体的体积公式，并清晰地提出了被后人誉为“祖暅原理”的数学思想，可惜著作《缀术》失传。

又过了100余年，唐朝李淳风在校注《九章算术》时考证出了祖氏父子的伟大工作，使得沧海遗珠再传后世。后来，直到17世纪，意大利数学家、伽利略的学生卡瓦列里也提出了和祖暅原理相同的内容，但相比祖暅晚了约1100年。

我们发现祖暅原理完整地呈现了中国古代数学家的研究工作，体现了中国古代数学的辉煌成就。但是我们也发现，祖暅原理的提出并非是一帆风顺的，它是一代代数学家面对困难永不放弃才有所收获。从刘徽到祖冲之再到祖暅，正是一代代数学家坚持不懈地薪火相传才终获成功。同学们生活在新时代，更要有不怕挫折、战胜困难的勇气。

师：下面我们来看这节课主要学了哪些内容。找同学来总结一下，这节课学了哪些内容呢？本节课你有哪些收获？

生：这个连通器验证了祖暅原理，并利用祖暅原理解决了生活中的实例，在这个实验探究过程中，我们也遇到一些困难，但是我们也把它克服掉了，就像祖暅原理的发现过程那样，我们要有这种直面困难、迎难而上的勇气。

生：我们不仅探究祖暅原理，还通过这一原理推导出球体的体积公式。我觉得这种举一反三的能力就是学习中非常重要的一种能力。

生：通过研究二维图形推导三维图形，其中用到了微元法的思想，以后我们在解决别的问题时也可以考虑这种方法。我们还通过一些实际的模型推导了数学的一个抽象模型，这种从具体到一般的思想也是值得我们学习的。然后我们运用连通器进行了严谨的实验探究。在实验探究过程中，我们遇到了很多困难，但都一一克服了，最终成功验证了祖暅原理。最后我们通过学习中国古代数学的伟大成就，感受到了中国文化的博大精深，更认识到了我辈学生在新时代的责任与担当。

师：非常好，通过学习祖暅原理，大家已经在实验探究当中体验到了成功的喜悦，重点是在做实验中，我们的沟通能力，还有协作能力都得到了大大的提升。本节课的作业分为必做作业和选做作业，必做作业在我们的作业案上，选做作业是一个探究问题，就是如何去构造几何体。最后送给大家一句话，数学之美不仅在于探究与发现，而且在于迎难而上、锲而不舍。好，我们本节课讲到这里，下课。

四、审辨视域下中学数学课程思政教学评析——以"祖暅原理实验探究"为例

在新课标、新教材、新高考"三新"背景的浪潮下，高中数学实验课程教学在审辨视域下正面临着前所未有的挑战与机遇。本文以"祖暅原理实验探究"为例，深入剖析如何在审辨式思维的引领下，精心设计预习案、学习案与作业案，并巧妙地将思政教育融入课堂，旨在全面提升学生的学科核心素养与审辨思维能力。

（一）政策学情背景与审辨式思维

政策背景：在新课标、新教材、新高考"三新"背景下，教育教学应以学生为中心，聚焦素养培育，让学习真正发生、深度发生。新课标明确指出，学科教学应以学生为中心，优化课程结构，强化校本课程建设，着重培养学生的学科核心素养、审辨思维、创新精神及实践能力。审辨式思维，作为一种强调分析、辨证与批判的思维方式，其融入课堂教学的重要性不言而喻。它不仅能够锤炼学生的批判性思维与问题解决能力，还能促进团队协作，增强学生的自信与表达能力。

学情背景：我校秉持"追求卓越，培养创造未来的人"的办学理念，在教研、课程、社团、科创四位一体的教育生态下，针对校情与本部生源差异，实施"因材施教"策略。在校本教材的使用上，我们融合优化本部校本教材，设计出符合校情学情的"三案"（导学案、学习案、作业案），实现教育教学的教学评一体化。这一体系不仅培养了学生的审辨思维、创新意识与创造能力，还确保了不同层次的学生都能取得与其潜能一致的进步发展。

（二）"三案"设计解读

"三案"是学科教师基于学情，经过集体研究、个人备课、再集体研讨而精心打造的校本教材。其设计严格遵循新课程标准，以素质教育为最终目标，旨在引导学生自主学习、主动参与、合作探究、巩固探索，形成一套系统的学习方案。"三案"包括导学案、学习案与作业案，通过"三案"合一，实现了教学评的深度一体化。在实验课程中融入课程思政元素，进一步加速了拔尖创新人才的培养步伐。

1. 导学案

导学案作为学习之旅的起点，其设计旨在引领学生初步探索数学原理的奥

秘，为后续的实验探究奠定坚实基础。本导学案的核心内容包括预习要点、预习任务、预习检测及反馈三方面。预习要点简要概述了祖暅原理的历史渊源、基本内涵及其在数学领域的显赫地位；预习任务则指导学生利用教材、网络资源等多元渠道搜集相关资料，并通过3D设计打印实验模具的实践操作，深化学生对祖暅原理本质的理解；预习检测则精心设置了若干基础问题，旨在检验学生的预习成效，确保学生怀揣疑问步入课堂，激发其求知欲。

2. 学习案

学习案，作为实验探究的核心环节，其设计彰显了审辨式思维的精髓，旨在促使学生深度参与、主动学习。本学习案围绕实验探究目标、实验材料、实验步骤与探究、审辨式讨论及思政融合等关键要素展开。实验探究目标明确聚焦于祖暅原理的探究过程及其应用实践，旨在培养学生的动手实践能力和实验探究精神；实验材料清单详尽列出了所需物资，如3D打印的几何模型、精密测量工具等，确保实验顺利进行；实验步骤与探究则细致规划了实验流程，引导学生分组协作，利用实验报告单记录关键现象与数据，为后续分析与讨论奠定坚实基础；审辨式讨论环节通过设置问题情境，引导学生深入剖析祖暅原理的探究过程，鼓励小组成员各抒己见，分析实验结果，探讨祖暅原理在不同情境下的应用实例，并阐释其几何意义与应用价值。在实验探究过程中，师生之间、生生之间展开互动交流，共同深入探讨祖暅原理的内涵与外延，不仅培养了学生的审辨式思维能力，还培养了学生多维度、全方位地发现问题、质疑假设、分析原因、解决问题的能力。课程思政融合方面，将教学过程与思政教育有机融合，通过探讨我国古代数学文化的辉煌成就，激发学生的民族自豪感与文化自信。“三案”的页眉寄语与课程结束语，更是对学生意志品质与学习态度的激励，实现了课程育人的深远效果。

3. 作业案

作业案作为学习成果的巩固与拓展内容，其设计兼具层次性与实践性。本作业案涵盖基础练习、拓展探究、思政思考及教学评价与反馈四大模块。基础练习部分精心设计了系列基础题目，旨在帮助学生巩固祖暅原理的基本概念与应用技能；拓展探究部分则设置了开放性题目，鼓励学生运用审辨式思维，进一步探索祖暅原理在更广泛领域的应用可能性；思政思考部分巧妙融入了数学历史文化元素，引导学生思考数学在社会发展中的重要作用，以及自己作为新时代青年所肩负的责任与使命；教学评价与反馈部分则通过设计学习情况反馈表格，让学生在完成任务后进行自我总结与反馈，教师据此调整后续教学策略与作业点评方式，为整个教学过程提供精准的判断与分析依据，从而确保后期教学的精准实施与高效推进。

（三）思政融合实践

在“祖暅原理实验探究”课的“三案”精妙设计中，思政元素的融合彰显出独特的学习价值。我们深情回望中国古代数学家们的卓越贡献与辉煌成就，以此激发学生的民族自豪感与深沉的爱国情怀。同时，引导学生深入思索数学在推动社会发展中的重要作用，从而在他们心中播下社会责任感和崇高使命感的种子。值得一提的是，本节课巧妙地将抽象的数学原理与鲜活的现实生活紧密相连，有效缩短了数学与现实的距离。借助审辨式教学的生动实践，我们鼓励学生大胆质疑、热烈讨论，使他们在深刻理解学科知识的同时，内化了核心价值观。这一过程既锤炼了学生的创新意识与实践能力，又实现了课程思政的有机融合，真正达到以课程育人的高远目标。

（四）总结与展望

1. 审辨思维培育与课程育人实践的深度融合

本节课通过实验探究的生动形式和问题设计的巧妙引导，教会学生从多元视角审视问题、分析问题并寻求解决方案，从而逐步培养出审辨性思维。在祖暅原理的深入探究中，我们注重锤炼学生的学习意志，塑造其科学态度，进而实现课程育人的深远效果。

2. 实验过程的持续优化与改进

基于学生的学习反馈和实验的实际效果，我们深刻认识到，实验过程和教学方法仍有待不断优化与创新。未来，我们将致力于提升实验的趣味性与实效性，让每一次实验都成为学生探索知识、启迪智慧的宝贵经验。

3. 教学方式多元化与校本课程开发的新探索

展望未来，我们将继续探索更加多元、高效的教学方法与手段。特别是通过实验探究课程的深度开发，我们将进一步激发学生的学习兴趣与积极性。同时，紧跟数学学科的发展前沿，我们计划开设竞赛课程、强基课程、数学文化等系列课程，以满足不同层次学生的个性化需求，助力他们在数学领域实现潜能的最大化发挥和能力的全面提升。通过培养拔尖创新人才，我们矢志实现为国育才、为党育人的崇高学科价值。

4. 数学实验课程的开设与课程思政育人的新路径

我们计划筹建数学实验室，并依托这一平台开设丰富多彩的实验课程。通过加强数学实验与实践活动，进一步提升学生的学习兴趣与积极性，培养他们的创新精神与探究能力。同时，这也将有效增强学生的文化素养与民族自豪感，为提升数学教学质量与效率提供有力支撑。

五、结语

“祖暅原理实验探究”这一节课的教学设计，不仅注重学生的主动学习、实验探究与课程思政的深度融合，更致力于通过这一节课，让学生在数学学科核心素养与审辨式思维能力上得到全面提升。同时，我们也期望通过这节课，激发学生的爱国情怀与社会责任感，为他们的全面发展奠定坚实而稳固的基础。因此，在高中数学教学的广阔天地中，我们应继续深化实验教学、审辨思维与数学历史文化元素的融合与创新，以更加开阔的视野和更加务实的举措，促进学生的德智体美劳全面发展。

第二节　审辨视域下中学数学课程思政教学的建模与实践(二)

——以实验探究课“对数的概念及其运算”教学为例

华东师范大学第二附属中学临港奉贤分校　毛建钢　朱悦音

一、审辨视域下中学数学课程思政教学的建模

（一）课程思政与中学数学教学融合的理论基础

1. 学科本质与思政内涵的契合性

数学作为一门严谨的科学，其发展历程中蕴含着丰富的思政教育资源。从古代数学家对数学原理的不懈探索，到现代数学在各个领域的广泛应用，无不体现着人类追求真理的精神、创新意识以及对社会进步的推动作用。例如，欧几里得几何体系的构建展现了严密的逻辑思维，这种思维方式对于培养学生的理性精神和科学态度具有重要意义；而数学在航天、金融等领域的关键应用，则

彰显了其对国家发展和社会福祉的巨大贡献，有助于激发学生的社会责任感和爱国情怀。

2. 教育目标的一致性

中学数学教学的目标不仅是传授数学知识和技能，更要注重学生综合素质的提升。课程思政强调在知识传授过程中融入思想政治教育，培养学生正确的世界观、人生观和价值观。两者在育人目标上高度一致，通过将思政元素有机融入数学教学，能够使学生在学习数学的同时，获得思想道德方面的滋养，实现知识学习与品德修养的协同发展，进而更好地落实立德树人的育人根本任务。

（二）中学数学课程思政教学内容的遴选与整合策略

1. 深度挖掘思政元素

从数学史中汲取思政营养，讲述数学家的生平事迹和科研故事，如对数发明者纳皮尔为简化计算所付出的努力，让学生感受科学家的伟大精神，培养学生的科学态度和奋斗精神。

剖析数学知识背后的哲学思想，如对数运算中的量变与质变关系，通过对数学概念和原理的辩证分析，培养学生的辩证思维能力，引导学生用辩证唯物主义观点看待世界和解决问题。

结合数学应用案例彰显社会价值，如利用对数函数在地震震级测量、放射性物质衰变等方面的应用，让学生了解数学对保障人类生命安全和推动科学研究的重要性，增强学生运用数学服务社会的意识。

2. 有机整合教学内容

以数学教材为蓝本，根据教学大纲要求，将思政元素巧妙融入各个教学环节。在概念引入环节，通过创设具有思政导向的情境，激发学生的学习兴趣和思政思考；在知识讲解过程中，适时穿插思政案例和故事，加深学生对数学知识和思政内涵的理解；在练习和作业布置中，融入实际应用问题，培养学生解决问题的能力和社会责任感，从而构建一个知识传授与思政教育相互渗透、有机融合的教学内容体系。

（三）审辨视域下中学数学课程思政教学"五维"模型的构建

在审辨视域下，教师在中学数学课程中可以构建"情境导入—知识建构—实验探究—应用拓展—总结归纳"五维教学模型，现以本节课大单元内容"对数"为例详细解读该中学数学课程思政教学"五维"模型。

1. 情境导入

创设与教学内容紧密相关且蕴含思政元素的现实情境或历史情境，如通过展示金融领域中复利计算与对数的关系，引发学生的认知冲突和学习兴趣，同时引出对数概念，为后续教学奠定基础。

2. 知识建构

引导学生自主探究对数的概念、性质等基础知识，通过小组合作学习、教师讲解等方式，帮助学生构建完整的知识体系。在这一过程中，注重培养学生的自主学习能力和团队协作精神，渗透科学精神和创新意识的培养。

3. 实验探究

设计与对数运算相关的数学实验，如利用计算器或数学软件进行对数函数图像的绘制和性质探究实验。让学生在实验操作中亲身体验数学知识的形成过程，培养学生的实践动手能力和科学探究精神。

4. 应用拓展

运用对数知识解决实际生活中的问题，如人口增长模型、环境保护中的污染物衰减模型等。通过实际问题的解决，培养学生的数学应用意识和社会责任感，让学生体会数学在推动社会发展中的重要作用，同时引导学生思考数学应用背后的伦理和社会问题，深化思政教育。

5. 总结归纳

引导学生回顾本节课的学习内容，包括对数知识和思政收获，鼓励学生自我评价和相互评价，帮助学生对知识进行内化和对思政理念进行深化。教师在总结过程中，进一步强调重点难点知识和思政要点，引导学生树立正确的学习态度和价值观。

基于此理念，我们构建了中学数学课程的审辨式课程思政教学基本模型，如图 3-5 所示：

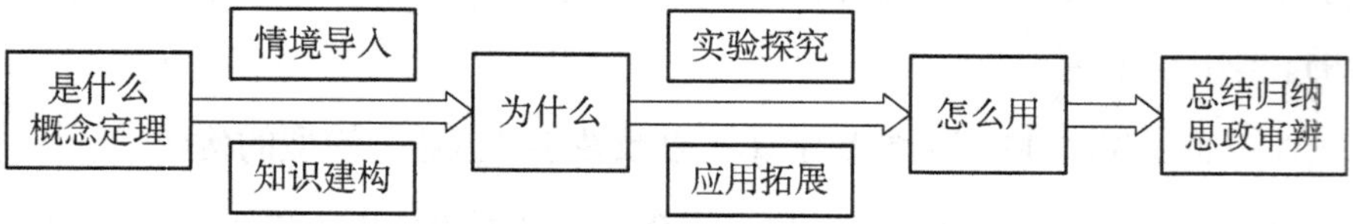

图 3-5 基本模型

二、审辨视域下中学数学课程思政教学设计——以实验探究课“对数的概念及其运算”为例

学习目标

1. 学科教学目标

学生能够深刻理解对数的概念，清晰阐述对数的定义、底数和真数的含义，熟练掌握对数式与指数式的相互转化方法。

熟练运用对数的运算性质进行各类对数运算，包括对数的加法、减法、乘法和除法运算，能够准确化简和计算复杂的对数表达式。

能够运用对数函数模型解决简单的实际问题，如在物理学中的声音强度测量（分贝计算）等方面，通过建立相应的对数模型并进行求解，提升数学知识的实际应用能力。

2. 课程思政目标

通过对对数发展历程的学习，了解数学家在研究对数过程中所展现的创新思维和不懈探索精神，培养学生勇于创新、敢于挑战未知的科学精神，激发学生对数学学科的热爱和对科学研究的向往。

在数学实验探究和实际问题解决过程中，培养学生严谨认真、实事求是的科学态度，以及团队协作、共同攻克难题的合作精神，引导学生树立正确的社会价值观。

学习过程

1. 情境导入环节

展示材料：呈现一系列与指数增长和衰减相关的实际数据和现象，如地震震级与能量释放之间的关系等，并以图表或动画形式展示数据变化趋势。

提出问题：引导学生观察这些数据的变化规律，思考如何用数学式子简洁地表示这种变化关系，进而引出当已知增长或衰减后的结果，如何求时间或变化次数的问题，自然地引出对数概念。

思政融入：在介绍相关背景知识时，提及数学在科学研究中对揭示自然规律的关键意义，以及在应对自然灾害（如地震预测和评估）方面对保障人类生命安全的贡献，激发学生对数学社会价值的认识，培养学生运用数学知识服务社会的责任感和使命感。

2. 知识建构环节

自主学习：学生阅读教材中关于对数概念的详细内容，自主思考对数定义中的关键要素，尝试理解限制底数和真数的取值范围的原因，并通过教材中的例题加深对概念的初步理解。教师提供自学指导问题，如"对数式中底数为什么不能为 1 和负数?""真数大于 0 在实际问题中有什么意义?"等，引导学生深入探究。

合作探究：组织学生分组讨论对数式与指数式互化的方法和规律，以及对数运算性质的推导思路。小组内成员相互交流各自的想法，共同尝试从指数运算法则出发，推导对数的加法、减法、乘法和除法运算性质。教师巡视各小组讨论情况，参与学生的讨论中，适时给予点拨和启发，帮助学生突破思维障碍，培养学生的团队合作能力和创新思维能力。

思政教育：在学生探究过程中，讲述数学家们在对数研究领域的合作故事，如不同国家数学家之间如何交流合作、共同攻克难题，让学生体会到团队合作在科学研究中的重要性；同时，引导学生思考数学家们在面对传统数学思维局限时，是如何勇于突破、开拓创新的，培养学生的创新精神和敢于质疑权威的勇气。

3. 实验探究环节

实验准备：教师介绍实验目的，即通过实际操作进一步深入理解对数运算的性质及其应用。准备实验所需材料，如图形计算器、对数表、绘制函数图像的坐标纸和绘图工具等，并向学生讲解实验器材的使用方法和注意事项。

实验设计：教师提出具体实验任务，如"探究底数对对数函数图像的影响""利用对数运算性质计算复杂数据并验证结果的准确性"等。引导学生分组设计实验步骤，包括如何选择合适的底数和真数进行计算、如何记录实验数据、如何分析数据之间的关系等。各小组汇报设计思路，教师进行点评和指导，确保实验设计的合理性和可行性。

实验实施：学生根据自己小组设计的实验方案进行操作。在计算对数数值过程中，学生认真使用计算器或对数表，准确记录数据；在绘制函数图像时，学生仔细测量坐标点，规范绘制图像。教师在教室里巡回走动，密切观察学生的操作过程，及时纠正学生在实验操作中出现的错误，如计算器按键错误、对数表查找错误、图像绘制不规范等，确保实验数据的准确性和实验结果的可靠性。

实验分析与讨论：学生对实验记录的数据进行分析，观察底数变化时对数函数图像的变化规律，总结对数运算性质在实际计算中的体现和应用方法。各小组内部展开讨论，分享自己的分析结果和发现的规律，如对数函数的单调性与底数大小的关系、对数运算性质在简化计算中的作用等。教师引导学生将实验结果与理论知识相结合，进一步加深对对数运算性质的理解，培养学生的数据分析能力和逻辑思维能力。同时，教师引导学生思考实验过程中遇到的困难及解决方法，鼓励学生从失败中吸取经验教训，培养学生坚韧不拔的科学精神。

思政拓展：在实验过程中，介绍我国古代在数学计算工具和方法方面的伟大发明创造，让学生了解我国古代数学的辉煌成就，增强学生的民族自豪感和文化自信心。

4. 应用拓展环节

基础练习：布置一系列对数式求值、化简等基础练习题，让学生独立完成，巩固对对数运算性质的基本应用。教师巡视学生练习情况，及时发现学生在计算过程中出现的问题，如对数运算法则运用错误、计算粗心等，并进行个别辅导和纠正。批改练习后，教师针对学生普遍存在的问题进行集中点评，强化学生对知识的掌握。

实际应用：给出一些具有实际背景的问题，如某地区人口每年按照增长率增长，问经过多少年人口数量会翻倍(利用对数模型求解)等。引导学生分析问题中的数量关系，建立对数模型，选择合适的对数运算方法进行求解。学生完成解答后，教师组织学生交流解题思路和答案，总结解决实际问题的方法和技巧，让学生体会数学在解决实际问题中的重要作用，增强学生运用数学知识解决实际问题的信心和能力。

思政渗透：在实际问题解决过程中，引导学生关注社会发展中的相关问题，如人口增长对资源和环境的压力、放射性物质对环境和人类健康的影响等，培养学生的社会责任感和可持续发展意识。同时，通过介绍我国在经济发展、环境保护等方面取得的成就与数学应用的紧密联系，如我国在经济增长预测、节能减排措施制定中运用数学模型的成功案例，激发学生的爱国热情和为国家发展贡献力量的决心。

5. 总结归纳环节

学生总结：引导学生回顾本节课所学的对数的概念及运算性质、实验探究结果以及在实际问题解决中的收获。鼓励学生分享自己在学习过程中的体会和思考，包括对数学知识的理解难点、解决问题的方法技巧、在实验探究中的收获以及对思政教育内容的感悟等。同时，让学生反思自己在学习过程中存在的不足之处，如知识掌握不牢固、思维不够灵活、团队协作不够默契等，提出改进措施和努力方向。

教师总结：教师对学生的总结进行点评和补充，梳理本节课的知识体系，强调对数的概念和运算性质中的重点难点内容，如对数式与指数式互化的关键、对数运算性质的易错点等。对学生在学习过程中的表现进行全面评价，肯定学生的优点和进步，如积极参与课堂讨论、在实验探究中表现出的创新思维和合作精神等，同时指出存在的问题和需要改进的地方。进一步拓展思政教育内容，引导学生将数学学习中的科学精神、创新意识、团队合作等品质迁移到日常生活和未来的学习工作中，鼓励学生树立正确的学习态度和价值观，持续追求知识和个人成长，为实现个人价值和社会价值奠定坚实基础。

三、审辨视域下中学数学课程思政教学实录——以实验探究课“对数的概念及其运算”为例

（一）教师教学行为记录

1. 情境导入阶段

师：同学们，今天让我们一起来探讨一些有趣的现象。大家知道，在我们的生活中，有很多事物的变化呈现出一种特殊的规律。比如说，有一种细菌，它每过 20 分钟就会分裂一次，由 1 个变成 2 个，那么经过 1 个小时后，会有多少个细菌呢？如果经过 x 个 20 分钟后，细菌的数量 y 和 x 之间有怎样的关系呢？（展示细菌分裂的动画视频，吸引学生注意力）

学生们开始思考，有的学生小声议论，尝试列出式子。

师：还有一个例子，声音的强度是用分贝来衡量的，而分贝的计算与对数有关。比如，正常说话声音的强度 I_1 和树叶沙沙声的强度 I_2 满足 $\lg \frac{I_1}{I_2}=10$，那么 $\frac{I_1}{I_2}$ 是多少呢？这又反映了对数在实际生活中的什么作用呢？（展示声音强度对比的图片）

学生们对这些实际问题表现出浓厚兴趣，积极参与讨论，纷纷举手回答问题。

师：通过这些例子，我们发现，当我们知道事物的增长或变化结果，想要知

道经过了多少次变化或者变化的时间等信息时，就需要一种新的数学工具，这就是我们今天要学习的对数。对数的发明，对解决很多实际问题起到了巨大的推动作用，就像在天文学中，计算星体之间的距离、星体的亮度等问题，对数的出现大大简化了计算过程，帮助科学家们更高效地探索宇宙的奥秘。（简单介绍对数在天文学发展中的重要意义，激发学生对科学探索的向往）

2. 知识建构阶段

师：现在，请大家打开课本，仔细阅读对数的定义部分，思考一下对数式 $\log_a N=b$ 中，a、N、b 分别代表什么，它们有哪些限制条件呢？（给学生留出一定时间阅读教材）

学生阅读后，教师提问。

生：a 是底数，N 是真数，b 是对数。底数 a 要大于 0 且不等于 1，真数 N 要大于 0。

师：非常好，那谁能说一说为什么底数 a 不能等于 1 呢？如果 $a=1$ 会出现什么情况呢？（进一步引导学生深入理解概念）

生：如果 $a=1$，那么 N 无论取何值，b 都为 0，这样对数就失去了意义，因为它不能反映出 N 的变化情况。

师：非常正确。接下来，我们来探究一下对数式和指数式之间的关系。大家看这个例子，指数式 $3^2=9$，如何写成对数式呢？

生：$\log_3 9=2$。

师：很好，那反过来，对数式 $\log_5 125=3$，写成指数式呢？（通过多个例子，引导学生熟练掌握指对互化）

生：$5^3=125$。

师：在对数的发展历程中，许多数学家都付出了艰辛的努力。比如苏格兰数学家纳皮尔，他花费了大量的时间和精力，经过多年的研究才发明了对数。当时的计算条件非常艰苦，但他为了简化天文计算等复杂问题，坚持不懈，最终取得了伟大的成果。他的这种创新精神和执着追求真理的态度，值得我们每一位同学学习。（讲述纳皮尔发明对数的故事，培养学生的科学精神）

师：现在，我们来推导对数的运算性质。同学们先分组讨论一下，根据指数运算法则 $(a^m)^n=a^{mn}$，$a^m\times a^n=a^{m+n}$，$a^m\div a^n=a^{m-n}$，如何推导出对数的加法、减法和乘法的运算性质呢？（组织学生分组讨论，参与到学生的讨论中，倾听学生的想法）

小组讨论结束后，每个小组选派代表汇报讨论结果。

一组代表：我们小组认为，令 $\log_a M = t_1$，$\log_a M = t_2$，则 $a^{t_1} = M$，$a^{t_2} = N$。所以 $\log_a MN = \log_a(a^{t_1} \cdot a^{t_2}) = \log_a a^{t_1+t_2} = t_1 + t_2 = \log_a M + \log_a N$，则当 $M > 0$ 且 $N > 0$ 时，$\log_a MN = \log_a M + \log_a N$，这就是对数的加法运算性质。

师：非常棒，思路很清晰。其他小组有没有不同的推导方法或者补充呢？（鼓励其他小组积极参与讨论，培养学生的批判性思维）

二组代表：我们小组从除法的角度推导对数的减法运算性质。令 $\log_a M = t_1$，$\log_a M = t_2$，则 $a^{t_1} = M$，$a^{t_2} = N$，则 $\log_a \frac{M}{N} = \log_a \frac{a^{t_1}}{a^{t_2}} = \log_a a^{t_1 - t_2} = t_1 - t_2 = \log_a M - \log_a N$，则当 $M > 0$ 且 $N > 0$ 时，$\log_a \frac{M}{N} = \log_a M - \log_a N$。

师：很好，这两个小组的推导都非常正确。那对数的乘法运算性质是什么呢？

三组代表：我们小组是这样推导的，令 $\log_a N = t$，则 $a^t = N$ 所以 $\log_a N^c = \log_a(a^t)^c = \log_a a^{ct} = ct = c\log_a N$，则当 $N > 0$ 时，对任何给定的实数 c，$\log_a N^c = c\log_a N$。

师：非常出色，大家通过自己的努力成功推导出了对数的运算性质。在数学的发展史上，不同国家的数学家们相互交流、合作，共同推动了数学的进步。就像对数的发展，不仅有欧洲数学家的贡献，我国古代数学家也在相关领域有过重要的研究成果。比如我国古代的《九章算术》中就包含了一些与对数思想相关的内容，虽然没有形成完整的对数概念，但体现了我国古代数学家在数学研究方面的卓越智慧。这充分说明数学是一门全球性的学科，我们应该积极学习和借鉴不同文化背景下的数学成果，共同推动数学的发展。（介绍我国古代数学成就，增强学生的文化自信）

3. 实验探究阶段

师：接下来，我们进入有趣的数学实验环节。今天我们要用图形计算器来进行对数运算的实验探究。首先，我们要探究底数对对数函数图像的影响。大家分成小组，每组选择不同的底数，然后在图形计算器上输入相应的对数函数，观察函数图像的形状、单调性等特征，并记录下来。（教师发放图形计算器，指导学生如何在图形计算器上输入对数函数）

学生们分组开始实验，教师巡视各小组实验情况，及时给予操作上的指导。

师：在实验过程中，大家要注意观察图像在轴的正半轴上的变化趋势，思考底数的大小与函数单调性之间的关系。

一组学生：老师，我们发现当底数 $a>1$ 时，对数函数在轴的正半轴上是单调递增的；当 $0<a<1$ 时，对数函数在轴的正半轴上是单调递减的。

师：非常好，你们观察得很仔细。其他小组的结果也是这样吗？（引导学生相互交流实验结果）

其他小组纷纷表示赞同。

师：那大家再思考一下，为什么会出现这样的规律呢？这与对数的定义和运算性质有什么联系呢？（进一步引导学生深入思考实验结果背后的数学原理）

学生们开始思考，有的小组展开了热烈的讨论。

三组学生：我们认为，根据对数的定义，$\log_a N=b$ 可以写成 $a^b=N$，当 $a>1$ 时，b 越大，a^b 就越大，也就是 N 越大，所以对数函数单调递增；当 $0<a<1$ 时，b 越大，a^b 越小，N 越小，所以对数函数单调递减。

师：非常正确，你们通过对对数定义和性质的理解，很好地解释了实验现象。在数学实验中，我们不仅要观察到结果，更要深入思考背后的原理，这就是科学探究的精神。我国古代数学家刘徽在研究数学时，就非常注重对原理的探究，他的割圆术就是通过不断分割圆来逼近圆的面积进而求出圆周率，这种对真理的执着追求精神值得我们学习。（在实验过程中融入我国古代数学家的科学精神，增强学生的民族自豪感）

4. 应用拓展阶段

师：现在我们进行小组活动。每个小组围绕对数运算性质，设计一道包含对数加法、减法和乘法运算的综合练习题，然后交换解答。解答完成后，每个小组推选一名代表来讲解你们的解题思路和答案。

学生们分组热烈讨论、设计题目。

一组设计的题目：计算 $\log_3\frac{27}{5}+\log_3\frac{2}{3}-\log_3\frac{6}{5}$。

二组学生拿到题目后开始解答，一名学生在黑板上进行板书。

师：二组的同学解答得非常正确。一组的同学，你们设计这道题目的初衷是什么呢？

一组代表:我们想通过这道题考查同学们对对数运算性质的综合运用能力,特别是对数加法、减法和乘法运算性质的灵活运用,以及对数恒等式的应用。

师:非常好,这道题目很有针对性。其他小组的题目也都很有创意。现在,我们来思考一个问题,在对数的发展历程中,不同国家的数学家们都做出了重要贡献,这对我们今天的学习和生活有什么启示呢?

生:我们应该学习数学家们的创新精神,在学习中不断探索新的知识和方法。

生:数学家们的合作精神也很重要,我们在小组学习中也要积极与同学合作,共同解决问题。

生:数学是无国界的,我们要学习不同国家数学家的优秀成果,拓宽自己的视野。

师:大家说得都非常好。数学的发展离不开数学家们的共同努力,我们在学习数学的过程中,也要培养自己的创新精神、合作精神,同时要有全球视野,积极吸收和借鉴他人的经验,为数学的发展贡献自己的力量。(引导学生从数学家的贡献中汲取启示,培养学生的创新、合作和全球视野意识)

5. 总结归纳阶段

师:好啦,同学们,让我们一起回顾一下今天所学的对数知识。谁能来说一说对数的概念、运算性质以及我们是如何推导这些性质的。

生:对数是指数的逆运算,$\log_a N = b$ 表示 $a^b = N$,其中 a 是底数,$a>0$,$a \neq 1$,且 $N>0$,N 是真数。对数的运算性质有加法性质、减法性质、乘法性质。我们是根据指数运算法则推导出来的。

师:非常好,总结得很全面。在今天的学习中,我们不仅掌握了对数这一重要的数学工具,还了解了对数发展背后的故事。希望大家在今后的学习中,能够像数学家们一样,勇于探索,善于思考。课后,请大家查阅资料,了解对数在现代科技领域如密码学、计算机科学中的应用,并思考这些应用对社会发展的影响。(布置课后拓展作业,引导学生进一步深入学习,拓展知识视野)

(二)学生学习表现记录

1. 情境导入环节表现

学生们被细菌分裂和声音强度等实际问题所吸引,注意力集中,积极参与讨论。大部分学生能够快速理解问题情境，尝试用已有的数学知识列出式子。在回答问题时，学生们思维活跃，能够提出自己的看法，但对于对数概念的理解还处于初步阶段，表现出对新知识的好奇和求知欲，为后续学习奠定了良好的基础。

2. 知识建构环节表现

在自主学习对数定义时，学生们认真阅读教材，多数学生能够圈画出重点内容，但在理解底数和真数取值范围的深层原因时遇到困难。通过教师的引导和同学间的交流讨论，逐渐加深了理解。在合作探究对数式与指数式互化及运算性质推导的过程中，学生们积极参与小组讨论，思维碰撞激烈。部分学生能够迅速找到互化规律并尝试推导运算性质，展现出较强的逻辑思维能力；部分学生在小组讨论中逐渐跟上思路，积极发表自己的见解。在推导过程中，学生们相互启发，共同解决问题，团队合作意识得到了很好的培养。

3. 实验探究环节表现

在实验设计阶段，学生们积极思考，各小组展开热烈讨论，提出不同的实验方案。有的小组从简单的底数选择入手，逐步深入探究；有的小组则尝试从不同角度分析底数对函数图像的影响。在实验操作过程中，学生们认真专注，熟练使用图形计算器输入函数并观察图像，准确记录数据。遇到问题时，学生们主动向小组同学或教师请教，如图形计算器操作不熟练、图像观察不仔细等问题，在教师和同学的帮助下及时解决。在分析实验数据时，学生们积极发言，分享自己发现的规律，能够将实验结果与对数的定义和运算性质相结合，进行深入分析，表现出较强的数据分析能力和逻辑思维能力。当教师介绍我国古代数学成就时，学生们表现出浓厚兴趣，对我国古代数学家的智慧赞叹不已，民族自豪感油然而生。

4. 应用拓展环节表现

在小组设计练习题并交换解答环节，学生们充分发挥创造力，设计出各种有针对性的题目。在解答过程中，学生们认真思考，书写规范，遇到困难时主动与小组同学交流讨论。在小组代表讲解过程中，其他学生认真倾听，积极提问，如对运算过程中的某一步骤提出疑问，或对不同解法进行比较分析。通过互动交流，学生们不仅加深了对对数运算的理解，还提高了表达能力和批判性思维能力。在讨论对数发展启示时，学生们能结合自身学习和生活实际，畅谈体会，认识到团队合作、创新思维和全球视野的重要性，展现出积极向上的学习态度和价值观。

5. 总结归纳环节表现

在总结归纳环节，学生们能够积极回顾所学对数知识，多数学生能准确说出对数的概念、运算性质等要点，但在知识的系统性和逻辑性方面有待提高。在分享思政收获时，学生们表示通过了解对数发展历程，感受到科学家的伟大精神，增强了学习数学的动力和为社会发展贡献力量的决心。同时，学生们对课后拓展作业表现出较高热情，期待进一步探索对数在现代科技中的应用，表现出较强的自主学习意识和对知识的渴望。

四、审辨视域下中学数学课程思政教学评析——以实验探究课“对数的概念及其运算”为例

（一）教学目标达成情况评析

1. 学科教学目标达成

通过课堂提问、学生练习、小组讨论以及课后作业的反馈情况来看，大部分学生能够熟练掌握对数的概念，准确且迅速地进行对数式与指数式的相互转化。在对数运算方面，多数学生能够正确运用对数的运算性质进行各类计算，包括化简复杂的对数表达式、求解对数方程等。在实际问题解决环节，学生们能够识别问题中的数学关系，成功建立对数模型并准确求解，例如在涉及人口增长、放射性物质衰变等实际场景的问题中，学生能够运用所学对数知识进行合理分析和计算，表明学生对对数知识与技能的掌握达到了预期目标，知识与技能目标达成度较高。

2. 课程思政目标达成

在课堂观察中发现，学生在了解对数发展历程时，对科学家们为解决实际问题而不断探索创新的精神有了一定的感悟，在课堂讨论中能够提及数学家们的坚韧不拔和勇于创新，这表明学生在一定程度上受到了科学精神的熏陶。在实际问题解决过程中，学生能够意识到数学在社会发展中的重要性，如在探讨人口增长模型时，学生能体会到数学对合理规划资源、预测社会发展趋势的作用，从而增强了用数学服务社会的意识。通过介绍我国古代数学成就，在课堂上学生们表现出浓厚兴趣，课后反馈中也体现出学生对中华优秀传统文化的认同感有所提升，民族自豪感得到增强。然而，仍有部分学生对思政教育的理解较为表面，未能深入思考思政元素与数学学习的内在联系，需要在今后教学中

进一步引导深化，以确保思政教育目标更全面、深入地达成。

（二）教学过程实施情况评析

1. 教学环节合理性

情境导入环节，通过展示细菌分裂、声音强度等与生活紧密相关且蕴含数学原理的实例，成功吸引学生注意力，激发学生学习兴趣，自然引出对数概念，同时巧妙融入思政元素，使学生初步认识到数学的社会价值，为后续教学营造了良好氛围，环节设计合理有效。知识探究环节，自主学习与合作探究相结合的方式给予学生充分自主思考空间和团队协作机会，符合学生认知规律。教师在学生探究过程中适时引导、点拨，帮助学生突破难点，顺利构建对数知识体系。数学实验探究环节，实验设计紧密围绕教学目标，学生在操作过程中亲身体验对数函数性质，加深对理论知识的理解，同时培养了实践能力和科学探究精神，并且通过融入我国古代数学成就的介绍，丰富了实验内涵。知识应用环节，练习题分层设计，从基础巩固到实际应用逐步递进，让学生在不同难度层次的问题解决中巩固知识、提升能力，体会数学与实际生活的联系，强化思政教育。总结归纳环节，引导学生回顾知识与思政收获，促进知识内化和思政理念深化，整体教学环节流畅自然、衔接紧密、逻辑清晰。

2. 教学方法有效性

讲授法运用得当，教师在讲解重点知识如对数概念、运算性质等推导时，讲解清晰透彻、准确无误，确保学生获取正确系统的知识。讨论法激发了学生思维活力，在小组讨论对数式与指数式互化、运算性质推导以及实际问题解决策略等过程中，学生积极发表观点、相互交流启发，培养了合作能力和创新思维。探究法让学生深入体验知识形成过程，在自主探究和实验探究中，学生主动思考、动手操作，提高了自主学习能力和实践能力，如在实验探究底数对对数函数图像的影响时，学生通过自主操作观察得出结论，对知识理解更加深刻。案例教学法使抽象数学知识与实际生活紧密结合，通过实际案例如声音强度计算等，让学生感受到数学的实用性，增强学习动力。多种教学方法有机结合、相辅相成，共同促进了知识学习与思政教育的深度融合，提高了教学效果。

（三）思政元素融合效果评析

1. 思政元素融入自然

在整个教学过程中，思政元素与对数教学内容融合自然流畅，毫无生硬之感。在概念引入时，通过介绍对数的发明背景及在天文、航海等领域的应用，让学生体会到数学对社会进步的推动作用，自然引出思政教育；在知识讲解中，穿插数学家故事和我国古代数学成就，使学生在学习数学知识的同时接受科学精神和文化自信的熏陶；在实验探究和实际问题解决环节，引导学生思考数学应用背后的社会价值和伦理问题，以及我国在相关领域的发展成就，将思政教育贯穿始终，实现了知识传授与价值引领的有机统一，让学生在潜移默化中接受思政教育。

2. 思政元素促进教学

思政元素的融入极大地丰富了教学内容，增强了教学吸引力。科学家的故事和数学成就激发了学生学习兴趣，如学生在听到纳皮尔发明对数的艰辛历程和我国古代数学的辉煌成就时，表现出浓厚兴趣和钦佩之情，从而更加积极主动地投入学习。同时，思政教育培养了学生良好学习品质，如在探究过程中，学生学习数学家的创新精神，勇于尝试新方法解决问题；在小组合作中，体会团队合作的重要性，培养合作精神；在解决实际问题时，增强社会责任感和使命感。这些良好品质有助于提升学生综合素质，促进学生全面发展，使学生不仅在数学知识上有所收获，在思想道德和社会责任感方面也得到提升。

（四）小结与展望

1. 教学小结

深化思政教育内涵挖掘，不仅仅停留在表面的故事讲述和成就介绍，应进一步引导学生深入思考数学知识背后所蕴含的哲学思想、文化价值以及社会意义，如对数运算中体现的转化与统一思想对学生辩证思维培养的作用，以及数学在全球文化交流和人类文明发展进程中的地位。应加强思政教育与数学教学的深度融合，将思政元素更加紧密地贯穿于教学的各个环节，从教学目标设定、教学内容选择到教学方法设计，都要充分体现思政教育的导向性，使思政教育成为数学教学不可或缺的有机组成部分。

2. 教学展望

未来，应持续探索、创新教学模式，结合现代教育技术如虚拟现实、人工智能等，创设更加生动有趣、富有启发性的教学情境，让学生在沉浸式学习中更好地理解数学知识和接受思政教育。应进一步整合教学资源，开发更多优质的数学课程思政教学案例、教材和课件，构建丰富完善的教学资源库，为教师教学提供更多支持和便利。注重培养学生的自主学习能力和批判性思维，引导学生在数学学习中主动发现思政元素，积极思考数学与社会、人生的关系，使课程思政教育真正内化为学生的思想品质和行为准则，培养出具有高度社会责任感、创新精神和实践能力的新时代人才。

第三节　审辨视域下中学英语课程思政教学的建模与实践
——以“*A day in the life of a digital human*”教学为例

华东师范大学第二附属中学临港奉贤分校　张　鹏　翟凌姣

一、审辨视域下中学英语课程思政教学的建模

课程思政不同于思政课程，它不是新增的一门课程，而是将“立德树人”融入各科教学的各环节、各方面。当下，“剧场效应”和“优绩主义”叠加带来的教育竞争白热化和内卷化警示我们，教育已经站在亟须转型的当口。

保罗在《批判性思维：掌控你专业和个人生活的工具》里提到，批判性思维应包括问题解决(solution)、理性考量(rational)、判断评价(judgement)、思考求真(thinking)、事实判断(facts)、自我纠正(self-Correction)、分析询证(analysis)、提出质疑(questioning)。

我们可以借用保罗对于批判性思维的阐释并结合英语阅读教学进行建模(见图3-6)。

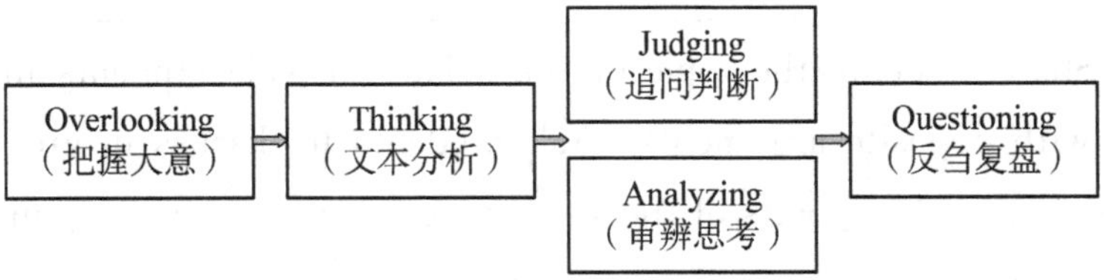

图3-6　基本模型

二、审辨视域下中学英语课程思政教学设计——以"A day in the life of a digital human"为例

学习目标

(1) Dig deeper into the pros and cons of online social activities.

(2) Express their views on social media by using appropriate language.

(3) Foster critical thinking and encourage responsible online behavior.

学习过程

Ⅰ. Interactive task 1: Create a theme

* T: Ask Students to think about what they will do when receiving a stranger' s friend request. Guide students to review the text. * Ss: Think about the question and recollect the content of the text. Purpose: Introduce students to the topic with a simulated situation and help students recall the text they read in the previous period.

Ⅱ. Interactive task 2: Review the text

* T: Help students review the text in Q&A sessions. * Ss: Review the text part by part by answering questions and share their understanding or personal experiences related to similar situations. Purpose: Help students analyze the text and relate it to their personal experience.

Ⅲ. Interactive task 3: Prepare for a debate

* T: Show students the topic of the debate. Divide students into two teams with opposite arguments. Ask Students to discuss in groups and write down the key points of the supporting details for their argument. * Ss: Think about as many supporting details as possible and share them in groups. Purpose: Provide students with enough time to brainstorm and prepare for the debate.

Ⅳ. Interactive task 4: Debate on the topic

* T: Organize the debate.
* Ss: Conduct a debate. Share their thoughts and evaluate other students' presentations.
Purpose: Express personal opinions. Enhance their critical thinking skills.

Ⅴ. Assignments

(1) Reflect on your daily use of social media Apps, and write a short paragraph on one way you can make use of them more reasonably in the future.

(2) (Optional) Conduct a research project in group of four to investigate a specific social media App, analyze its impact on a local community and give a presentation.

Ⅵ. Blackboard design

表 3-1　Blackboard design

Time	Lili	Mia	"Me"
7:30 a.m.	part of life	part of a community	
8:45 a.m.	care about image	good image √ too much attention ×	
12:30 p.m.	delete a nasty comment	cyberbully viewers participants	
5:30 p.m.	write a post	personal information leak	
11:00 p.m.	accept friend requests	social contact boundaries	

三、审辨视域下中学英语课程思政教学实录——以"A day in the life of a digital human"为例

T: Class begins! Good afternoon, class.

Ss: Good afternoon, teacher!

T: Sit down, please! Today we are going to dig deeper into the text *A day in the life of a digital human*. (The sound of a phone's receiving a message) Listen! What's that sound? Oh, it's my phone ringing. Please allow me to have a look. (Checking the phone) Oh, it's a friend request from a stranger! Should I accept it or refuse it? I need your help, class. Before we solve this problem, let's have a review of the contents of this passage.

T: In this passage, there are two figures. One is teenager Song Lili, and the other is psychologist Mia. (Showing two pictures) What's the passage about?

S: (Putting his hand up)

T: (Extending a hand with an open palm) Yes, please.

S: (Standing up) It is about a digital diary of a teenager Song Lili and a psychologist Mia's analysis or comments.

T: Good. Sit down, please.

S: (Sitting down)

T: Now let's review the text by filling in the table. (Pointing to the table the teacher has drawn before class) Here are four columns, namely the time, Lili, Mia and "Me". The column of "Me" means "My opinion".

T: First please reread the first part, and find what Lili did.

Ss: (Reading the text)

S: (Putting his hand up)

T: (Extending a hand with an open palm) Yes, please.

S: (Standing up) Lili logged in, caught up with the gossip and did a status update.

T: Good. Sit down, please. What's the first thing that Lili did?

Ss: She is on social media first thing.

T: Is it a special day?

Ss: No.

T: It says "just another ordinary day" and she bets "everyone does the same thing". So we may say these things are actually part of Lili's life, right?

Ss: Right.

T: (Writing down "part of life" on the blackboard at the intersection of the line of 7:30 a.m. and the row of Lili)

T: Then what's Mia's comment?

S: (Putting up his hand)

T: (Extending a hand with an open palm) Yes, please.

S: (Standing up) Mia says "it's natural for humans to share experience and open up to people".

T: Good. Then what is the desire behind it?

S: Lili enjoyes being part of a community.

T: Excellent. Sit down, please. (Writing down "part of a community" on the blackboard at the intersection of the line of 7:30 a.m. and the row of Mia)

T: What about "Me"? Now let's conduct a survey. Who would do the same thing as Lili did if your were allowed to use your phone? Put up your hands, please.

Ss: (Many students put up their hands.)

T: (Looking around) Quite a lot. Hands down, please.

Ss: (Hands down.)

T: Let's come to part 2—8:45 a.m. What happened to Lili and how did she feel?

Ss: (Reading the text)

S: (Putting up her hand)

T: (Making a gesture of raising a hand) Yes, please.

S: (Standing up) Lili "untagged" the picture and checked "the latest updates again". She felt "stressed out".

T: Good. Did she care about her image online?

S: Yes.

T: Good. Sit down, please. (Write down "care about image" on the blackboard at the intersection of the line of 8:45 a.m. and the row of Lili) Why? What is said in the text?

Ss: "I pray that no one will recognize me in the picture."

T: As to Lili's behaviour, what's Mia's attitude?

Ss: (Putting up their hands)

T: (Making a gesture of raising a hand to one student) Yes, please.

S: (Standing up)

S: Mia says "On social media, Lili is always on display and she is under intense pressure to consistently 'look good'.".

T: Yes. Let's have a look at the words I circled here. "Always", "intense", "consistently", "extremely", "more of an effort" and "at all times". What do these words lead us to think of?

S: Lili cares too much about her image online.

T: Excellent. Sit down, please. Do you think it is acceptable to show a good image online?

Ss: Yes.

T: (Writing down "good image" on the blackboard at the intersection of the line of 8:45 a.m. and the row of Mia)

T: What about paying too much attention to online image?

Ss: No.

T: (Writing down "too much attention" and "×" on the blackboard at the intersection of the line of 8:45 a.m. and the row of Mia) Paying too much attention to it is not necessary.

T: What about 'Me'? (Showing a picture of the teacher on the slide)

Ss: (Laughing)

T: I also care about my image online. (Pointing to the picture) Did I look good at my college time?

Ss: Yes. (In a louder voice)

T: Then what about the third part—12:30 p.m.? What did Lili do? And what's Mia's comments? Please reread this part quickly.

Ss: (Reading the text)

T: What did Lili do?

S: (Putting up his hand)

T: (Extending a hand with an open palm) Yes, please.

S: Lili "deleted a nasty comment".

T: Good. (Writing down "delete a nasty comment" on the blackboard at the intersection of the line of 12:30 and the row of Lili)

T: What was the comment about?

S: One of Lili's friends posted a nasty comment about another friend on her profile.

T: What happened to them?

S: The two girls recently had a row, but they need to get over it and make up with each other.

T: What's Mia's comment on Lili's behaviour?

S: Mia says "Lili did the right thing".

T: Good. What problem does it concern via Mia's comments?

S: Cyberbully.

T: Right. Sit down, please. (Writing down "cyberbully" on the blackboard at the intersection of the line of 12:30 a.m. and the row of Mia)

T: What do cyberbullies do?

Ss: They "post an ugly picture or a nasty comment and reach a wide audience".

T: What's the result of it?

Ss: "You are less sympathetic and less likely to stick up for them."

T: Right. It says in the text "in an online world, you can't see people break down and weep." But in the real world, you can. When people meet with cyberbullying, some may choose to be viewers meaning "kanke" in Chinese, while others may choose to be participants who are for or against cyberbullying. (Writing down "viewers" and "participants" on the blackboard at the intersection of the line of 12:30 a.m. and the row of Mia)

T: What's your choice when you come across cyberbullying?

S: I choose to be a viewer because in today's society the cases of cyberbullying is quite a lot and and cyberbullying will not get my attention because I may see another similar case soon.

T: Thank you for sharing. Is these anyone has a different idea?

S: (Raising her hand)

T: (Extending a hand with an open palm) Yes, please.

S: I think we should stick up for the victims because I think it's necessary for us to show support for those being cyberbullied. They are actually suffering a lot at that time. And we should try our best to uphold justice.

T: Excellent. Sit down, please. If we choose to be viewers, we will be less sympathetic and less likely to stick up for people. I suggest we should give those being cyberbullied a hand to help create a friendly and harmonious environment online.

T: Next let's come to the fourth part—5:30 p.m. It's time for you to analyze on your own. What did Lili do and what's Mia's comment on it? You will have three minutes.

Ss: (Reading the text and fill in the worksheet)

(Two minutes later)

T: Ok, class. Time's up. Who would share your analysis of this part?

S: (Raising his hand)

T: (Extending a hand with an open palm) Yes, please. What did Lili do?

S: Lili "wrote a post about a boy" she quite likes.

T: Yes. (Writing down "write a post" on the blackboard at the intersection of the line of 5:30 p.m. and the row of Lili)

T: What did Mia say about it?

S: Mia says "Lili needs to think before she posts".

T: Yes, but why?

S: Because personal details "stay on the web forever and are easy to dig up again".

T: Were those who share personal details online concerned or worried?

S: Yes, "they were concerned about who could view their online activities". "They also worried about how these activites might eventually be perceived by parents, teachers, future employers or their peers."

T: What potential problem will the exposure of personal information online cause?

S: Personal information leak.

T: Excellent. (Writing down "personal information leak" on the blackboard at the intersection of the line of 5:30 p.m. and the row of Mia)

T: Sit down, please.

T: (Showing a picture) Class, let's look at this post by Martin. It is about his accomplishing all missions in a game. Who among you thinks he will avoid sharing it with his parents?

Ss: (Raising their hands)

T: (Extending a hand with an open palm to one student) Yes, please.

S: (Standing up) I think he will share it with his friends and classmates. Maybe he won't share it with his parents and teachers.

T: Good. Sit down, please.

T: Class, let's come to the last part—11:00 p.m. You will have one minute to reread this part and fill in the blanks on the worksheet.

Ss: (Reading the text and fill in the blanks on the worksheet)

(One minute)

T: Time is up. Who would like to share his understanding of this part?

Ss: (Raising their hands)

T: (Extending a hand with an open palm to one student) You, please. What did Lili do?

S: Lili updated her status and accepted two friend requests.

T: Good. (Writing down "accept friend requests" on the blackboard at the intersection of the line of 11:00 p.m. and the row of Lili)

T: Why did she accept the friends requests?

S: Because she thought it was exciting to "chat with people who you possibly wouldn't run into in your everyday life" and "contact people who you haven't seen for years".

T: Then what was Mia's comment?

S: Mia says "she needs to be extremely careful about who she talks to".

T: Why?

S: Because "it's a question of trust". We need consider "who is this person and do we really want them to read our posts?" before we "accept a friend request".

T: What problem was Mia actually talking about?

S: The rang of social contact.

T: Can we say "social contact boundaries"?

S: Yes.

T: Excellent. Sit down, please.

T: (Writing down "social contact boundaries" on the blackboard at the intersection of the line of 11:00 p.m. and the row of Mia)

T: You know I have the same question at the beginning of this class. Now, could you give me some advice about it? Would you accept a friend request from a stranger?

S: (Raising his hand)

T: (Extending a hand with an open palm) Yes, please.

S: Um, maybe I wouldn't.

T: Why not?

S: Because we don't know each other and I don't know whether he or she exists. Maybe it is a cheater, and he will hack my phone, access to my bank account and steal my money.

T: Thank you for sharing. Sit down, please.

T: Does anyone have a different idea?

S: (Raising her hand)

T: (Extending a hand with an open palm) Yes, please.

S: I will accept a friend request because I may find a true friend. Suppose that I were in a new school, and felt lonely, having someone I could talk to will be a great relief to me.

T: Indeed, I couldn't agree with you more.

T: Now let's dig deeper into the question. Can we find true friendship online? We will conduct a debate on this topic. You will be divided into two sides—the pro side and the con side. Work in groups. First, you will have five minutes to prepare your arguments, explanations, evidence and rebuttals. Then, you share what you have written among your members and have three minutes to write them down on the small blackboard at each side. Next is the debate. Choose two representatives to present your arguments one by one within one minute and thirty seconds. The second round is the inquiry session. The third round is the five-minute free debate.

During the debate, anyone on the chair can pass a note to his or her representative. After the debate, anyone on the chair has a chance to raise his hand and ask questions for answers. The representatives should give answers. They can call a time-out if they need ask for help. I will choose two students to comment on representatives' performance. You can use the sentence structures and checklist for reference. Please go ahead.

(Five minutes later, two representatives write down arguments on the small blackboard at each side. The pro side shows on the blackboard: ① Circle the same interests. ②Eliminate gaps. ③Recreate your image. The con side shows on the blackboard: ① Easy to be deceived. ② Hard to stay in contact for boarding school students. ③Difficult to retain the relationship.)

(Eight minutes later, two representatives of each side sit face to face in the middle of the room.)

T: Ok. Now let's welcome the representatives of the pro side to state your argument.

S1: (Standing up) We have a statement that we can find the true friendship online. Every one of us is born to be friend to each other. We develop friendship by coincidence. The Internet is an essential medium for us to get into the process of its development. We have three main arguments altogether. The first one is that people are divided into countless circles on the Internet. We can intentionally get into a specific circle to find someone who shares the same interests and goals, which contributes much to the development of friendship. Another point is that as long as we stay online and stay virtual, we can redefine who we are how we look, which helps to review our real inner self. For example, for the introvert guys who are usually afraid or hesitate to start a conversation with others the Internet can be a strong tool to form friendship. Last but not least, the Internet can do a lot to eliminate the gaps—either the physical ones or abstract ones. You need a variety of people, rich or poor, who maybe are from the other side of the world. You can talk freely whenever and wherever, and help each other regardless of their status.

T: Ok. Time is up. Now let's welcome the representatives of the con side to state your argument.

S2: (Standing up)We think that we can not find true friendship online. I appreciate what the pros side has come up with. But the issue apparently needs to be deeperly discussed. As we communicate more, we will get relied and dependent on the guy who is perhaps on the other side of your screen, be coming an indispensable part of our lives. It is human instinct that we want to explore more and discover more about who they really are. So we would say meeting each other offline is a definite result that will be lead to. Nonetheless, have you ever considered that if the one behind the mask of a lovely girl might be a fourty-year-old man? That is to say the more emotions we put in, the more sunk cost may accumulates. In conclusion, though it is crude to say so, but external forces is an unavoidable part of our lives.

T: Time's up. Please look at the arguments of each side. Does the conside have objections to the arguments of the pro side?

S2: (Standing up) In nowadays society, there are a lot of technologies, so there might be a possibility of AI (artificial intelligence) making up of statistics. For example, you and someone share the same MBTI (Myers-Briggs Type Indicator) or share the same hobbies or something like that. Then how would you response to it , if the "friend" you are talking to is simply not the same as you think he or she might be. How would you respond to it, if you find that "true friend", with whom you share the same hobbies and share the same combat spice is just a dog?

T: Good. Does the pro side have anything to ask the con side?

S1: (Standing up) It is a potential risk for us to meet these guys and recognize cheaters online. But there are also liars and tricks in our real life! It is not something that we can avoid. So one thing we can do is to avoid cheating others and being cheated. It is not the reason that we don't trust anyone online and ignore the true relationship when it comes to us. What comes with the benefits of the Internet shouldn't be ignored by your side.

T: Excellent. Next is the free debate. If anyone from the floor has ideas about the arguments of your side, remember to write down on a note and hand over it to your representatives.

Ss: (Standing up)

T: We start from the pro side.

S1: (Standing up) Here is a question for you. How do we define true friends? Based on what you said, the first speaker on the opponent, you think if we have met each other face to face, we can truly think that we are true friends. What about the circumstances where we just consider each other as our friends online?

S2: Ok, what we mentioned is that MBTI is a tool to match with new friends. But true friends are those people we meet offline rather than online. There are some examples that maybe a friend treated you very well at first, but became bad after. You can't make sure that everyone can maintain the same.

S1: Here's my protest. As I said, cheating is unavoidable. But our topic is finding true relationship. We should ignore the accessibility and the efficiency of using technology and focus on the topic of finding true friendship. It is just a process and a method of finding the relationship and it is probable that we will meet some disguises and tricks online. But we shouldn't ignore the benefits of it.

S2: You also mentioned that cheating can't be avoided, but we can maximize the benefits and minimize the drawbacks. Just as we mentioned that if you can simply spend less time on Internet or make less friends on the Internet, you can just minimize the drawbacks.

T: Sorry to interrupt. I have to stop you here. Let's give them a big round of applause.

Ss: (Applauding)

T: Now, who would like to make comments on their performance?

S3: (Raising his hand)

T: (Extending a hand with an open palm) Yes, please.

S3: (Standing up) The debaters have shown a strong ability to construct coherent and well-reasoned arguments. They present clear premises and logically arrive at their conclusions, showing a deep understanding of the topic and its complexities.

T: Very good. Sit down, please. Who else?

S4: (Raising her hand)

T: (Extending a hand with an open palm) Yes, please.

S4: (Standing up) The debaters provide a wide range of credible and relevant evidence with clarity. They effectively integrate evidence into their arguments, from which we can see its relevance and reliability. They exhibit clear pronunciation, effective use of language, and strong persuasive techniques. They are able to engage the audience and make their points compellingly, even when presenting complex ideas.

T: Excellent. Sit down, please.

T: Is there anyone who has questions to ask about this topic?

S5: (Raising his hand)

T: (Extending a hand with an open palm) Yes, please.

S5: (Standing up) You know people in the old times had no access to talk online, for the 21st century is a new era. There is a place called "metaverse", which means we don't need to meet each other in the real world. We can encounter each other on the street or in a cafe. Everything is just fine in that virtual world. I am wondering whether it is an efficient way to find a true friend.

T: Who can answer this question?

S6: (Raising his hand)

T: (Extending a hand with an open palm) Yes, please.

S6: (Standing up) While the metaverse facilitates connections and provides a platform for sharing common interests, it lacks the physical and emotional cues that are essential for building deep and meaningful relationships. True friendships are built on mutual understanding, trust, and shared experiences, which can be challenging to achieve in a purely virtual environment. Therefore, it's important to make connections with a sense of skepticism and maintain a balance between virtual and real-world interactions.

T: Excellent. Thank you for sharing. Sit down, please.

T: Class, we should develop an opinion that it is necessary to use social media in moderation and be aware of the negative effects it might have. We are responsible for taking advantage of the benefits of social media and avoiding its drawbacks. We should think critically and maintain a healthy balance between social media use and other aspects of our lives, playing our part in building a safe online environment.

T: Here are today's assignments. The first one is to conduct a research in groups of four to investigate a specific social media App and its impact on a local community and give a presentation. This is an optional assignment. The second one is to reflect on your daily use of social media Apps and write a paragraph on one way you can use them more reasonably in the future. Thank you for your participation. Class is over.

S: Stand up.

Ss: (Standing up)

T: Goodbye, class.

Ss: Goodbye, teacher.

Appendix:

1. Sentence structures for reference

For viewpoints of one side:

Firstly... Secondly... Thirdly... Furthermore...

One advantage is that...

Another point is that...

It may also be argued that...

For viewpoints of the other side:

Although people can... some claim that...

Although there are people who feel safer... others would argue that...

It is true that... but it can be...

Although there are many disadvantages... we should also...

2. Checklist

Checklist
☐ Is your argument valid, logical, and relevant to the topic and your stance?
☐ Is your argument precise and concise?
☐ Is your argument with strong and credible evidence?
☐ Is your argument nonredundant and connected to other arguments, rebuttals, and points?

四、审辨视域下中学英语课程思政教学评析——以“A day in the life of a digital human”为例

翟老师授课前的磨课本身就是审辨思维的体现。翟老师仔细研读了保罗的《批判性思维:掌控你专业和个人生活的工具》以及其他批判性思维的相关书籍,区教研在授课前帮助磨课,同组老师帮助进行头脑风暴,翟老师逐步自我纠正(self-correction),不断精简教案和教学流程。整个授课流程大体按照“概览全文(把握大意)—思考求真(文本分析,融入小我)—判断评价(追问判断,微讨论)—分析询证(审辩思考,思想交锋)—质疑(理性思考,反刍回味)”的步骤展开教学。

第一步,在带领学生分析文本时,翟老师引导学生结合自身情况,融入小我,探寻“附近”,和文本进行交流,让文本流动起来,同学们关注“我的体会是什么?”“我的理解是什么?”“我身边的案例有哪些?”,通过思考这几个问题,关注“附近”的概念,让文本和学生流动起来,教师通过微语境的创造,以期达到和文本充分互动的效果,引导学生激活思维,学以致用。第二步,在判断评价环节,翟老师抛出这样一个问题:“For cyberbullying, what is your attitude(viewers or participants)?”对于网络霸凌,你是冷漠的看客,还是积极的变革者?学生

在文本分析的任务驱动下，通过翟老师设置的抉择（二选一）问题，思考网络空间下公民的责任和义务，以及政治生活的参与。教师借此尝试拓展国民网络教育的空间。第三步，在分析询证环节，翟老师选择当下热点话题（current hot issues），话题的特点为"小切口""多角度"；在论辩之下，没有既定答案，引导学生进行多元观点的呈现，在交流的过程中，对语言和逻辑进行整合，引导学生在语言的流动中求真，在唇枪舌剑的论辩中不断思考。第四步是质疑问题，如果说论辩环节是"快思考"，那么该环节则是引导学生对课程中的辩论进行"慢思考"，学生对刚刚的论辩进行评价和反刍，指出论辩过程中的问题和闪光点。

课程背后的设计，离不开"三案"的支撑，本课程的"预习案"——解决英语基础需求（生词问题），设计单元话题，帮助学生概览全局；授课时的"学习案"——聚焦课堂核心任务，"微讨论""微辩论""微情境"，学生在预习案的基础上有话可说；课后的"作业案"——任务后的写作或讨论，帮助学生积累素材和思维火花，读后写作，是对辩论过程的整合和落地，帮助学生做到言之有物，言之有理。

正如尤瓦尔·赫拉利在《今日简史》中说："在未来的世界里，老师最不需要教给学生的就是更多的信息。学生手上已经有太多信息，他们需要的是能够理解信息，判断哪些信息重要、哪些不重要，而最重要的是能够结合这点点滴滴的信息，形成一套完整的世界观……学校不应该太看重特定的工作技能，而要强调通用的生活技能。最重要的是能够随机应变，学习新事物，在不熟悉的环境里仍然保持心智平衡。想跟上 2050 年的世界，人类不只需要发明新的想法和产品，最重要的是得一次又一次地重塑自己。"

第四节　审辨视域下中学化学课程思政教学的建模与实践（一）

——以"二氧化硫及其性质"的教学为例

华东师范大学第二附属中学临港奉贤分校　姚海远　于　萌

一、审辨视域下中学化学课程思政教学的建模

1. 模型构建的理论依据

在审辨视域下构建中学化学课程思政教学模型的过程中，理论依据的选择

至关重要，因为它为模型的构建提供了基础框架和方向指引。

首先，需要明确的是，中学化学课程思政教学模型的构建是在“立德树人”的根本任务下进行的。这是我国教育的根本目的，也是所有教育活动的出发点和落脚点。“立德树人”的深刻内涵要求教育不仅要传授知识、培养能力，更要进行价值塑造和精神培养。因此，中学化学课程在传授化学知识的同时，也应融入社会主义核心价值观，培养学生的道德素养和社会责任感。

其次，模型构建的理论依据还包括“教学理念”“教学内容”“教学方式与方法”和“教学评价”等维度。将其应用于中学化学课程思政教学模型的构建，可以实现教学目标的快速迭代和优化，同时保证教学质量的持续提升。

在教学理念方面，模型要强调“立德树人”的教育理念与专业知识体系的有机融合。通过将包含优秀文化和价值理念的素材融入专业知识中，实现“知识—能力—思政教育”的三维同步提升。这样的理念为中学化学课程思政教学模型的构建提供了价值导向和目标设定的依据。

在教学内容的设计上，鼓励对教学内容进行整体规划和整合，以深度挖掘和梳理化学师范专业特有的思政要素。这种方法为中学化学课程思政教学模型的具体内容设计提供了方法论支持。

在教学方式与方法的创新上，提倡通过制订阶段性育人目标、实施整体规划课程育人内容、实施、成果验收交付和全员总结反思的流程，以达到“教—学—评”一体化的目标。这种迭代式的教学方法为中学化学课程思政教学模型的实施过程提供了操作框架。

在教学评价方面，该模式倡导采用多元化的评价方式，包括表现性评价、过程性评价、形成性评价等，以形成一个全方位的评价体系。这种评价方式为中学化学课程思政教学模型的成效评估提供了评价体系的构建原则。

构建中学化学课程思政教学模型的理论基础包括“立德树人”的教育目的、教学理念与方法论，以及对教学内容、方式与方法、评价等维度的系统设计。这些理论依据为构建一个科学合理、优质高效的中学化学课程思政教学模型提供了坚实的理论支撑，确保了模型的有效性和实用性。同时，它也为中学化学课程思政教学的实践提供了可操作的框架和实施路径。

2. 模型框架的设计

（1）教学目标的设定。

在中学化学课程中实施思政教学并非一件新鲜事物，但其重要性和复杂性一直是教育领域研究的热点。设定中学化学课程思政教学目标是提高教学质量、培养学生综合素质的关键步骤。

中学化学课程思政教学目标的设定需要遵循教育教学的基本原则，即“以学生发展为本”的原则。这意味着教学目标的设定要以学生的全面发展为核心，不仅包括学生的知识、能力的提升，还包括价值观、世界观的塑造。在这一过程中，教师的角色是规划者、设计者和引导者，需要全面考虑如何在知识传授的同时，实现价值引领。

设定中学化学课程思政教学目标的过程需要对教育目标的层次进行细分。一般而言，教育目标可以分为知识与技能的目标、过程与方法的目标、情感态度与价值观的目标。在“课程思政”理念的指导下，这三个层次的目标都需要被赋予更深层次的思政教育内涵。

在知识与技能的目标设定上，教师需要明确哪些化学知识点或技能是与思政教育内容相结合的，例如，在讲授化学反应的同时，可以引导学生理解化学反应在社会发展中的应用和意义，强化学生的社会责任感和创新意识。

过程与方法的目标设定则更加强调学生的主动学习和探究能力的培养。例如，通过小组合作探究、项目式学习等方式，培养学生的合作精神、批判性思维能力和问题解决能力，同时深化社会主义核心价值观的教育。

情感态度与价值观的目标设定则是中学化学课程思政教学的重要组成部分。教师需要设计具体的教学活动，如案例分析、角色扮演、社会实践等，使学生在体验和实践中自然接受和内化社会主义核心价值观，形成正确的世界观和价值观。

在设定具体的思政教育目标时，还需要注意以下几个方面：

目标的具体性与可操作性：思政教育目标要具体明确，使学生容易理解和执行，同时也便于教师评估和反馈。

目标的整合性与系统性：思政教育目标要与化学教学目标有机融合，构成一个系统的教学目标体系。

目标的灵活性与适切性：不同的教学内容、不同的学生群体都需要有针对性的思政教育目标，以达到最佳的教育效果。

总结来说，设定中学化学课程思政教学目标是一个系统性、综合性的过程，需要教师在深刻理解化学知识与思政教育内容的基础上，设计合理的教学策略和活动，以实现知识传授、能力培养和价值塑造的有机统一。通过这样的过程，可以有效地培养学生的核心素养，同时实现课程思政的育人目标。

(2) 教学内容的选择。

在审辨视域下的中学化学课程思政教学建模与实践中，教学内容的选择是构建有效课程思政的关键步骤。选择适当的教学内容不仅能够保证课程内容的科学性和先进性，而且能够有效地融入思政元素，从而实现知识传授与价值引领的有机融合。

以下是中学化学课程思政教学内容选择的几个主要原则：

① 紧密结合国家战略与社会需求。教学内容的选择应当与国家的发展战略和当前社会的热点问题相结合，以增强学生的社会责任感和使命感。例如，在讲授新能源材料的开发利用时，可以融入我国新能源的发展战略，让学生了解到作为新一代青年的社会责任与担当。

② 结合科学前沿和学科发展趋势。教学内容的选择应当包含最新的科学发现和学科发展趋势，以激发学生的创新意识和学术兴趣。例如，在介绍基础化学时，可以适当介绍当前的科研热点，如清洁能源、新材料的合成与应用，从而提高学生的科研兴趣和创新能力。

③ 强调化学与生活、生产的联系。教学内容应当紧密联系生活实际和工农业生产，以增强学生的实践应用能力。例如，在讲授化学反应的基础知识时，可以结合实际的工业生产过程，让学生理解化学知识在实际应用中的重要性。

④ 培育科学精神与人文素养。教学内容的选择应当重视科学精神的培养与人文素养的提升。例如，通过对化学史上重要人物和重大成就的介绍，培养学生的科学精神；同时，结合化学与伦理、化学与健康等议题，提升学生的人文素养。

⑤ 确保知识的系统性和逻辑性。在选择教学内容时，还应确保内容的系统性和逻辑性，保证知识点的连贯性和科学性。这要求教师要有深厚的专业知识和教学能力，以确保教学内容的准确无误。

⑥ 贯彻实施课程思政的原则。教学内容的选择还应遵循课程思政的基本原则，即在不影响知识传授的基础上，巧妙地融入思政元素，使思政内容自然融入教学过程，避免生硬和突兀，确保学生在接受科学知识的同时，也能受到正确价值观的熏陶。

中学化学课程思政教学内容的选择是一个综合性的过程，需要教师在坚持原则的同时，也要不断创新和探索，以适应不断变化的教育要求和学生需求。

通过科学合理地选择教学内容，并巧妙地融入思政元素，可以有效地提升课程的教学效果，实现知识传授与价值引领的有机融合。

（3）教学方法的应用。

在中学化学课程的思政教学中，采用合适的教学方法是提高教学效果的关键。通过将德育融入化学知识的传授过程中，不仅能够提升学生的学科知识水平，还有助于他们形成正确的世界观、人生观和价值观。以下是一些可应用于中学化学课程思政教学中的方法及其应用分析。

案例教学法是一种有效的教学策略。通过具体的、与现实生活紧密相连的案例教学，可以让学生在解决具体问题的过程中自然而然地吸收思政教育的营养。例如，在讲授化学反应的能量变化时，可以引入清洁能源的开发利用案例，如风能、太阳能等，引导学生思考可持续发展与生态文明建设的重要性，从而培养学生的环保意识和社会责任感。

探究式教学法能够提高学生的主动学习能力和创新思维能力。教师可以设计一些问题或实验，让学生通过探究、讨论和合作学习来解决问题。在这个过程中，学生不仅能够深化对化学知识的理解，还能在合作与探究中学习如何合作、如何沟通和如何解决问题，这些都是德育的重要组成部分。

生活化的教学方法可以让化学知识与学生的日常生活紧密相连。通过将化学知识应用于解决实际生活中的问题，比如通过实验探索如何科学饮食、健康饮食，或者是如何科学使用化学产品等，可以让学生认识到化学的实际价值，并进一步理解化学与日常生活的密切关系。

此外，情感态度与价值观的培养也是化学课程思政的重要方面。在教学过程中，教师可以通过化学家的科学探索故事、化学历史事件等，激发学生的科学兴趣和科学研究的责任感。例如，通过介绍居里夫人的科研经历和科学发现，可以激励学生学习她的科学精神和坚持不懈的精神。

信息技术的应用也为化学课程的思政教学提供了新的可能性。通过使用多媒体、互联网以及信息技术平台，可以创造更具互动性的课堂环境，让学生在多样化的教学活动中获得知识的同时，也能在多元的情境中体验和学习思政教育的内容。

中学化学课程的思政教学需要教师在教学方法的选择与应用上进行不断的探索与创新，以确保教学效果的最大化。通过有效的教学方法，可以让学生在学习化学知识的同时，也能够自然地接受德育的熏陶，实现全面发展。

(4) 评价体系的建立。

在中学化学课程思政教学中,建立科学、合理的教学评价体系是确保教学目标达成和教学质量提升的关键环节。在设计中学化学课程思政教学评价体系时,我们应综合考虑教学目标、学生认知特点、教学内容以及教学方法,构建一个既能反映教学效果也能体现思政教育目标的评价体系。

评价体系的建立需要确立清晰的课程思政教学目标。这些目标不仅包括知识传授,更包括价值观的塑造、科学精神的培养以及社会责任感的培育。在此基础上,评价体系的构建应围绕这些目标展开,确保评价的标准与课程的思政目标相匹配。

评价体系的构建应融合量化与质性评价。在量化评价方面,可以通过设计包含思政教育元素的各类作业、测试和实验来进行评价。例如,通过学生的实验操作、数据分析、实验报告等来量化评价学生的科学素养、数据分析能力以及科学探究能力。在此基础上,通过量化的方式给予学生相应的分数或等级,以此作为评价的客观依据。

质性评价则侧重于对学生内在素质的考查,如团队协作能力、批判性思维、问题解决能力等。通过观察学生在讨论、小组合作、实验设计以及问题解答中的表现,来评估学生的综合素质和思政教育的内化程度。这种评价方式更加注重学生的主观能动作用,以及其对知识与思政元素的理解与应用。

评价体系的建立还应包括对教学过程的持续监控和反馈机制。通过学生的反馈、教师的自我反思以及同行的评议,形成多方位的教学评价体系。例如,可以定期组织学生座谈会,收集学生对课程思政元素的认知度、感兴趣点以及存在的问题等反馈。教师也应定期自我反思,不断调整和优化教学设计,以适应不同学段、不同水平学生的需求。

中学化学课程思政教学评价体系的设计应围绕明确的教学目标,结合量化评价与质性评价的方法,建立起一个立体、动态的评价框架。通过不断的实践、反馈与调整,形成促进学生全面发展,又能有效评估和提升课程思政教学效果的评价体系。这样的评价体系不仅能够评价学生的学业成绩,还能够评价学生的思想品质和综合素质,为学生的终身发展打下坚实的基础。

因此,在高中化学教学中,应积极考虑化学物质的有利与有害的两面性,以培养学生的审辨思维为核心,促进学生德智体美劳全面发展。基于此理念,我们构建了中学化学的审辨式课程思政教学基本模型,如图 3-7 所示:

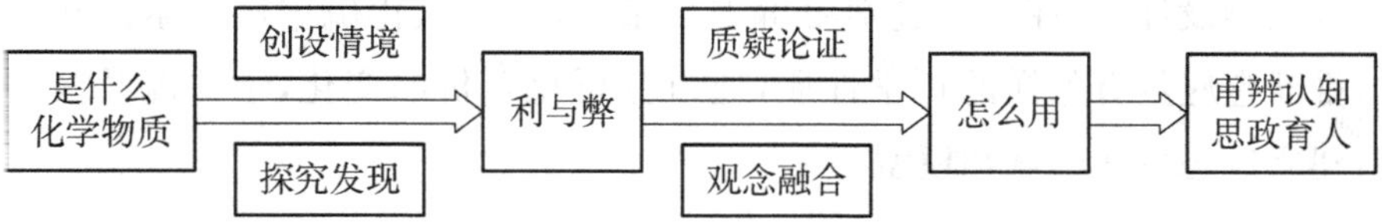

图 3－7

二、审辨视域下中学化学课程思政教学设计——以“二氧化硫及其性质”的教学为例

学习目标

(1) 通过类比推理，学习二氧化硫的相关性质。

(2) 通过学习硫元素的价类二维图，分析化合价的变化，学习硫及其化合物，建立价态变化的认知模型。

(3) 通过设计红酒中硫元素的定性测定实验，感受酒类二维图的价值，形成绿色应用的意识，增强社会责任感。

学习过程

（一）创设情境，引入课题

（教学设计及意图）通过二氧化硫在食品防腐中的应用，创设问题情境，引入课题，激发学生学习动机。

（二）寻“硫”课前任务一

设计实验验证二氧化硫的某些物理性质并展示设计方案。

（教学设计及意图）请学生提前预习，了解二氧化硫的颜色，闻其气味，探究其溶解性，根据以往知识，设计方案。学生通过实践探究体验，合作学习二氧化硫的物理性质。

（三）寻“硫”课前任务二

类比二氧化碳，归纳二氧化硫酸性氧化物的性质并展示。

（教学设计及意图）让学生掌握类比学习的方法，推测二氧化硫可能具有的化学性质，讨论后让学生汇报交流，共享讨论成果。

（四）寻“硫”课堂任务一

二氧化硫中的硫元素在葡萄酒中可能以什么种类的微粒存在？

（教学设计及意图）通过学习价类二维图，从二氧化硫中硫元素的化合价看，推断它应具有怎样的化学性质，通过分析化合价的变化，学习硫及其化合物，建立价态变化的认知模型。

（五）寻“硫”课堂任务二

如何找到葡萄酒中的“硫”？

（教学设计及意图）学习二氧化硫的还原性与氧化性，了解二氧化硫在葡萄酒中的作用主要是作还原剂，得出在葡萄酒中应该有硫酸根离子的结论，从而让学生学会推测，并学会硫酸根离子的检验。

（六）寻“硫”课堂任务三

追问——白葡萄酒是二氧化硫漂白的吗？

（教学设计及意图）将学生分成六组，指导其按学案设计二氧化硫的漂白性探究实验，培养学生动手实验、观察、分析和思考问题的能力。

（七）寻“硫”课堂任务四

追问——真的是二氧化硫在漂白吗？

（教学设计及意图）就实验探究将学生分成三组，每个小组派代表发言，分别就本小组探究的内容、过程、问题及结论进行汇报，大家一起交流、探究结论和体会，共享探究成果，实现同伴互助、相互启发、相互牵引的目的。

（八）思辨：讨论二氧化硫的“功”与“过”

（教学设计及意图）学生讨论后，可以听听人工智能的看法。让学生学会辩证地看待事物的两面性。

（九）归纳总结二氧化硫的化学性质与用途

（教学设计及意图）教师引导学生一起归纳二氧化硫的化学性质与用途，并深化拓展研究类似物质性质和用途的一般方法和思路，使学生在学习知识的同时领悟方法并提高能力。

性质：(1) 物质分类的角度——酸性氧化物。

(2) 氧化还原的角度——既具有氧化性又具有还原性。

(3) 特殊性角度——漂白性（有选择的暂时的化合漂白）。

用途：二氧化硫可用于制造硫酸，漂白纸浆、毛、丝、草帽辫等，但是不彻底；还可以用于杀菌消毒等。食用含过量二氧化硫的食品对人体的肝脏、肾脏等器官会有严重损害,并有致癌作用。

三、审辨视域下中学化学课程思政教学实录——以“二氧化硫及其性质”的教学为例

师:同学们好!

生:老师好!

师:同学们请坐。这节课我们来学习二氧化硫。我带来了一样大家非常熟悉的生活中常见的饮品——葡萄酒。大家请看一段视频。

(播放视频)

视频内容:不知道常喝葡萄酒的消费者是否注意到葡萄酒中会添加一种叫作二氧化硫的物质。按照规定,葡萄酒中二氧化硫的含量不能超过 0.25 g/L,你别看浓度不高,它在葡萄酒中起着非常重要的作用。将二氧化硫用于葡萄酒的酿造至少有几百年历史,二氧化硫具有抑菌和抗氧化作用,可以抑制葡萄酒中微生物及酶的活性,防止葡萄酒变质。

师:同学们在初中对二氧化硫的了解大概停留在一个什么样的阶段呢?

生:大气污染物。

师:有没有毒?有毒对不对?但是今天它出现在哪里?

(教师展示 PPT 中的图片)

师:大家可以看这两张图片,就是这两瓶葡萄酒后面贴的配料,有看到什么?

生:二氧化硫。

师:说明二氧化硫可以作什么呀?

生:食品添加剂。

师:在初中化学中,我们学过二氧化硫的哪些知识呢?

生:空气污染物,有毒。

师:这和我们在初中所了解到的好像不太一样,对不对?所以我们这门课就要在葡萄酒中寻找硫,看一看二氧化硫在这里面到底起到什么样的一个作用。如果想要找到它,应该先干吗?

生:要了解它的相关性质。

师:课前我们布置了一些预习任务。让大家做硫元素的价类二维图,让大家了解二氧化硫的相关物理性质和化学性质。大家能不能设计一些方案,验证它的一些物理性质,哪位同学来讲一下?

生：可以验证二氧化硫的密度大于空气。

师：你觉得应该设计一个什么样的实验呢？

生：在烧杯中点燃两根蜡烛。一根较高一根较低，将二氧化硫通入烧杯，如果观察到较低的那个蜡烛先熄灭，则说明二氧化硫密度大于空气，且不支持燃烧。

师：说得非常好，请坐。如果我想验证它易溶于水，大家觉得可以设计一个什么样的实验？

生：初中学过，可以在一个集满二氧化硫的塑料瓶里，加一点水看看塑料瓶是否变瘪。

师：你说得很好，这里体现了大家对知识的迁移和应用能力。二氧化硫作为酸性氧化物有哪些性质呢？

生：我们可以把二氧化硫跟二氧化碳进行类比，二氧化硫与二氧化碳应该具有相似的酸性氧化物的性质。分别是：能与碱反应生成盐和水，能与碱性氧化物反应，能与水反应生成亚硫酸。

师：说得真好，总结得很全面，有没有同学帮我们写出亚硫酸的电离方程式。

（学生板书。）

师：通过电离方程式，我们可以看出，亚硫酸是二元弱酸。二氧化硫可用于葡萄酒的保鲜过程，大家现在想一想，二氧化硫进入葡萄酒中，是不是都是以二氧化硫分子的形式存在？

生：应该是有氢离子、亚硫酸氢根离子、亚硫酸根离子，还有亚硫酸分子。

师：很好。我们用二氧化硫给葡萄酒进行保鲜，可能不一定是二氧化硫分子，对不对？二氧化硫有没有可能还具有其他的一些性质呢？我们再来看这个，还是在课前让同学们预习的硫元素的价类二维图，大家来预测一下二氧化硫可能具有什么样的性质？从化合价的角度，哪位同学来说一下？

生：二氧化硫中的硫元素是正四价，处于中间价态，化合价会升高，也可以降低，所以应该既具有还原性，也具有氧化性。

师：二氧化硫在食品保鲜的过程中充当食品添加剂，体现了什么特性？在视频中叫作抗氧化剂。能抗氧化，那说明二氧化硫有什么样的性质？

生：充当还原剂，有还原性。

师：接下来我们要设计一个实验，先来探究它的氧化性。通过类比的方法，大家可以从学过的氯及其化合物的知识中，得到什么启示呢？

生：二氧化硫和硫化氢反应，可能会有水和硫单质产生。因为二氧化硫可以类比成次氯酸，硫化氢能类比成氯化氢。

师：请坐！大家给他一点掌声，他用到的方法是类比，对不对？接下来我们通过实验来验证这个类比的猜想。看看我把二氧化硫通入硫化氢的水溶液中会出现什么现象？

（教师演示实验，学生观察。）

生：有淡黄色沉淀生成。

师：这个黄色沉淀就是硫单质了，也请同学们在笔记本上写出这个反应的化学方程式。

（教师巡视课堂，指导学生书写正确的化学方程式。）

师：前面我们通过价类二维图也推测了，二氧化硫应该还具有还原性，如果我有高锰酸钾溶液、氯化铁溶液、溴水、碘水这几种常见的氧化剂的溶液，如果只选一种试剂做实验，就能够证明它与所有的都能反应，大家可以讨论一下，应该选择哪一个？

（学生小组讨论。）

生：我选碘水，因为在这四种氧化剂中，碘的氧化性最弱。基于氧化性、还原性强弱的规律，一种还原剂只要能与最弱的氧化剂反应，其他的应该也可以。

（教师演示实验，学生观察现象。）

师：把二氧化硫溶入碘水中，可以看到碘水褪色，这也为我们学习物质的氧化性与还原性提供了思路。通过对还原性和氧化性的探究，我们可以找到一些葡萄酒中硫的踪迹。想一想，二氧化硫进入葡萄酒中，硫元素最有可能以什么价态、什么微粒形式存在？

生：正六价，硫酸根离子，因为二氧化硫在葡萄酒中充当的是抗氧化剂，体现的是还原性，所以最有可能的形式就是硫酸根离子。

师：通过上面的分析，我们可以通过检验葡萄酒中是否有硫酸根离子，间接找到硫的踪迹。

（教师演示实验，进行硫酸根离子的检验，学生观察现象。）

生：可以看到有白色沉淀生成，所以能证明其中有硫酸根离子的存在。

师：同学们，我们通过预习知道二氧化硫也具有漂白性，我今天带来的酒，一个是红葡萄酒，一个是白葡萄酒，有没有可能这个白葡萄酒是用红葡萄酒漂白来的呢。我们该如何证明呢？

生：做实验。

（演示实验，把二氧化硫通入红葡萄酒中，红葡萄酒不会褪色。）

师：那二氧化硫的漂白性主要针对哪些物质呢，大家接下来可以做一个分组实验。

[学生分组实验。封管中封闭了少许溶有二氧化硫的品红试液，将封管加热至试液变红后，停止加热（封管试验加热时间不宜过长），上下颠倒几下封管，冷却后观察试液颜色变化。]

生：总结现象，无色加热后会变成红色，冷却后又会恢复到无色。

师：那可以证明，二氧化硫有漂白性，但是漂白性怎么样？

生：不稳定，是暂时性漂白，不是永久性漂白。

师：是的，前面说的次氯酸的漂白性是强氧化漂白，是永久性漂白，而二氧化硫是暂时性漂白。

师：我们再回到前面，大家都知道二氧化硫溶于水，里面的含硫微粒种类比较多，真的是二氧化硫分子起漂白作用吗？

生：不一定。

师：那可能是谁在起作用呢？我们来看一个阅读材料。大家请看 PPT，分析一下。

（学生讨论，并分析。）

生：亚硫酸根离子。

师：是的，虽然我们习惯性地说二氧化硫具有漂白性，但其实是二氧化硫与水反应生成的亚硫酸及亚硫酸根离子具有漂白性。所以，科学研究中多问为什么，有助于我们深入了解相关知识。

师：好了，同学们，我们这节课也接近尾声了，大家通过本节课的学习，了解了二氧化硫作为食品添加剂有利的一面，所以凡事我们都要看两面。我也想听听人工智能是如何看待二氧化硫的“功”与“过”的。

师：你好，我是华二临港奉贤分校的姚老师，我想知道，你是如何看待二氧化硫的“功”与“过”的。

人工智能 APP：姚老师您好，很高兴能够参与到对二氧化硫的讨论中。对于二氧化硫，我们确实需要从一个思辨的角度来看待它，因为它既有有用的一面，也有有害的一面。有用的一面如下：

（1）漂白剂：二氧化硫是中国允许使用的还原性漂白剂，可用于木材、纸张、毛、丝、藤编等物的漂白，也能对食品进行漂白，同时对植物性食品内的氧化酶有强烈的抑制作用。在食品领域，二氧化硫在葡萄酒和果酒中的应用尤其广泛，其最大使用量有明确规定。

(2) 添加剂：二氧化硫可作为防腐剂、抗氧化剂、护色剂等应用于食品中，如用于水果、蔬菜的保鲜，以及啤酒、葡萄酒的酿造。

(3) 工业原料：二氧化硫是生产硫酸、三氧化硫、亚硫酸盐等的重要原料，同时在有机溶剂、冷冻剂、精制润滑油等领域也有广泛应用。此外，在农药、人造纤维、染料等工业领域中，二氧化硫也发挥着重要作用。

有害的一面：

(1) 大气污染：二氧化硫是大气污染的主要成分之一，是酸雨的主要形成物质，对水生生物、土壤、农作物、建筑物等有害。

(2) 健康危害：二氧化硫对人体健康有严重危害。长期或大量吸入二氧化硫会引起支气管炎、哮喘、肺气肿等呼吸系统疾病，还可能增加肺癌的发病率。此外，二氧化硫还可能对心血管系统、中枢神经系统、消化系统和免疫系统等产生不良影响。

二氧化硫能漂白防腐，是工业好帮手，也会污染空气，对于它的“功”与“过”，得辩证地来看，别让他乱来就行了。

师：同学们觉得人工智能说得怎么样？

生：说得真好，很全面。

师：好，这节课就上到这里，下课。

四、审辨视域下中学化学课程思政教学评析——以“二氧化硫及其性质”的教学为例

为有效落实立德树人的根本任务，我校化学教研组在本学期坚持“三案”教学的基础上，构建基于审辨式思维培养的课堂教学生态。下面将以关于化学学科审辨式“三案”教学的思考、“硫及其化合物”单元导学案设计、“硫及其化合物”单元学习案设计、“硫及其化合物”单元作业案设计四方面为例，介绍我校化学教研组的尝试。

（一）关于化学学科审辨式“三案”教学的思考

化学是一门以研究物质变化规律为主的学科，在课堂上通过化学学科知识的落实，实现宏观辨识与微观探析、变化观念与平衡思想、证据推理与模型认

知、科学探究与创新意识、科学态度与社会责任等核心素养的培养是化学教学的重要任务。因此，如何避免在课堂上重复性地、机械地罗列学科知识，帮助学生层层递进、系统、有条理地搭建学科知识结构，在化学教学中，特别是元素化学教学中，是授课教师必须直面的挑战。

此外，深入挖掘课程思政育人价值，落实立德树人根本任务已经成为当代教师的首要育人使命。在化学这样一门自然科学学科中落实课程思政、学科育德，对教师自身育人意识与育德能力也提出了更高的要求。参考《中小学德育工作指南》，在化学学科的教学中，化学学科的课程思政育人点主要包括：家国情怀与理想信念、科学探究精神、物质观、辩证观、发展观、绿色生活与环保意识以及健康人格的培养。

此外我们还应注意到，“学习”这一学生生活中最经常发生的行为本身所蕴含的丰富的育人价值。因此我们综合贯穿学生学习行为的“预习”“课堂学习”“课后作业”三个环节，形成包含导学案、学习案、作业案在内的“三案”教学，力求通过导学案引导学生梳理相关基础知识、铺设知识结构网络；通过与教学设计相匹配的学习案提高课堂效率，聚焦探究核心问题、突破知识难点；而在作业案的设计中，除了积极巩固所学内容，力求通过高品质开放性或半开放性作业的设置进一步发展学生学科思维。而在这一系列学习过程中高度重视学科内容、拓展知识、呈现形式的设计，给学生足够的思考空间，做到学有所“审”，思而后辨，即落实审辨式“三案”教学。此外我们也通过“三案”教学的落实帮助学生进一步优化课前预习、记录课堂笔记的学习习惯。

（二）“硫及其化合物”单元导学案设计

硫元素作为高中阶段学生接触的第二种非金属元素，在学习硫及其重要化合物之前，学生对以氯为代表的非金属元素，尤其是它在氧化还原过程中的变化有了足够的认识。在“硫元素”单元教学设计中，我们拟充分利用这一学情，即在学生已经具备了对非金属元素性质认识的基础上，通过“类比”氯元素形成对硫元素的预设，通过课堂教学“探究”以落实核心素养的培养，再通过不同非金属元素的性质相似与不同的“对比”，以求帮助学生进一步建立对非金属元素性质的系统性认知。

为了落实这一设想，在导学案设计中，我们引导学生对氢、碳、氧、氯四种元素的原子结构、常见化合、常见化合物三个方面进行归纳整理，以期强化元素性质与结构通过化合价这一重要的表现形式达成一致的观念。同时，在系统学习前呈现硫元素的价类二维图，从而以“点亮各种物质”的形式展开“硫及其化合物”的学习，类比刚完成的氯元素的价类二维图，帮助学生层层递进、系统、有条理地搭建“硫及其化合物”的知识结构，进而落实核心素养的培养。

（三）“硫及其化合物”单元学习案设计

在“硫及其化合物”的教学阶段，我们一方面在教学案中通过简化信息供学生自学以提高课堂效率，提供用以类比的氯元素的相关知识，另一方面展开硫元素的相关内容，例如在第一课时“硫单质”的教学中，类比氯气与金属单质的反应、与碱溶液的反应开展教学；在硫化氢的教学中以二元弱酸为切入点，不仅类比碳酸简化了教学，同时为后续二氧化硫的教学进行铺垫。在第二课时的教学中，类比盐酸、次氯酸的归中反应，进行硫化氢与二氧化硫反应的介绍；在二氧化硫还原性的教学中，引入氧化剂强弱规律简化探究实验设计；在二氧化硫的漂白性教学中，在学案旁白位置引入二氧化硫与氯气二者漂白性的对比以供学生思考。在第三课时的教学中，利用酸的通性简化稀硫酸性质的教学，同时通过相应教学内容的设置，完善浓硫酸吸水性、脱水性、强氧化性的相关教学任务的落实，并在经典反应——铜与浓硫酸的反应的教学中强化“酸性”“强氧化性”两种性质的证据体现。

这样一种与教师教学设计高度匹配的学习案的设计与使用，有效提升了课堂教学效率，能助力学生掌握学习重难点，并完善相关的知识结构。

（四）“硫及其化合物”单元作业案设计

作为学习的重要环节，如何优化作业设计在提升学生学习体验方面具有重要的意义，我校教研组主要从以下四方面尝试提升作业品质。

1. 注重夯实基础

在课时作业中，强调重要教学内容的复习巩固，并结合课堂所学内容，高度关注新情境信息下陌生化学反应方程式的书写，例如硫化氢与氧气、硫化氢受热分解、二氧化硫与双氧水、二氧化硫使高锰酸钾溶液褪色等反应的方程式书写，与授课内容形成互动，有效拓展学习内容。而在单元作业设计中，则鼓励学生基于硫元素价类二维图进行硫元素化学性质的梳理归纳。这些设计高度关注化学思维养成、化学语言应用。

2. 关注难度梯度

在当下学情背景下，如何在高一阶段的作业设计中满足学生不同的学习诉求是我们非常重视的一个问题，在充分考虑学生压力的情况下，我们将作业做了分层设计，共分三层：基础题面向所有同学，聚焦学业水平难度为 1—2 级的知识点落实；为有志愿选考化学专业的同学提供学业水平难度为 3 级的知识点考查；而对学有余力且对化学有浓厚兴趣的同学我们设计了拓展题，除了展现部分对学科思维要求较高的题目，我们还力求用这一方式，呈现更丰富的化学世界，提升学生的探究意识，因此尽可能融入探究元素。同时我们还会针对拓展题目录制相应的解答视频，通过智慧校园平台供同学们学习。

3. 注重课堂延伸

为确保有效落实作业在"教—学—评"中的一体化，我们也在作业设计中关注作业内容与课堂的匹配。例如，在"硫单质"教学中，我们设计了硫化氢的性质探究实验的相关内容，一方面是作为课堂教学的补充，另一方面落实探究性思维的培养。在第二课时的作业设计中，引入了更为细致的对二氧化硫漂白原理的探究实验，让在课堂上意犹未尽的同学在作业中、在他人实验现象的基础上进一步发散思维。在第三课时的作业设计中，我们则在完成浓硫酸性质的教学后，呈现较为活泼的金属锌与浓硫酸反应的探究实验，让学生对实际化学反应的复杂性有更深的认识。

4. 丰富学习内容

为更好地培养学生的阅读能力，拓宽学生的学科视野，提升学生的学习兴趣，完成审辨式"三案"教学的最后一块版图，在单元作业设计的最后，我们向学生推荐了学术期刊《化学教学》中对硫元素相关知识的系统介绍《硫的发展与应用》。

第五节　审辨视域下中学化学课程思政教学的建模与实践(二)

——以"硫及其化合物"的教学为例

华东师范大学第二附属中学临港奉贤分校　西海晶　蔡　炜

一、审辨视域下中学化学课程思政教学的建模

化学是揭示物质本质与变化规律的科学，在中学阶段尤为关键。它不仅是一门能培养学生科学素养和实验技能的重要学科，更是一个实施课程思政教学

的绝佳平台。在审辨视域下，中学化学课程思政教学的建模，旨在通过化学知识的传授，引导学生形成正确的世界观、人生观和价值观，培养其成为具有社会责任感、创新精神和实践能力的时代新人。

审辨思维，即批判性思维，是一种基于逻辑和证据，对信息进行独立分析、评估并作出合理判断的能力。在化学教学中融入审辨思维，不仅能够帮助学生更深入地理解化学原理，还能促进其思维方式的转变，使其学会从不同角度审视问题，养成独立思考的习惯。

课程思政是指将思想政治教育融入专业课程教学的一种教育理念。

基于以上想法，我们构建了中学化学的审辨式课程思政教学的基本模型（见图 3－8）。

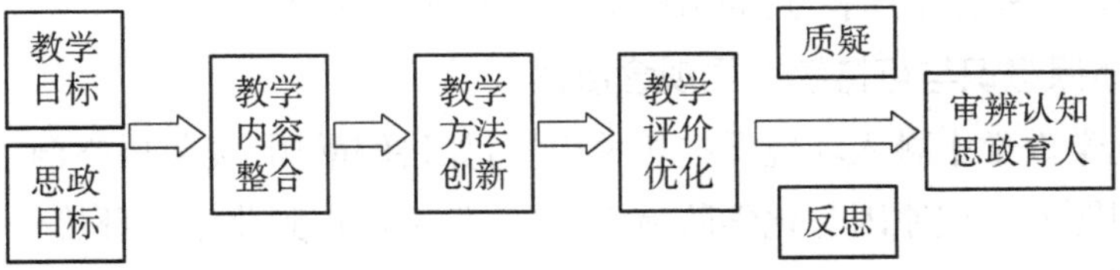

图 3－8　基本模型

在审辨视域下构建中学化学课程思政教学模式，需要综合考虑教学目标、教学内容、教学方法和教学评价等多个方面。以下是一个基于审辨思维和课程思政理念的中学化学教学模式构建思路。

（一）教学目标设定

在设定教学目标时，教师应注重学生的科学素养、审辨思维能力和社会责任感的培养。具体来说，教学目标应包括以下几个方面：一是掌握基本的化学知识和技能；二是学会运用审辨思维分析化学问题和现象；三是树立正确的世界观、人生观和价值观；四是培养创新意识和实践能力。

（二）思政目标设定

中学化学教学思政目标设定可以从以下几个方面进行。

1. 科学精神与创新意识培养

通过介绍科学家们不畏艰难、勇于创新的事迹，如门捷列夫发现元素周期律、居里夫人发现镭元素等，引导学生体会科学家们追求真理、勇于突破传统的科学精神，激励学生在学习和研究中敢于提出新观点、新思路，培养学生的创新意识和创新能力。

在化学实验教学中，鼓励学生对实验方案进行优化和改进，培养学生严谨的科学态度和勇于探索的精神，使其明白科学研究需要不断尝试和创新，只有经过反复验证才能得出可靠结论。

2. 情怀与文化自信树立

讲述我国古代在化学领域的杰出成就，如造纸术、火药的发明等对世界文明发展的重大贡献，让学生了解我国悠久的化学历史和灿烂的文化，激发学生的民族自豪感和爱国主义情怀，增强学生的文化自信。

介绍我国现代化学科研工作者在前沿领域取得的突破性成果，如在纳米材料、绿色化学等方面的卓越成就，使学生认识到我国在化学领域正逐步走向世界前列，激励学生努力学习，为祖国的科技发展贡献力量。

3. 环保意识与可持续发展观念渗透

在化学教学中融入环境保护相关内容，如讲解酸雨、臭氧层空洞、温室效应等环境问题的形成原因与化学防治方法，让学生认识到化学与环境保护的紧密联系，培养学生的环保意识和生态责任感。

通过探讨绿色化学理念，如原子经济性、无毒无害原料的使用等，引导学生思考化学工业如何实现可持续发展，使学生明白在追求经济发展的同时必须注重环境保护，树立可持续发展的观念，培养学生的社会责任感和全局意识。

4. 辩证唯物主义世界观塑造

利用化学知识中的对立统一关系，如氧化还原反应中的氧化与还原、化学反应中的正反应与逆反应等，帮助学生理解事物之间是相互依存、相互转化的辩证关系，培养学生用辩证唯物主义的观点看待问题、分析问题的能力。

通过对化学平衡等知识的学习，引导学生认识到事物发展是有规律的，并且在一定条件下可以达到动态平衡，使学生树立尊重客观规律、按规律办事的意识，形成辩证唯物主义的世界观和方法论。

5. 培养科学态度与社会责任感

激发学生对化学学科的浓厚兴趣和探索欲望，培养学生严谨认真、实事求是的科学态度，使其在面对化学问题时保持理性和客观，勇于追求真理。

增强学生的社会责任感，让学生认识到化学科学在解决环境问题、能源危机、保障人类健康等方面的重要作用，树立可持续发展的理念，培养学生为人类福祉和社会进步贡献力量的意识。

（三）教学内容整合

在整合教学内容时，教师应注重将化学知识与现实生活、社会发展相结合，体现化学的实用性和价值。例如，可以将环境污染治理、食品安全检测、新能源开发等热点问题融入化学教学中，引导学生关注社会热点和民生问题；可以将化学史中的经典实验和理论争议作为案例，培养学生的审辨思维能力；可以将化学原理中体现的人生哲理作为话题，引导学生思考人生价值和意义。

（四）教学方法创新

在创新教学方法时，教师应注重采用启发式、探究式、讨论式等多样化的教学方法，激发学生的学习兴趣和主动性。例如，可以通过设置问题情境、引导学生提出问题、组织小组讨论等方式，培养学生的审辨思维能力和团队协作能力；可以通过实验演示、实验操作、实验报告等环节，提高学生的实验技能和科学素养；可以通过案例分析、角色扮演等方式，引导学生关注社会问题和民生需求，培养其社会责任感和创新意识。

（五）教学评价优化

在优化教学评价时，教师应注重多元化和全面性，既关注学生的学业成绩，又重视学生的综合素质和创新能力。具体来说，可以采用以下几种评价方式：一是过程性评价，关注学生在学习过程中的表现和努力程度；二是结果性评价，关注学生的学业成绩和实验成果；三是综合性评价，关注学生的思想品德、科学素养、审辨思维能力、创新意识和实践能力等方面的表现。通过多元化的评价方式，可以更加全面、客观地反映学生的学习情况和成长过程。

总之，审辨视域下的中学化学课程思政教学建模是一个系统工程，需要教师在教学实践中不断探索和完善。通过培养学生的审辨思维能力和社会责任感，我们可以为学生未来的学习和工作打下坚实的基础；通过挖掘化学原理中体现的人生哲理和创新精神，我们可以引导学生形成积极向上的人生态度和价值观念；通过优化教学内容和教学方法，我们可以提高化学教学的针对性和实效性。在未来的教学实践中，我们应继续深化课程思政理念在化学教学中的融入与创新，为培养具有社会责任感、创新精神和实践能力的时代新人贡献智慧和力量。

下面我们以“硫及其化合物”复习课为例，看中学化学课程思政的审辨式教学具体实践。

二、审辨视域下中学化学课程思政教学设计——以“硫及其化合物”的教学为例

设计理念

以新课程理念为引导，以学生的发展为本，采用“小组抢答”“抽签必答”等多样化学习方式，构建“自主、探究、合作”的新型学习模式，进一步提高学生的审辨式思维和学科素养，并对学生进行思政教育。

教学目标

(1) 使学生对硫及其化合物的知识掌握网络化、系统化。

(2) 使学生树立辩证看待化学物质的观念，增强其绿色环保意识与社会责任感，厚植其爱国情怀与文化自信。

(3) 通过“试剂寻踪”实验，培养学生严谨求实的科学态度，落实核心素养的培育。

学情分析

高一第一学期的化学课程，由于硫及其重要化合物相关的化学实验较多，实验现象也丰富多彩，与生活实际联系也相对密切，所以学生学习硫及其重要化合物的兴趣较浓，学习比较认真，基础知识比较扎实。高二分科后由于时间间隔长导致遗忘，加上知识零碎，没有系统性进行整理，因此复习的时候主要是把前面零碎的知识按照一定的规律进行系统整合，同时在复习的过程中，重视学生的动手与动脑，避免教师复习一头热、学生只听不练，达不到复习的效果，所以我们采用课前填写导学案、课上采用“小组抢答”和“抽签必答”形式，突出学生的主体性，帮助学生去构建知识网络。

教学重难点

(1) 教学重点：硫及其化合物各代表物性质的综合运用。

(2) 教学难点：运用化学知识解决实际问题。

教法与学法

(1) 教法：情景教学、学案导学、交流讨论及多媒体辅助法，并结合小组抢答、抽签必答、巅峰对决等多样化教学模式。

(2) 学法：自主学习、探究学习、合作学习。

教具

多媒体、导学案、扑克牌。

教学过程

教学过程如表 3－2 所示。

表 3－2 教学过程

<table>
<tr><th>教学环节</th><th>教学内容</th><th>教师活动</th><th>学生活动</th><th>设计意图</th></tr>
<tr><td>网络歌曲激趣导入</td><td>播放“硫及其化合物”（稻香版）网络歌曲</td><td>听、唱</td><td>听、唱</td><td>帮助学生整理知识点，激发学生的学习兴趣</td></tr>
<tr><td rowspan="4">审辨复习课程思政</td><td>硫与传统文化</td><td>板书、计分</td><td>同学代表带领复习并提出一个问题，其他三组抽到签的同学抢答</td><td>厚植爱国情怀与文化自信</td></tr>
<tr><td rowspan="2">二氧化硫的“功”与“过”</td><td rowspan="2">提问：
二氧化硫的“过”
二氧化硫的“功”
展示 PPT
计分
【情境对接 1】你认为减少酸雨产生的途径和可采取的措施有哪些？
【追问】减少酸雨的产生，你还有哪些措施？
提问
展示 PPT
计分
【情境对接 2】自然硫循环 生态促发展</td><td>同学代表带领学生复习二氧化硫和三氧化硫相关知识并提出问题
抽签必答
小组抢答</td><td>1. 通过对二氧化硫的“功”与“过”的探讨，对学生进行“两点论”的辩证唯物主义教育
2. 提高绿色环保意识，增强社会责任感</td></tr>
<tr><td>同学代表带领学生复习硫酸、硫酸盐相关知识并提出问题
抽签必答
小组抢答</td><td>培养学生的生态平衡理念和可持续发展思想</td></tr>
<tr><td>试剂寻踪</td><td>提问
展示 PPT
计分</td><td>小组合作探究</td><td>使学生大胆猜测、勤于思考、乐于探索，培养审辨思维</td></tr>
<tr><td>小结</td><td>课堂小结</td><td></td><td>学生小结</td><td>提高学生的归纳整合能力和语言表达能力，渗透思政目标</td></tr>
</table>

(续表)

教学环节	教学内容	教师活动	学生活动	设计意图
学以致用	抢答题	展示 PPT 投影 计分	小组抢答	充分调动学生学习的积极性
当堂检测	风险题	展示 PPT 计分	选题 答题	1. 充分调动学生的积极性,构建新型学习模式; 2. 让学生在练习中感受合作的乐趣和成功的喜悦
巅峰对决	四组的组长课前把本组组员想考其他组的题汇总,选出一道对方应该不会的,在“巅峰对决”中由组长到讲台提问		提问 回答	1. 构建“自主、探究、合作”的新型学习模式,进一步提高学生的科学素养; 2. 让学生进行深度的思考,培养他们分析、解决问题的能力
公布对决结果	根据黑板上的得分情况确定得分最高的组,可以在得分最低的组中点选任意一名同学在下节课的课前表演节目	公布对决结果		1. 提高学生学习的积极性的同时也可让学生们一展才华 2. 活跃课堂气氛
作业	作业案			巩固提升本节知识点

板书设计

硫及其化合物板书设计(见图 3-9)。

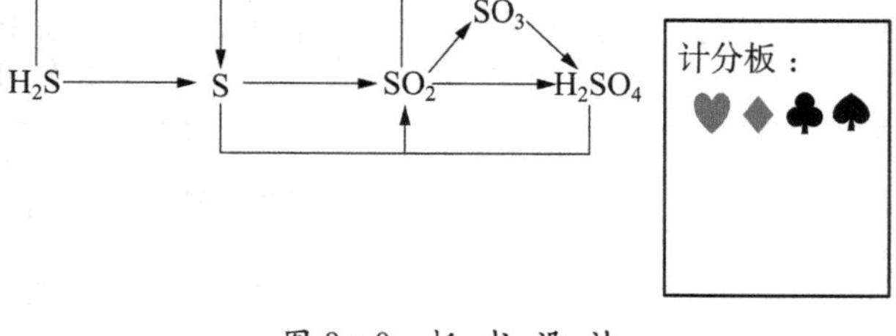

图 3-9 板书设计

三、审辨视域下中学化学课程思政教学实录——以"硫及其化合物"的教学为例

师：同学们，我们这节课来复习硫及其化合物。请同学们先观看一段视频。课前请同学们进行了资料查阅，现在请各小组派一名代表上台展示。

生：中国古代人民认为放鞭炮可以驱邪避灾的原因是硫磺在爆炸时产生的二氧化硫有一定的杀菌消毒作用。在工业生产中硫也有广泛的作用，比如在冶金领域，硫可以与金银铜铁化合；在纺织印染方面，埃及人用硫燃烧形成的二氧化硫漂白布匹；古希腊和古罗马人也能熟练地使用二氧化硫来熏蒸消毒和漂白。现在我想问大家一个问题：请问硫对于制作橡胶有什么作用？请大家抢答。

生：硫在橡胶生产中起硫化作用，是因为硫通过交联可以形成硫桥，然后使橡胶更耐磨、更耐用。

师：这个问题还是很有难度的，看来我们第一组同学确实下了不少功夫，请同学们给他们掌声。我们的古人很早就研究了硫元素，我们现在更应该把这种精神发扬光大，利用好我们的现代知识。硫还有哪些工业上的应用？除了制硫酸，还能制化肥、火柴及杀虫剂之类，其实还有很多应用，它是我们工业上的一个支柱产业。

师：接下来看硫化氢，请第二组代表上台。硫化氢中的负二价是硫的最低价态，它具有强还原性，要注意硫化氢与氧气会发生反应，还有与氢氧化钠反应时候的量的问题。硫化氢虽然具有剧毒，但是它也是一种工业原料，你们要辩证地去看待。

师：有什么问题吗？提出来一个问题就可以，没同学提问的话，我来提问：请写出用硫化氢做弱酸制强酸的方程式。

生：硫化氢通入硫酸铜溶液中，生成强酸硫酸，同时生成难溶于酸的黑色沉淀硫化铜。

师：那我们刚才第一步有个同学介绍说硫的化合价既可以升也可以降，比如说是不是可以生成二氧化硫，那我们再看二氧化硫有哪些性质？第三组同学来说一说二氧化硫和三氧化硫。

生：二氧化硫中，硫是正四价的，它属于中间价态，所以它既有氧化性，也有还原性。要注意硫在过量的氧气中，不管怎么来说，它都不可能生成三氧化硫。

然后就是二氧化硫和三氧化硫之间的转化是可逆的。

师:接下来我们抽签提问,五号。请问在红酒里面加入二氧化硫的三个作用是什么?杀菌、消毒,还有一个作用是什么?

生:它是一个强还原剂,然后可以使红酒中的物质免于被氧化而保存得更久。

师:我总结一下,二氧化硫有三个作用,即杀菌、消毒、抗氧化。这是因为二氧化硫有什么性?

生:还原性。

师:那刚才同学没有提三氧化硫,我们平时做题的时候要注意什么?三氧化硫是不是气体?那三氧化硫和什么反应能生成硫酸?对,和水反应生成硫酸。那二氧化硫呢,如何能变成硫酸?

生:加双氧水。

师:很好,为什么想到直接加双氧水?从物质类别的角度来说,我们应该加入什么?

生:氧化剂,使硫从正四价升高到正六价。

师:关于二氧化硫,刚才同学提到红酒里面可以放二氧化硫,那二氧化硫其实一提到它,我们就会想到它既有"功"又有"过"。那我们先说一下二氧化硫的"过",你觉得有哪些?不用举手直接回答就行。

(学生踊跃回答。)

师:有毒。很好!有毒气体,刚才有同学提到最后会污染环境,其实二氧化硫主要还是形成酸雨。那我们再说一下二氧化硫有什么"功"?

生:漂白作用、抗氧化,还有工业提溴。

师:很好,有同学提到工业提溴,为了富集溴,我们向粗溴中通入二氧化硫,将其转化为溴离子,而后再用适量氯气氧化为溴。请同学们书写相关的化学方程式。二氧化硫能使品红褪色,是什么特性?是漂白性。你知道它能漂白什么吗?

生:有机质。

师:这回答太标准了,有机质具体指什么?比如咱们知道的有色布条,然后还有可以漂白的一些织物,其实有的时候我们吃的白糖也用它进行漂白。还有一些干果可以用它进行熏蒸。那为什么是熏蒸?不光是漂白,用它熏蒸一下,还起到了杀菌、消毒的作用。

师:冷冻剂是利用到了二氧化硫的什么性质?二氧化硫是什么状态?

生：气态。

师：我们讲它的物理性质的时候就包含易液化这一条，它液化之后，再变成气体的时候就会发生什么？

生：吸热。

师：注意二氧化硫作为抗氧化剂的时候，它虽然可以作食品添加剂，但是残留量不能超标，我们应该严格按照国家标准合理地使用。像前面歌词中唱的，二氧化硫如果变酸雨污染环境就让人唾弃。但是如果它为社会奉献，这才叫有意义，希望咱们同学也做一个对社会有用的人。

师：我们现在看一下情境对接。刚才提到二氧化硫，我们看这个工厂排放出来的烟特别浓，极有可能造成酸雨危害。为了减少酸雨产生的途径，下列有哪些可采取的措施？请同学们进行分析、讨论。

生：①②⑥、①②⑤⑥……

师：我们就探讨一下，请问⑤和这个途径为什么没有关系？我们的目的是什么？

生：目的是减少二氧化硫的排放！

师：现在排放或污染已经客观发生了，那么无论怎样处理也不能消除。在土壤中加任何物质，也不能消除空气中有的那些污染气体。这其实就是我们绿色化学的理念，绿色化学不是说你先污染之后我们再处理，而是从源头上就杜绝污染源，所以这个⑤是不对的。

师：那我们再看一下，幻灯片上的图片是硫氮循环，那对于自然中的硫循环，看着这幅图你又有何想法？请同学们举手发言。

生1：硫循环是地球长期有效运转的一环，所以它提示人们发展经济不能以牺牲生态为代价。

生2：我觉得可以从生态平衡的理念去看，因为它本来就是自然界中的硫循环，它是平衡的、健康的，但是如果人为去排放一些二氧化硫，然后破坏这个平衡就会造成酸雨这种自然灾害。

生3：在整个循环中，从咱们化学的角度来看，这个硫元素是守恒的，但是我们一定要合理利用资源，不要过度去消费、过度去开发。注意保护我们的环境！

【试剂寻踪】课堂互动环节

师：好，同学们的发言都非常精彩。现在我们进入下一个环节，咱们需要做一个侦探家。小丽同学在实验室发现一个试剂瓶，这个试剂瓶的标签被污染了。你猜它是什么？有没有看出来了的同学？

生1:硫酸钠。

生2:可能是亚硫酸钠。

师:那现在小组讨论一下,我们能不能用实验的方法去搞清楚,这瓶试剂究竟是什么。你觉得要用什么试剂,也可以写在你的实验方案里面。可能不止一种试剂或一种方法。3分钟后请一位同学代表小组汇报你们的实验方案。

师:好,第三组,请发言。

生1:首先我们先分清硫酸盐和亚硫酸盐。亚硫酸盐溶于酸而硫酸盐不溶于酸。硫酸钡不溶于盐酸而亚硫酸钡溶于盐酸,所以我们推断它要么是硫酸钠,要么是亚硫酸钠。我们先向其中加入氯化钡溶液,不管是哪种情况,都会出现白色沉淀。我们再向白色沉淀中加入足量的盐酸,如果白色沉淀消失,则原试剂为亚硫酸钠;如果白色沉淀不消失,则原试剂就是硫酸钠。

师:可以,很不错的方案,大家鼓掌。别的小组有其他的方案吗？第二组请讲。

生:我们想到还可以用硫酸铜溶液去检验,因为亚硫酸铜不溶于水,所以亚硫酸钠与硫酸铜反应会生成沉淀;但如果是硫酸钠和硫酸铜,它是完全不反应的。

生:我还有一个天才的想法。之前我们学过,二价的硫和正四价的硫会归中生成淡黄色沉淀硫单质,那么如果它是亚硫酸钠的话,通硫化氢气体进去,它就会直接沉淀,如果是硫酸钠就不会产生沉淀。

师:非常好,果然是天才想法。

师:这里老师补充一下,理论上正四价的硫可以和负二价的硫归中生成沉淀,同样地,正六价的硫也可以。请同学们想想,正六价的硫与负二价的硫发生的反应具体是什么？

生:浓硫酸将硫化氢氧化成硫单质。

师:对,很好,理论上两种归中反应都能发生。但在实际情况下,只有浓硫酸可以氧化硫化氢,而稀硫酸不行,从硫酸钠溶液出发,不能制备得到浓硫酸,所以上面同学提到的方案确实可以进行鉴别。请同学们再思考思考,还有别的方案吗？

生:亚硫酸钠溶液可以使酸性高锰酸钾溶液褪色,而硫酸钠溶液不行。

师:很好,这是利用了什么性质的差异？

生：亚硫酸钠的还原性。

师：其实啊，同学们，鉴别它们两者的实验方案还有很多，条条大路通罗马，不要被老师画出的框图所限制。更多的实验方案，请同学们课后再去搜集资料并讨论。现在我们对这节课的主题进行一个小结。请同学们谈一谈，在这节课上，你有什么样的收获。

生1：我们学习了硫在生活中的各种应用，从古代到现在，然后还学习了硫的化合物和它们直接的转化关系。

师：好，这是你的收获，很好，还有吗？

生2：这节课增强了我们的环保意识，通过这节课我更加意识到人类活动和环境变化是息息相关的。我们知道在自然界里面硫是守恒的，我们要学会合理地利用自然界的资源。

师：生产时硫元素其实会被经常利用，如果我们在长大以后参加化工方面的工作的话，需要注意绿色环保。

师：这节课增加了我们的环保意识，非常好！这个就跟前面说的一样，就是二氧化硫，虽然它会导致酸雨，但是它也可以作为冷冻剂，还有杀菌消毒作用，就是说一个事物，你从不同角度看它，会有不同的作用。所以我们要辩证地看待一个事物，不能太偏颇，而应当辩证地看待问题。同学们，我们这节课到此结束，感谢大家的积极参与，下课！

四、审辨视域下中学化学课程思政教学评析——以“硫及其化合物”的教学为例

在新时代的教育背景下，中学化学课程不仅承载着传授科学知识的重任，更承载着培养学生科学精神、道德情操与社会责任感的重要使命。课程思政作为一种创新的教育理念，旨在将思想政治教育融入专业课程之中，实现知识传授与价值引领的有机统一。本文以复习课“硫及其化合物”为例，从审辨视域出发，探讨如何在中学化学课程中有效实施课程思政教学，促进学生全面发展。

本节课非常重视学科思政的落实，其一是在课程开始环节与课程小结中融入了丹砂等中华优秀传统文化素材，做到了首尾呼应，深入挖掘了化学学科价值；其二是突出物质的用途与价值，并帮助学生树立环保意识与可持续发展理念。本节课在教学组织形式上也富有亮点，打破了传统复习课的模式，将学生分为四个小组，分别承担不同的知识梳理与整合任务，学生自主搜集资料并进

行课堂汇报、组间提问与抢答，充分调动了学生主动学习、自主学习的积极性，让学生成为课堂的主人。分组抢答方式也促进了学习小组之间的合作交流，推动了组间的思想碰撞与认知互动。我国冶金工业中有大量二氧化硫尾气产生，而目前我国硫酸工业的生产原料主要来自冶金尾气，如能将两个知识情境串联起来，让学生探索由环境污染物生产战略物质的合理路径，可以更好地落实课程思政。

（一）审辨思维与课程思政的融合路径

审辨思维，即批判性思维，是指个体在面对信息时能够理性分析、独立思考、质疑求证，并做出合理判断的能力。在化学课程中融入审辨思维，不仅能够提升学生的科学素养，还能为课程思政教学提供新的视角和方法。

1. 以问题为导向，激发审辨意识

在“硫及其化合物”复习课中，教师首先通过一条精心设计的问题链，引导学生回顾硫元素的基本性质、化合物的种类及其在自然界和工业生产中的应用。例如，“二氧化硫为何被视为大气污染物？其对人体健康和生态环境有哪些具体影响？”这样的问题不仅触及化学知识本身，更隐含着对环境保护意识的唤醒。学生在寻找答案的过程中，自然而然地产生了对环境保护重要性的审辨思考，形成了初步的环保责任感。

2. 案例分析法，深化审辨理解

教师选取某工厂排放污染物导致二氧化硫超标引起酸雨的典型案例，通过课堂练习，组织学生进行小组讨论。通过案例分析，学生不仅要分析问题的成因、影响，还要探讨可能的解决方案。这一过程中，学生不仅要运用化学知识，还需结合社会、经济等多维度因素进行考量，从而培养了综合分析能力和决策能力。同时，案例中的成功治理经验也使学生认识到，科技进步与政策支持是解决环境问题的关键，激发了他们投身科学研究的热情和社会责任感。

3. 实验探究，强化审辨实践

实验是化学教学的重要组成部分，也是培养审辨思维的重要途径。在复习课上，教师可以设计一系列与硫及其化合物相关的实验，如二氧化硫的制备与性质检验、含硫废水处理实验等。实验前，让学生预测实验现象，设计实验方案，并讨论可能的实验误差及来源；实验中，鼓励学生细致观察，准确记录；实验后，组织学生分享实验成果，反思实验过程中的得失。通过这一系列环节，学生

不仅掌握了实验技能，更重要的是学会了如何在实践中发现问题、分析问题、解决问题，培养了严谨的科学态度和实事求是的精神。

（二）“硫及其化合物”复习课中的课程思政实践

将课程思政理念融入“硫及其化合物”复习课，旨在通过对化学知识的学习，引导学生树立正确的世界观、人生观、价值观，培养他们的社会责任感、创新精神和实践能力。

1. 环保意识的培养

在复习硫的氧化物时，教师不仅讲解二氧化硫、三氧化硫的化学性质，还深入剖析它们对环境造成的危害，如酸雨的形成、空气质量的恶化等。通过播放相关纪录片、展示数据图表等，让学生直观感受环境污染的严峻形势，激发他们的环保意识。同时，引导学生思考个人在减少污染、保护环境方面能做的努力，鼓励他们从日常小事做起，如减少化石燃料的使用、支持绿色出行等，将环保意识转化为实际行动。

2. 科学精神的弘扬

化学是一门实验科学，其发展离不开科学家们的探索精神和创新精神。在复习课上，教师可以讲述硫及其化合物研究领域内的重要发现和科学家的故事，如普里斯特利发现氧气、拉瓦锡研究燃烧现象等，让学生感受科学家不畏艰难、勇于探索的精神风貌。同时，结合当前化学研究的热点问题，如新能源的开发、环境污染的治理等，鼓励学生树立远大理想，敢于质疑、勇于创新，为实现科技自立自强贡献力量。

3. 社会责任感的塑造

化学与人类社会的发展息息相关，化学知识的学习不仅是为了个人的成长，更是为了更好地服务社会、服务人民。在复习课上，教师可以通过讨论硫及其化合物在农业、医药、材料科学等领域的应用，让学生认识到化学知识在促进社会进步、改善人类生活方面的重要作用。同时，引导学生关注化学安全问题，如化学品的安全使用、危险化学品的储存运输等，培养他们的安全意识和责任感。此外，教师还可以结合时事热点，如流感下的消毒剂使用、食品安全问题等，引导学生思考化学知识在应对公共卫生危机中的作用，激发他们的社会责任感。

（三）审辨视域下课程思政教学的挑战与对策

尽管审辨视域下的课程思政教学在理论层面具有诸多优势，但在实际操作过程中仍面临不少挑战，需要采取有效对策加以应对。

1. 挑战一：教学内容与形式的创新

审辨思维的培养和课程思政的融入要求教学内容和形式不断创新，以适应学生多样化的学习需求。然而，传统化学课程往往侧重于知识的传授和技能的训练，忽视了对学生思维能力和价值观的培养。此外，教学方法单一、教学手段陈旧也是制约课程思政教学效果的重要因素。

对策：教师应积极更新教学理念，注重教学内容的整合与拓展，将化学知识与社会科学、人文科学等多领域知识相融合，形成跨学科的教学体系。同时，探索多样化的教学方法和手段，如项目式学习、翻转课堂、虚拟实验等，激发学生的学习兴趣和主动性，促进学生审辨思维的发展。

2. 挑战二：教师专业素养的提升

审辨视域下的课程思政教学要求教师具备较高的专业素养和思想政治素质。然而，当前部分化学教师在审辨思维培养、思想政治教育等方面的知识和能力相对不足，难以胜任课程思政教学的重任。

对策：学校应加强对化学老师的培训和支持力度，通过举办讲座、研讨会、工作坊等形式，提升化学老师的专业素养和思想政治素质。同时，鼓励教师开展教学研究和改革实践，探索适合本校学生特点的课程思政教学模式和方法。

3. 挑战三：学生认知差异的关注

学生之间存在认知差异和学习需求的不同，这给审辨视域下的课程思政教学带来了挑战。如何确保每位学生都能在化学课程中获得审辨思维的培养和思政教育的熏陶，是教师需要思考的问题。

对策：教师应充分了解学生的学习特点和需求，采用差异化教学策略，为不同层次的学生提供个性化的学习资源和指导。同时，建立有效的反馈机制，及时了解学生的学习进展和困难，进而调整教学策略和方法，确保每位学生都能在化学课程的学习中实现全面发展。

（四）结语

审辨视域下的中学化学课程思政教学是一项系统工程，需要教育者不断探索和实践。通过以问题为导向激发审辨意识、用案例分析法深化审辨理解、用实验探究强化审辨实践等路径，可以有效提升化学课程的思政教学效果。同时，面对教学内容与形式的创新、教师专业素养的提升、学生认知差异的关注等挑战，教育者应采取积极对策加以应对。只有这样，才能培养出既具备扎实化学知识又拥有高尚道德情操和社会责任感的优秀人才，为国家的繁荣富强和人类社会的进步发展贡献力量。

第六节 审辨视域下中学思想政治课程教学的建模与实践
——以“在实践中追求和发展真理”教学为例

华东师范大学第二附属中学临港奉贤分校 张 锋

一、审辨视域下中学思想政治课程教学的建模

何为审辨式思维？我的理解就 12 个字：“不懈质疑，包容异见，力行担责。”“不懈质疑”就是不迷信权威的说法，会用自己的头脑独立地进行思考，这是一个审问、慎思、明辨、决断的过程。“包容异见”是指会“双向质疑”，既质疑他人，也质疑自己，正是由于质疑自己，才会包容异见。具有审辨式思维的人还有一个特点，就是面对复杂、艰难的选择，他会勇敢地、果断地做出自己的选择并付诸行动，即“力行担责”，也是《中庸》中所说的“博学之，审问之，慎思之，明辨之，笃行之”。

当前已进入人工智能（AI）时代，借助 AI 技术获取知识和生成特定文本越来越容易。所以最重要的已经不再是掌握多少既定的知识，而是具备高阶的思维水平，对信息的重要性做出判断，在各种可能的候选方案中快速做出自己的抉择，而审辨式思维正好具有这个特点。具有审辨式思维是创新型人才的重要特征，它是创造的源泉，更是追求和发展真理的基础。

思政课程是立德树人的主阵地，而高中思政课程担负着塑造学生世界观、人生观、价值观的任务，但是从小学开始，到高中，学生听到的说教太多了，早已经自动生成“防火墙”。那怎么才能更好地发挥我们思政课程的德育主阵地作用呢，不如让学生质疑，在思辨中获得正确的认识，在审辨过程中加入情感价值体验，在质疑后的验证中信服，这可比空洞的说教效果好太多了。基于以上三点，聚焦思想政治学科素养，改变传统的思政课程流程，构建新的思政课程流程，构建新的审辨式教学模型就非常有必要了。培养审辨式思维，既是坚持立德树人、落实新课标的需要，也是突破当前思政课程教学现实困境的迫切需要。要在课程上发展学生的这种思维，就需要强化学生的质疑精神、论据意识，让他

们从多维度、不同价值取向等看问题，通过情境体验，引导学生正确看待、辩证认识、理性分析现实问题，辨明大是大非，从而形成正确的世界观、人生观、价值观。

以高中思想政治必修四“在实践中追求和发展真理”课堂教学为例，传统的课堂注重对知识的传授，解决了知识问题，没有解决“心灵”的问题，没有让学生明白在实践中追求和发展真理的意义，没有树立实践第一的观点。为了让学生更好地理解在实践中认识和发现真理，在实践中检验和发展真理，本课设计以中国国际高新技术成果交易会、人工智能等科技发展的最新成果为背景材料融入课堂，设置议题让学生了解这些最新的科技发展成果，在审辨式思维训练中形成对人工智能发展的正确态度，培养科学精神和创新意识，增强“四个自信”。

基于以上想法，我们建构了审辨视域下中学思想政治课程教学的基本模型（见图 3-10）。

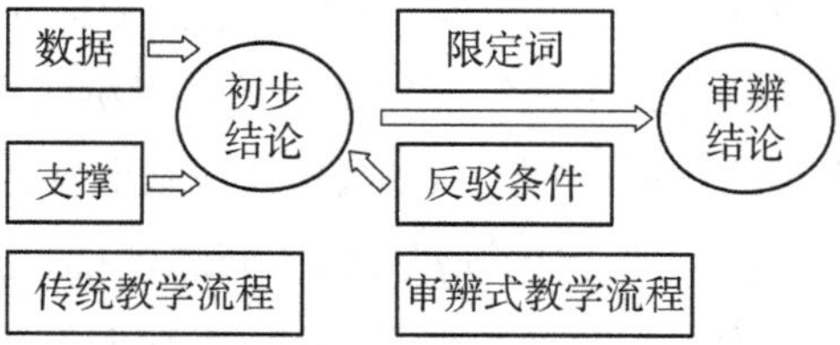

图 3-10 基本建模

二、审辨视域下中学思想政治课程教学设计——以“在实践中追求和发展真理”为例

学习目标

(1) 理解真理最基本的属性是客观性，明确真理的条件性、具体性，在探索真理的过程中，要正确地认识和改正错误，不断培养科学精神。

(2) 懂得认识具有反复性，认识到追求真理的过程不是一帆风顺的；理解认识的无限性，明确人类认识是无限发展的，追求真理是一个永无止境的过程。要树立追求真理的信念和勇气，培养公共参与核心素养。

(3) 牢固树立实践第一的观点，明确在实践中认识和发现真理，在实践中检验和发展真理，是我们不懈的追求和永恒的使命。

学习过程

【课堂导入】检查导学案掌握情况，导入新课。

总议题：从人工智能的发展历程中解读真理。

学习任务一：从对人工智能的态度中认识真理是客观的。

学习活动1：

（1）让同学们根据导学案的内容，介绍本节课的主要内容，了解同学们的预习掌握情况。

（2）检验理解效果。

议一议：判断哪些是真理，哪些不是真理？为什么？

① 物质决定意识，意识是对物质的反映。

② 规律是客观的，人们能充分发挥主观能动性去改造规律。

小组交流，然后发言。

总结出真理的概念：真理是人们对客观事物及其规律的正确反映，是标志着主观同客观相符合的哲学范畴。

学习活动2：

你了解ChatGPT吗？2023年，ChatGPT火爆全网，它能够通过学习和理解人类的语言来进行对话互动，并协助人类完成一系列任务。不同于以往的AI形象，ChatGPT可以结合上下文语境用拟人语气和你互动，甚至可以从事写代码、写脚本、制定商业提案等之前需要人来完成的工作。

ChatGPT-4是基于OpenAI的GPT-4架构构建的高级语言模型，它可以理解和模拟人类的语言和交流模式，但没有真正的情感。ChatGPT-4认为自己是一个工具，用于回答问题和提供信息，不能取代人类的创造性情感连接和真实的经验。意识的概念在科学和神学中有不同的解释，ChatGPT-4没有意识，只是根据编程和数据进行响应。

观点1："裁掉人工，雇佣AI"，ChatGPT开始替代人类。

观点2：ChatGPT具有人的意识。

观点3：ChatGPT延伸了人的认识器官，提高了人们的认识能力。

学生讨论后发言：

（1）你同意这三种观点吗？尝试分析三种观点是否正确并说明理由。

（2）你对人工智能的发展持什么态度？为什么对同一事物有不同认识？

尽管人们对人工智能的发展有不同的态度，但是“人工智能利大于弊的事实”，是不以一些人的态度而改变的，人工智能在争议中不断往前发展，这说明真理具有什么属性？

学习活动3：质疑（难点）

审辨式思维训练1：

联系具有客观性、规律具有客观性、物质具有客观实在性等，真理属于认识范畴，为什么会有客观性呢？

小组讨论交流，然后发言，引导同学们理解真理的客观性。教师进行总结展示，解决本节课的教学难点问题。

（从真理的含义、真理的客观性、检验真理的标准等三个方面分析）

学习任务二：从“人工智能对人类有利的判断”中认识真理是具体的、有条件的。

大型语言模型ChatGPT在中外各大媒体平台掀起了一阵狂热之风，ChatGPT将给信息产业带来颠覆性的变革。

ChatGPT能自主学习互联网上的自然语言数据，训练出语言模型。人类对它的使用越多，它的进化便越快。写代码、写脚本、做作业、写论文、制定商业提案、创作诗歌故事甚至检查程序错误等都变得易如反掌……这也让很多人高呼“打工人的饭碗保不住了”。与此同时，输出内容出现错误、编写假新闻、误导用户、信息泄露……ChatGPT也频频陷入争议，背后的内容治理、版权制度、科技伦理等人工智能的“老问题”再度显现。

你认为，“ChatGPT对人类发展有利”是真理吗？

审辨式思维训练2：

（1）ChatGPT符合当代社会趋于便捷、高效发展的实际特点——“ChatGPT对人类发展有利”是真理。

（2）ChatGPT被用于违法犯罪活动，给整个社会带来更大的风险——“ChatGPT对人类发展有利”是谬误。

（3）ChatGPT技术不断与时俱进得到发展，符合时代进步和人们实践的需求——“ChatGPT对人类发展有利”是真理。

（4）ChatGPT的弊端没有被克服，随着时代发展，逐步被新的技术所替代——“ChatGPT对人类发展有利”是谬误。

小组讨论：到底“ChatGPT 对人类发展有利”是不是真理？怎么理解？

学生发言后总结：真理是有条件的，任何真理都有自己的适用条件和范围；真理都是具体的，都是相对于特定的过程来说的，都是主观与客观、理论与实践的具体的历史的统一。

审辨式思维训练 3：

质疑书本知识（权威）

学习活动 4：

（1）教材上表述真理的条件性和具体性表明，真理和谬误往往是相伴而行的，是不是真理中包含着谬误，谬误中包含着真理呀？

（2）你能不能尝试着总结真理和谬误的关系？（试试用刚学过的矛盾的观点）

（学生讨论后发言）

知识总结：真理和谬误既对立又统一。对立，二者的对立在一定范围内是绝对的，界限是确定的，不容混淆的；统一，但二者在一定条件下又是可以相互转化的。（这符合辩证法矛盾的观点）

学习任务三：从人工智能发展的历程中学习追求真理是一个过程。

学习活动 5：

情景材料一：2024 年 11 月 14 日至 16 日，第二十六届中国国际高新技术成果交易会（以下简称“高交会”）在广东深圳举行。在这个素有“中国科技第一展”的展会上，来自全球 100 余个国家和地区的约 5000 家知名企业与国际组织前来参加，集中展示的科技成果让观众大饱眼福。

机器人集中大秀。一辆形如小坦克的消防灭火侦察机器人，能以每秒 1.8 米的速度快速行进，不仅耐高温，还能检测出七八种有毒气体，让观众啧啧称赞。一款双臂花式调酒场景机器人，正用灵巧的手臂旋转、摇晃、抛接，进行花式调酒。

在高交会福田展馆，汇聚了普宙科技、大象机器人、和意精工、中煤科工等人工智能全产业链的企业机构，机器人服务员、咖啡师、宠物……各种机器人令人目不暇接。自动载人飞行器，无人机、无人车、无人船……智能驾驶技术遍布“海陆空”。上天、入地、探海，全方位、多角度地呈现“AI＋智能制造”将会给未来生产、生活带来的全新改变。

情景材料二：人工智能的发展经历了三次浪潮。（见图 3－11）

人工智能的发展历程表明我们在追求真理的过程中呈现出什么特点？为什么？

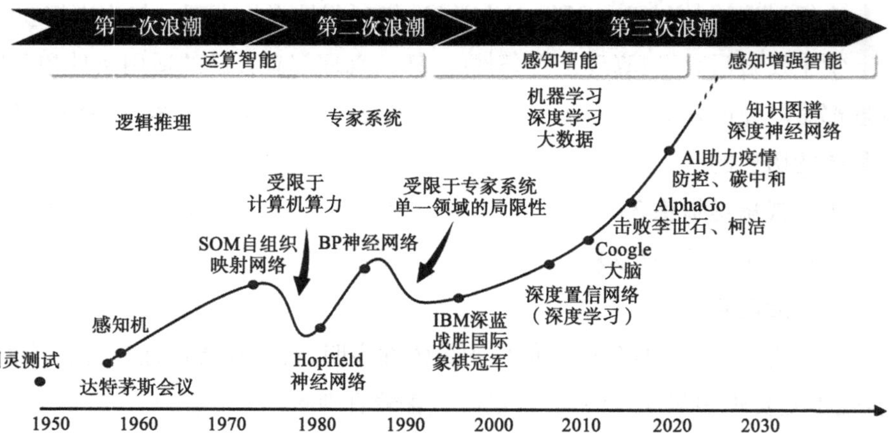

图 3-11　人工智能的发展经历了三次浪潮

小组交流后展示。

结合结论，总结知识点：系统阐述认识的反复性、无限性和上升性，依次分析原因并得出结论。

学习活动 6：谈收获和感受。

（1）让学生明白，真理是客观的，是不以人的意志为转移的，是具体的，有条件的，既要培养科学严谨的人生态度，又要敢于质疑，提出自己的不同见解。

（2）树立实践第一的观点，不迷信书本知识，不迷信权威，大胆质疑，在实践中认识和发现真理，在实践中检验和发展真理，同时包容不同的观点、理念。

作业设计（见作业案）。

板书设计（见图 3-12）。

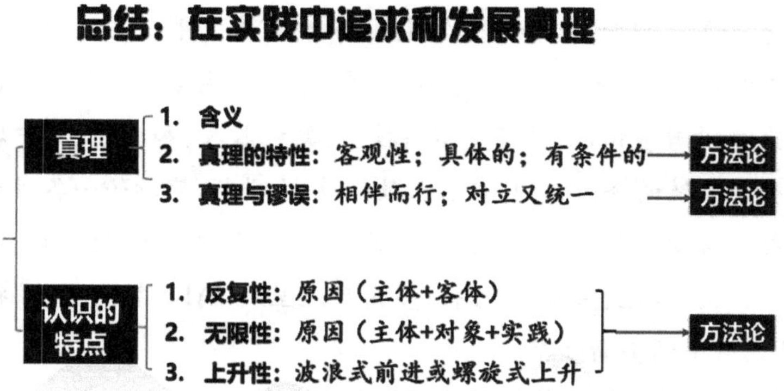

图 3-12　板 书 设 计

三、审辨视域下中学思想政治课程教学实录——以“在实践中追求和发展真理”为例

师：上节课我们学习了实践是认识的基础，明白了实践是认识的来源和认识发展的动力，实践不断推动人的认识向前发展。在这里需要注意“实践是认识的来源”和“实践是认识发展动力”的不同，哪位同学说说二者的不同？

生：我的理解是“实践是认识的来源”仅仅说在实践中获得对客观事物的认识，“实践是认识发展的动力”强调的是“认识向前深化和发展”。

师：这位同学理解得非常好，说明上节课听得很认真。这节课我们继续学习。同学们，我们的口号是什么？

全体学生：不预习不上课。

师：同学们把学习案拿出来，我们来看学习活动1，我找同学根据导学案的内容，介绍本节课的主要内容，了解一下预习效果。刘××同学，你说一下本节课主要讲了哪些问题。

刘××：本节课主要讲了什么是真理，真理是客观的、具体的和有条件的，追求真理是一个过程，是一个具有反复性和无限性的过程。

师：不错，基本上把握了本节课的知识框架，那再检验一下理解的效果，小组议一议：哪些是真理，哪些不是真理？为什么？然后发言。

生：根据真理的含义，真理是人们对客观事物及其规律的正确反映，是标志着主观同客观相符合的哲学范畴。可以判断出“物质决定意识，意识是对物质的反映”是真理，是对客观情况的正确反映。“规律是客观的，人们能充分发挥主观能动性去改造规律”不是真理，因为是对客观实际的错误反映。

师：很好，同学们已经会用真理的概念来判断一个认识是不是真理，真理的含义就是标志主观同客观相符合的哲学范畴，是人们对客观事物及其规律的正确反映。与客观对象相符合的认识就是真理，不相符合的就是谬误。

下面我们来进行学习活动2，观看视频，展示情景材料，出示3个观点。

观点1：“裁掉人工，雇佣AI”，ChatGPT开始替代人类。

观点2：ChatGPT具有人的意识。

观点3：ChatGPT延伸了人的认识器官，提高了人们的认识能力。

现在请小组讨论后发言：

(1) 你同意这三种观点吗？请尝试分析这三种观点是否正确，并说明理由。

(2) 你对人工智能的发展持什么态度？为什么对同一事物有不同认识？

生：观点 3 符合实际情况，是对客观事物的正确反映，是真理，观点 1 和观点 2 不符合客观事实，是对客观事物及其规律的错误反映，不是真理。我对人工智能的发展持谨慎态度，它带来了一系列的社会问题，比如，人工智能自动获取我们的一些资料，没有隐私了，信息也不安全了。

生：我认为人工智能的发展是对人类有利的，它的发展在我们今天有着广泛的应用，比如用它可以代替我们去做一些人类不能做到的任务，从事一些我们人类受到身体限制而无法完成的工作，如深海工作、高温工作等。

师：那为什么对同一事物有不同的认识呢？

生：因为人们的立场、观点和方法不同，知识结构、认识能力和水平也不同，所以对同一对象有很多不同的认识。

教师点拨：尽管有不同的态度，但是“人工智能利大于弊的事实”，是不以一些人的态度而改变的，人工智能在争议中不断往前发展，这说明真理具有什么属性？

生：真理具有客观性。

师：(质疑)大家是不是有疑问了，真理属于认识范畴，我们之前讲的物质具有客观性、规律具有客观性、联系是客观的，我们现在接触到的具有客观性的很多是属于物质范畴，那为什么真理具有客观性呢？怎么理解呢？请看学习案上的学习活动 3，这个知识点是我们本节课的一个难点。小组讨论交流，然后发言。

生：从真理的含义上看，真理是标志着主观同客观相符合的哲学范畴，这一点不以人的认识不同而转移，从这一点上看，真理是客观的。

师：除了从本节课学习的知识角度来理解，上节课中学习的一个知识点也可以辅助理解真理的客观性，请大家思考后发言，可以讨论。

生：上节课我们学习了“实践是检验真理的唯一标准”，从真理的检验标准上看，实践作为检验认识真理性的唯一标准具有客观物质性，在实践中把指导自己实践的认识和实践所产生的结果进行对照，能够正确指导人们进行实践的，就是正确的认识，就是真理。

师：同学们运用上节课学习的内容来理解本节课的知识点，这个做到了融会贯通，为刚才发言的小组的同学鼓掌。

教师总结：刚才我们从对人工智能的态度中理解了真理的含义和真理的客

观性，真理面前人人平等。我们完成了第一个学习任务，现在来看学习案上的第二个学习任务：从“人工智能对人类有利的判断”中认识到真理是具体的，有条件的。

出示情景材料，展示问题，你认为，“ChatGPT 对人类发展有利”是真理吗？

这个过程要进行审辨式思维训练，逐个展示问题，并做出判断：

（1）ChatGPT 符合当代社会趋于便捷、高效发展的实际特点——“ChatGPT 对人类发展有利”是真理。

（2）ChatGPT 被用于违法犯罪活动，给整个社会带来更大的风险——“ChatGPT 对人类发展有利”是谬误。

（3）ChatGPT 技术不断与时俱进得到发展，符合时代进步和人们实践的需求——“ChatGPT 对人类发展有利”是真理。

（4）ChatGPT 的弊端没有被克服，随着时代发展，逐步被新的技术所替代——“ChatGPT 对人类发展有利”是谬误。

教师点拨：现在小组讨论，到底“ChatGPT 对人类发展有利”是不是真理？怎么理解？

学生发言后总结：真理是有条件的，任何真理都有自己的适用条件和范围；真理都是具体的，都是相对于特定的过程来说的，都是主观与客观、理论与实践的具体的历史的统一。

审辨式思维训练 3：质疑书本知识（权威）。

师：我们理解了真理是具体的、有条件的，现在大家看课本上说的，真理的条件性和具体性表明，真理和谬误往往是相伴而行的，是不是真理中包含着谬误，谬误中包含着真理呀？你能不能尝试着总结真理和谬误的关系？（试试用刚学过的矛盾的观点）

小组先讨论后发言。

生：真理和谬误相伴而行，但是真理中包含着谬误，谬误中包含着真理，这是错的，真理是真理，谬误是谬误，它们是不同的。

生：真理和谬误既对立又统一。对立，二者的对立在一定范围内是绝对的，界限是确定的，不容混淆的；统一，但二者在一定条件下又是可以相互转化的。（这符合辩证法矛盾的观点）

师：同学们回答得很好，运用了刚学过的矛盾的观点来分析真理和谬误的关系，很准确，大家敢于质疑书本知识，不迷信权威，会辩证思考，这符合辩证法的思维，符合审辨式思政课程的要求。

教师总结：我们刚才学习了真理的特点，理解了真理的客观性、真理是具体的、有条件的，所以我们要正确把握真理适用的条件和范围；随着过程的推移、历史条件的变化而丰富发展完善真理。下面来看学习任务三，从人工智能发展的历程中学习追求真理是一个过程，大家看学习案上的学习活动 5，先看情景材料一和二，然后分组学习和讨论：人工智能的发展历程表明我们在追求真理的过程中呈现出什么特点？为什么？

展示情景材料一和情景材料二。

小组交流后展示：

生 1：从人工智能发展的三次浪潮中，我看到了认识的反复性，人类追求真理的过程并不是一帆风顺的，中间充满着曲折，是前进性和曲折性的统一。原因有两个方面：从认识的主体上看，人的认识受具体实践水平的限制，受自己的立场、观点、方法、知识水平、思维能力等条件的限制；从认识的客体上看，客观事物是复杂的、变化着的，其本质的暴露和展示有一个过程。

师：所以人们对一个事物的正确认识往往要经过从实践到认识、再从认识到实践的多次反复才能完成。

生 2：从高交会和人工智能发展的方向上看，认识具有无限性。可以从三个方面了解：认识的对象是无限的、变化的；认识的主体是时代延续的；作为认识基础的实践是不断发展的。

生 3：从人工智能的发展趋势上看，认识不是圆圈式的循环运动，而是波浪式前进或者螺旋式上升的过程。

师：同学们总结得非常好，基本上把需要掌握的知识概括完了，可以看出同学们预习后再学习，无论是学习效率还是学习效果，都明显提高。所以大家要坚持预习后再学习。

认识具有反复性、无限性、上升性，要求我们与时俱进、开拓创新，在实践中认识和发现真理，在实践中检验和发展真理。

好的，同学们，到这里我们就把本节课的知识点学完了，这节课你有什么收获呢？同学们交流一下，然后小组发言。

教师总结：真理是客观的，是不以人的意志为转移的，是具体的、有条件的，既要培养科学严谨的人生态度，又要敢于质疑，提出自己的不同见解；树立实践第一的观点，不迷信书本知识，不迷信权威，大胆质疑，在实践中认识和发现真理，在实践中检验和发展真理。同时包容不同的观点、理念。

四、审辨视域下中学思想政治课程教学评析——以“在实践中追求和发展真理”为例

在设计理念上，本节课引导学生树立实践第一的观点，坚持与时俱进，开拓创新。为了让同学们更好地理解在实践中认识和发现真理，在实践中检验和发展真理，教学设计以高交会、人工智能等科技发展的最新成果作为背景材料等融入课堂，设置议题让同学们了解这些最新的科技发展成果，理解这背后的科学家的实践探索，培养科学精神、创新精神，增强“四个自信”。同时结合审辨式思政课堂的特点，让同学们在观点碰撞中认识和理解真理的客观性，既要树立科学严谨的科学态度，又要接受、理解和包容不同的观点，既要学习权威的理论、书本上的知识，又要大胆质疑，坚持与时俱进，开拓创新。

本节课中有三个地方进行了审辨式思维训练：一是在理解真理的客观性这个知识点上，引导学生进行质疑，真理属于认识，怎么理解它的客观性呢？二是在判断“ChatGPT 对人类发展有利”是不是真理这个知识点上，通过在不同情景和不同条件下，对这个认识判断是不一样的，从而让同学们在审辨思维训练过程中，形成对人工智能发展的正确认识。三是在对“真理和谬误往往是相伴而行的”这句话的理解上，通过提问“是不是真理中包含着谬误，谬误中包含着真理”，引导学生质疑书本知识，在解决疑问的过程中形成正确的认识，并且让同学们尝试用刚学过的矛盾的观点，来分析真理和谬误的关系，学以致用，训练审辨思维。

最后，让同学们谈收获，让学生明白，真理是客观的，是不以人的意志为转移的，是具体的、有条件的，培养科学严谨的人生态度，敢于质疑，提出自己的不同见解；树立实践第一的观点，不迷信书本知识，不迷信权威，大胆质疑，在实践中认识和发现真理，在实践中检验和发展真理。同时包容不同的观点、理念。

总之，本节课努力做到发挥思政课堂在立德树人中的主阵地作用；努力在教学中训练审辨式思维，落实审辨式课程思政；努力把社会发展、科技进步的成果展示给学生，增强“四个自信”；努力让学生体会、交流甚至是争论，在碰撞中形成认识；努力做到开放性课堂，不追求统一的观点；努力做到用学会的知识来解释、理解、总结新知识，达到知识的融会贯通。

第七节 审辨视域下中学历史课程思政教学的建模与实践

——以“两宋的政治和军事”教学为例

华东师范大学第二附属中学临港奉贤分校 田 慧 佟胜利

一、审辨视域下中学历史课程思政教学的建模

中学历史教学作为课程思政的关键阵地之一，要求一线历史教师解决好如何让课程思政有效融入日常教学的问题。而高中历史课程涵盖内容丰富多元，课与课之间时间跨度、知识容量、理解难度各异，学生感兴趣程度亦参差不齐。尤其是政治制度史部分，因时代跨度大、学生生活阅历不足等因素，学生理解政治制度史本身已困难重重，遑论联系时代背景、洞察制度的变迁及其深远影响。

鉴于此，本文以“两宋的政治和军事”一课为例，引入审辨式教学法，紧密贴合课程思政要求，全力构建政治制度史的教学模型，力求涵养学生历史思维，提升学生核心素养。具体而言，旨在引导学生在掌握两宋政治制度新变化的基础上，从军事的角度切入，审视制度与军事的关系，深刻领悟：没有尽善尽美的制度，制度唯有顺应时势及时调整，方能行稳致远。

传统教学中，“两宋的政治和军事”教学目标多聚焦史实的机械记忆，诸如北宋强化中央集权的举措、宋与周边政权的关联等。处于课程思政审辨视域之中，教学目标得以深化拓展：一方面，助力学生洞悉宋代政治军事制度变革背后蕴含的权力制衡机理、稳定与发展的内在需求，培育学生对制度建设复杂性以及时代适应性的审辨素养；另一方面，引领学生剖析两宋在民族关系处置上的利弊得失，树立正确的民族观，让学生明晰民族交融乃历史大势，和平友好交流对各民族协同发展举足轻重；再者，通过探讨宋代积贫积弱困境下士大夫群体展现出的责任担当精神，如范仲淹改革、王安石变法图强的坚毅努力，激发学生的社会责任感与家国情怀，使其明确个体于时代困局中理应秉持的价值追求与使命担当。

针对北宋“二府三司制”加强中央集权、崇文抑武等内容，教学不应局限于制度条文讲解，而应组织学生深入研讨。探讨这些制度在初始阶段巩固政权、防范地方割据、甄选人才等方面发挥的积极效能，以及后期因权力分散而衍生

的行政效率低下、官员冗余等棘手问题。譬如，对比唐五代藩镇割据的混乱局面与北宋初期的政治安定景象，引导学生审辨制度变革带来的短期红利与长期挑战，使其明白制度建设必须与时俱进、持续优化，培养学生以辩证、发展的眼光看待政治制度的演进历程。

在解析南宋时期政治制度于偏安局势下的传承与调适环节，深入探究祖宗之法对南宋政治走向的深远影响，启发学生思索特殊历史环境下权力结构失衡引发的危机，以及统治者权衡各方势力维系政权稳定的策略抉择，加深学生对政治生态复杂性的认知深度。在研讨南宋军民抗金斗争（如岳飞抗金）的意义时，不单从民族英雄视角褒扬其爱国精神，更要引领学生审辨彼时复杂政治局势下祖宗之法的延续脉络、战争与和平的艰难抉择、民族情感与国家利益的微妙平衡，助力学生洞悉历史洪流中人物行为的多元维度与历史事件的繁杂本质，树立正确的历史评价标杆与民族价值取向。

基于上述分析，我们建构了高中历史政治制度史这种类型课文的审辨式课程思政教学的基本模型（见图 3－13）。

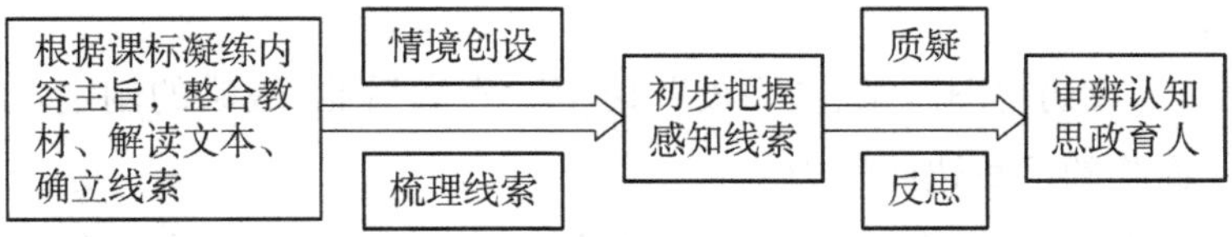

图 3－13　基 本 模 型

以“祖宗之法为线索”设计一系列层层递进的问题，如解读“《雪夜访普图》为何事访?”“北宋初期为何要加强中央集权?”“所形成的‘祖宗之法’是否一劳永逸?”“‘王安石变法’旨在解决哪些社会问题?”“为何变法会遭遇重重阻力?”“两宋时期民族战争频繁，是哪些因素导致了这种局面? 战争给各民族带来了怎样的影响?”等等。让学生在自主探究、小组讨论中寻找答案，展开思维碰撞，培养其独立思考、质疑权威和解决复杂问题的能力，促使学生在思考历史问题时从不同角度、不同层面进行审辨分析，形成自己的观点和见解。

二、审辨视域下中学历史课程思政教学设计——以“两宋的政治和军事”为例

内容主旨

宋初吸取唐末五代以来的历史教训，制定了以加强中央集权为核心的祖宗

之法，成功维护了内部稳定。为应对边防压力和财政危机，有识之士开始试图变革祖宗之法。变法激化了日益激烈的党争，北宋最终走向灭亡。继之而起的南宋政权，因循祖宗之法，偏安一隅，最终亦以覆亡收场。

学习目标

能将史实置于特定时间和空间框架下认识，即从历史（五代之弊）和现实（政权初建、强敌环伺）的角度理解北宋祖宗之法形成的合理性。运用背景与条件的概念和范畴，分析、综合基本史实，辩证认识宋初加强中央集权的影响；能够立足于祖宗之法在两宋不同历史时期的作用，辩证看待制度传承与创新的关系。

重点难点

重点：宋初中央集权的加强。

难点：认识宋初加强中央集权的影响。

学习过程

导入

出示《雪夜访普图》，结合"雪夜""访"及"先南后北"战略的制定，了解宋朝建国初年面临的严重边防压力。

出示君臣对话，结合"此非他故""惟"，知道随着边防压力的缓解，宋太祖开始关注内部稳定。

设计意图：知道北宋立国后，吸取唐后期以来藩镇割据、武将专权的历史教训，在统一南方的过程中，有针对性地采取了一系列强化中央集权、维护政权的措施。

环节过渡：北宋统治者吸取唐后期以来藩镇割据、武将专权的历史教训，逐渐形成了一系列统治措施，这些措施被后人尊为"祖宗之法"，其核心在于加强中央集权。

环节一：祖宗之法的确立——宋初中央集权的加强

出示《北宋中央权力分配示意图》《北宋地方权力分配示意图》，分析宋初加强中央集权的措施及特点。

出示马永卿《元城语录解》节选（见资料附录 1），分析宋初加强中央集权的影响。

设计意图：认识宋初加强中央集权的措施有效消除了地方动乱因素，巩固了国家的统一和安定，但是也存在弊端，总体上利大于弊。

环节过渡：北宋中期，边防压力与财政危机日益严重。

环节二：祖宗之法的积弊——边防压力与财政危机并存。

出示《辽、北宋、西夏形势图》《北宋兵籍数量变化图》《北宋官员人数变化图》，分析边防压力、财政危机与祖宗之法的关系。

设计意图：通过直观的图表信息，知道北宋面临辽、西夏等少数民族政权的威胁，北宋采取崇文抑武等措施加剧了其边防压力，北宋不得不用钱财换和平。供养以稳定社会治安、消除动乱因素为核心的军队和日益膨胀的官僚队伍，加重了北宋的财政危机。认识到边防压力的加剧与财政危机都与祖宗之法的积弊有关。

环节过渡：为了应对危机，宋朝先后进行了范仲淹改革和王安石变法。前者以失败告终，后者只实现了其富国目标，强兵效果并不明显。让我们以王安石变法为例，深入探讨造成其复杂结果的原因。

环节三：突破祖宗之法的尝试——王安石变法。

出示材料 2（见资料附录 2），分析王安石变法未能完全成功的原因。

设计意图：知道王安石变法加重人民负担，引发关于祖宗之法的激烈争议。

环节过渡：由于以司马光为首的保守派的反对，加上王安石本人用人不当、宋神宗犹豫不决，以及变法实施过程中的变形等因素，导致王安石变法未能完全实现预期目标。试图挑战祖宗之法的尝试最终落幕，其影响却仍在持续。王安石变法进一步激化了北宋内部党争，极大削弱了其统治。几十年后，北宋灭亡。1127 年，北宋被东北女真族建立的金朝攻灭，康王赵构在应天府称帝，后定都临安，史称南宋。

环节四：祖宗之法的因循——南宋的偏安。

出示《北宋、辽、西夏对峙图》《金、南宋、西夏形势图》，思考南宋建国之初面临的问题与北宋有什么相似之处？

出示材料 3（见资料附录 3），结合教材分析岳飞之死。

设计意图：认识岳飞之死的原因之一在于其招致宋高宗猜忌；宋高宗出于维护自身统治的考虑，决定处死岳飞，其本质是对祖宗之法的因循。

讨论：宋初坚守祖宗之法形成了长期的内部稳定局面，但后期恪守祖宗之法却造成新的内部危机，为什么会有截然不同的结果？

设计意图：能够立足于祖宗之法在两宋不同历史时期的作用，辩证看待传承与创新的关系。

总结：通过本节课的学习，我们一同梳理了两宋政治和军事的发展脉络。宋初，鉴于五代的乱象，太祖以解决内忧为首要任务，形成了一系列加强中央集权的措施，被后世尊为祖宗之法。祖宗之法在宋初有效地维护了内部稳定，但随着时间推移，其弊端逐渐显现，导致北宋边防压力加剧，进而引发财政危机。为应对危机，王安石尝试突破祖宗之法，却因触动多方利益而失败，北宋最终走向灭亡。南宋建立后因循祖宗之法，在偏安的格局下维持统治，依旧未能摆脱灭亡的命运。

资料附录

材料 1

太祖即位，常令后苑制造熏笼，数日不至，太祖责怒，左右对以事下尚书省，尚书省下本部，本部下本曹，本曹下本局，覆奏又得旨，复依方下制造，乃进御。以经历诸处行遣，至速须数日。太祖怒曰："谁做这般条贯来约束我？"左右曰："可问宰相。"上曰："呼赵学究来！"赵相既至，上曰："我在民间时，用数十钱可买一熏笼，今为天子乃数日不得，何也？"普曰："此是自来条贯，盖不为陛下设，乃为陛下子孙设，使后代子孙若非理制造奢侈之物，破坏钱物，以经诸处行遣，须有台谏理会，此条贯深意也。"太祖大喜，曰："此条贯极妙！"

——马永卿《元城语录解》

材料 2

……于是财利不以委三司而自治之，更立制置三司条例司……条例一司，已不当置而置之，又于其中不次用人，往往暴得美官，于是言利之人……各斗智巧，以尽变祖宗旧法……今介甫（王安石）为政，尽变更祖宗旧法……（使）士、吏、兵、农、工、商、僧、道无一人得袭故而守常者，纷纷扰扰，莫安其居。

——司马光《传家集》卷 60《与王介甫书》

材料 3

绍兴七年是宋高宗和岳飞君臣关系发生转折的一年。自绍兴元年到七年初，宋高宗需要擢用良将，安内攘外，以保全皇位。岳飞升迁最快，后来居上，一时成为宋高宗最器重的武将，甚至准备授以全国大部兵力的指挥权。岳飞在上奏中非常感激皇帝的破格提拔，渴望抗金功成，以为报答。但是，自宋高宗取消兼统淮西行营左护军的成命，岳飞愤而辞职以后，围绕着设立皇储、要求增兵、对金和战等问题，君臣之间的裂痕愈来愈深。宋高宗最后使用屠刀，也是冰冻三尺非一日之寒。

——王曾瑜《尽忠报国：岳飞新传》

三、审辨视域下中学历史课程思政教学实录——以“两宋的政治和军事”为例

师：同学们，请大家仔细观察眼前这幅《雪夜访普图》，它描绘了宋朝建国初年，宋太祖赵匡胤在风雪呼啸的夜晚，到谋士赵普家中商议国事的场景。“雪夜拜访”说明宋太祖此时的心情如何？

生：心情特别急迫。

师：非常好，那宋太祖究竟在急什么呢？据史料记载，彼时北方有辽等少数民族政权虎视眈眈，南方又存在藩镇割据的乱象，压力重重。就在这一晚，宋太祖与赵普一起敲定了“先南后北”的战略方针。从最终结果倒推，大家觉得宋太祖此时最忧心的问题是什么？

生：严重的外患问题。

师：没错，当宋太祖逐渐扫平南方割据势力之后，他又把赵普召至跟前，问道：“从唐朝末年以来的几十年间，帝王更换频仍，原因何在？”赵普说：“此非他故，方镇太重，君弱臣强。”那依赵普所言，此刻宋太祖面临的最棘手难题是什么呢？

生：藩镇割据致使君主权力被削弱的问题。

师：回答得很到位，那要怎么化解这个难题呢？赵普向宋太祖提出了三点建议：稍夺其权、制其钱谷、收其精兵，以此来解决唐末五代遗留下的沉疴。请同学们据此分析一下，赵普强化君权的思路是什么？

生：分散节度使的权力。

师：很好，宋太祖受赵普分权思路的启发，拟定了一系列维护政权安稳、解决内部忧患的举措与制度，宋人习惯称之为“祖宗之法”，其核心要义在于强化中央集权。那么宋太祖究竟是怎样强化中央集权的呢？首先，请大家结合预习内容，讲讲宋太祖为解决地方上“方镇太重”的难题，都推行了哪些办法。

生：中央派文官出任知州，节度使逐渐变为虚衔；设诸路转运司统管地方财政，保证各州赋税绝大部分上缴朝廷；将地方精锐部队编入禁军，拱卫京师，镇守地方，定期更换驻地。

师：非常正确，通过这些措施把地方上的行政权、兵权、财权收归中央后，又该如何防止地方权力再度集中于某个大臣或机构之手呢？大家结合《北宋地方权力分配示意图》仔细观察，宋朝初期的皇帝是怎么做的。

生:为了限制知州的权力,增设通判;又设置了路级监察机构从不同方面监察各州;且州级长官之间权力分散,彼此之间又互相制约,保证监察的有效性。

师:由此可见,宋太祖把赵普分权的思路贯彻到了地方权力的重新分配上,那么中央权力分配又呈现出怎样的特点呢?请大家结合《北宋中央权力分配图》观察分析。

生:宰相的权力也被分散了,三司专掌财政,枢密院专掌军政,宰相只有行政权。

师:在北宋初年,通过贯彻分权理念,自上而下强化了中央集权,有效预防了内乱,保障了国家统一与安定。但这套制度有没有隐患呢?宋朝笔记里记载了宋太祖制熏笼一事。宋太祖命内苑制作几个熏笼,结果等了好多天都没见到。太祖大怒,问身边人怎么回事。侍从回话说,制作熏笼要经诸多部门审核,即便以最快速度通过,也耗时许久。太祖一听更气,质问是谁定的这么多规矩来约束自己。于是赵普被召来解释。赵普说,这些规矩并非针对太祖,而是为防止太祖的后世子孙奢靡浪费,即便要挥霍,也得层层审核,还有台谏监督。太祖听后转怒为喜,此事便就此了结。大家思考一下,宋太祖起初因何发怒?后来又为何高兴?

生:宋太祖生气是因为一个简单便宜的熏笼,身为皇帝却迟迟拿不到。高兴是因为这套制度虽说效率低,却能保障江山长治久安。

师:大家理解得很到位。由此可见,宋太祖虽用分权制衡、设置烦琐程序等方法稳固了政权,但也存在效率不高的隐患。除在制度层面用分权巩固皇权外,在用人策略上,宋太祖推行崇文抑武方针,让武将势力难以壮大,无法威胁其统治。总体来看,这套制度即便有诸如效率低、程序繁杂等问题,但在北宋前期,是利大于弊还是弊大于利呢?

生:利大于弊。

师:到了北宋中期,宋太祖创立的这套制度,还能否灵活应对时局变化呢?请大家结合《辽、北宋、西夏形势图(1111 年)》,思考北宋中期边防压力体现在哪些方面?

生:辽、西夏等政权的崛起,威胁北宋政权外部稳定。

师:面对少数民族政权的威胁,北宋如何应对?

生:打仗。

师：打仗就得养兵，结合《北宋兵籍数量变化图》，看看北宋军队人数有什么变化。

生：军队人数越来越多。

师：那北宋如此庞大的军队，在对外作战中表现如何？

生：屡战屡败。

师：既然打不过，又该怎么办？

生：北宋只能花钱买和平，给辽“岁币”，给西夏“岁赐”。

师：“岁币”“岁赐”反映出北宋与辽、西夏是什么样的关系呢？

生：北宋与辽地位平等，北宋地位高于西夏。

师：北宋面对愈发严峻的边防压力，无奈花钱求和，在一定程度上加剧了财政负担。除此之外，还有哪些因素引发了北宋的边防压力与财政危机呢？结合《北宋官员人数变化图》分析一下。

生：北宋崇文抑武方针削弱了军队战斗力。日益庞大且屡次打败仗的军队不能裁撤，再加上日益臃肿的官僚机构，官员越来越多，也加重了财政危机。

师：这些因素和北宋的祖宗之法有什么关联呢？

生：比如说在路级，北宋分成四个平行机构，每个下面都有大量官员，官僚队伍就不断膨胀。军队方面，北宋重文轻武，过度压制武官权力，加上行政制度程序烦琐，导致出兵、调兵都极为不便，进而造成边防压力、财政危机。

师：面对这些危机，北宋中期的朝臣难道坐视不管吗？其实在宋仁宗时期，范仲淹曾主持过以整顿官僚队伍为目的的改革，但因明显触犯了官僚集团的既得利益，很快失败。此后在宋神宗时期又有王安石变法，目的是富国强兵。从目的来看，王安石变法成效如何？

生：达到了富国的目的，但强兵的效果不显著。

师：为什么北宋中期这两次变法都不尽如人意？咱们以王安石变法为例深入探究。在王安石变法期间，司马光多次写信劝阻王安石。请大家阅读材料，思考：司马光认为王安石变法存在哪些问题？他又是怎样评价变法的影响的？

生：司马光认为王安石设置三司条例司，影响皇权。同时三司条例司用人不当，造成不良社会影响。

师：司马光还认为王安石变法让社会各阶层不得安宁，那他觉得导致这些影响的根源是什么呢？

生：变法速度过快、程度过深。

师：没错，司马光认为王安石彻底变更祖宗之法，才引发这么大的负面影响。那司马光觉得王安石触动了哪些祖宗之法呢？

生：宋初强化中央集权的原则。三司条例司的设置，就触犯了这个原则。

师：非常正确，实际上从王安石变法的具体措施看，变革军事制度同样触及该原则。后来三司条例司很快被裁撤，王安石变法的一系列举措在反对派掌权后也陆续被废除，变法最终草草收场。

在诸多因素作用下，王安石变法未能大获成功。通过对书信的剖析，我们能看出，这是一次试图突破祖宗之法的大胆尝试。变法虽然结束，但其影响久久不散，它激化了北宋内部原有的矛盾，致使北宋统治集团走向分裂。与此同时，东北地区崛起了由女真族建立的金朝。1127 年，金朝攻克北宋，宋徽宗、宋钦宗两位皇帝被俘。侥幸逃脱的康王赵构在应天府称帝，一路南渡，定都临安，史称南宋。

下面，请大家对比《北宋、辽、西夏对峙图（1111 年）》和《金、南宋、西夏形势图（1142 年）》，思考南宋建国之初面临的问题与北宋有何相似之处。

生：南宋同样面临严峻的边防压力。

师：在边患压力巨大的情况下，南宋也出现了转机，比如南宋初年涌现出几支素质颇高的军队，其中岳飞率领的岳家军最为出名。可为何宋高宗不趁此时让岳家军挥师北上收复失地，反而将岳飞杀害呢？大家结合材料分析一下。

生：从“岳家军”可知，岳飞在军中很有影响力，这触犯了宋朝崇文抑武基本原则，威胁到宋高宗的地位。

师：岳飞在军中越有影响力，他就越受宋高宗忌惮，宋高宗即便深知外部边防压力沉重，但在他眼中，当下最紧迫的是保住自己的皇位。若放任岳飞北上收复失地，之前被俘的两位皇帝归来，他又该如何自处？在诸多复杂因素交织下，宋高宗最终选择优先维护自身统治。所以说，岳飞之死，是宋高宗权衡利弊后的抉择。自此，南宋在军事上整体陷入被动，长期处于劣势，最终走向灭亡。

师：接下来，请同学们以小组为单位展开讨论。结合两宋的历史思考北宋初期坚守祖宗之法形成了长期内部稳定的局面，但后期恪守祖宗之法却造成新的内部危机，为什么会有不同的结果？

生：我认为祖宗之法本身利弊并存。北宋初期，它有力地强化皇权、巩固统治。但后期为何弊大于利呢？因为其核心是强化皇权与中央集权，却牺牲军事力量，比如崇文抑武方针贯穿北宋，还影响到南宋。相较北宋，南宋内忧外患更为严重，甚至出现宰相专权现象，并非真正严守祖宗之法。而且祖宗之法存在致命缺陷，宰相权力有时过度集中，奸相频出，让有抱负、有能力的武将难有作为。所以，从两宋历史看，我们应当顺应时代潮流，抓住机遇，迎难而上，及时变革，切不可墨守成规。

师：认识很深刻。正如钱穆在《中国历代政治得失》中所讲，任何一项制度，都绝非孤立存在，各项制度间相互配合，构成完整体系。任何制度都不会绝对有利无弊，也不会绝对有弊无利。我们探讨一项制度，既要重视其时代特性，又要考量其地域特征。制度不可能放之四海而皆准，正如不可能行之百世而无弊。

师：下课。

四、审辨视域下中学历史课程思政教学评析——以“两宋的政治和军事”为例

在传统的历史教学模式下，教师通常依循课本既定的知识结构展开教学，依照时间脉络，引领学生研习两宋时期的政治与军事领域知识，深入领会二者之间的动态关联及其深远影响，进而精准把握两宋时期呈现出的“政治新变化”。然而，课程思政所倡导的审辨式教学理念，则要求教师转换视角，从学生的立场出发，敏锐捕捉学生在学习过程中容易产生疑问之处，诸如：究竟何为“祖宗之法”？其起源是怎样的？又产生了何种影响？为何北宋初年与南宋初年在军事层面遭遇相似困境，坚守“祖宗之法”却难以化解难题？从审辨视角审视，如此设定的教学目标不仅清晰明确，还巧妙且合理地融入了思政元素。

于知识目标维度而言，学生需要熟知两宋时期构建起的政治制度框架，像二府三司制、文官体制等，同时，要了解宋辽、宋夏、宋金之间纷繁复杂的军事冲突以及和战交织的关系。这一知识储备环节为后续开展思政教育筑牢了根基，唯有让学生率先扎实掌握历史事实，才能助力他们在后续学习中进行更为精准、深入的价值判断与思考探究。

聚焦能力目标来看，教师致力于培养学生剖析、解读教材的专业本领。比如，以教材中出现的“岁赐”“岁币”“岁贡”为切入点，精心设计一系列具有针对性的问题，引导学生深入分析两宋与周边政权之间错综复杂的关系。在此过程中，学生需要对文本中的相关记载进行细致解读，依据已有信息展开合理推测，进而有效锻炼自身的文本研读以及逻辑推理的能力。这与思政教育矢志不渝

追求的培养学生独立思考、明辨是非的目标高度一致，能够切实保障学生在接触海量且繁杂多元的信息时，始终维持理性判断的状态，避免受到错误信息的干扰误导，杜绝盲目跟从的现象出现。

思政目标既清晰明了又极具针对性。通过深入学习两宋政治军事局势，充分激发学生的民族自豪感与文化自信心。以北宋初期强化中央集权的系列举措为例，引导学生洞察这一时期制度创设蕴含的智慧光芒与创新精神，即便其中存在些许弊端，但置于当时特定历史情境之下，对国家的稳定、发展起到了举足轻重的作用，由此让学生深切体悟中华民族在治国理政领域的深厚积淀。与此同时，立足宋与周边民族政权盘根错节的关系，着力培育学生的民族团结意识与爱国情怀，让学生深刻领悟到在历史的漫长演进中，各民族之间既有摩擦冲突，亦有交流融合，而国家的统一、稳定始终是人民幸福生活的坚实保障，进而增强学生维护国家统一、促进民族团结的责任感与使命感。

教师在教学内容的甄选与编排上彰显出审辨思维特质，同时将思政教育元素无缝融入。讲述两宋政治制度时，并非机械罗列制度条款，而是以“祖宗之法”为关键线索，借助两幅权力分配图及人物逸事，阐释制度的实际运行机制与深远影响。比如，借由讲述“宋太祖制熏笼”的典故，引领学生揣摩宋太祖彼时情绪的细微变化，体悟北宋初期借助分权策略强化中央集权、稳固皇权的精妙手段，与此同时，引发学生对过度分权可能导致行政效率低下等问题的深度关切，促使学生从历史事件中汲取智慧养分，明晰政治决策背后蕴含的权衡博弈与综合考量，全方位培养学生的政治素养与审辨能力。

围绕“祖宗之法”在北宋中期的影响这一关键节点，教师巧妙选取地图、表格等丰富多样的资料，凭借层层递进、环环相扣的问题链设计，引导学生洞察伴随“祖宗之法”的推行，客观存在的边防压力与日俱增，给北宋王朝招致了严峻的边防困境与沉重的财政危机，进而触发针对“祖宗之法”的变革诉求。

基于北宋中期变法的最终结果，教师匠心独运地抛出一系列极具启发性的问题，诸如“祖宗之法对彼时的政治、经济、文化究竟产生了怎样的影响?”“如何从祖宗之法的视角解读岳飞之死?”这些问题宛如一把把钥匙，开启了学生的好奇心之门与求知欲宝库，驱动他们主动探究历史背后隐藏的真相与价值真谛。在学生解答问题的进程中，教师积极鼓励学生各抒己见，大胆发表不同观点，并巧妙引导学生相互切磋、展开辩论，借此精心培育学生的审辨思维能力。与此同时，在探讨岳飞等历史人物的价值与意义的过程中，自然而然地将思政教育融入其中，让学生于思考、讨论的思维碰撞中树立起正确的价值观与道德标杆。

教师最后将学生划分成若干小组，共同研讨“北宋初期坚守祖宗之法缔造了长期内部稳定的良好局面，然而后期墨守成规却引发全新的内部危机，缘何会出现这两种截然不同的结果?”这一议题。各小组成员分工明确、协同合作，全力收集资料、深度剖析问题、凝练形成观点，并在全班同学面前进行汇报展示。在此过程中，学生逐步学会与他人携手合作、交流互动，学会倾听多元声音，持续拓宽自身的思维视野。从思政教育视角审视，以小组合作模式有效培育学生的团队协作意识与社会责任感，让学生深刻领悟在应对复杂问题时，众人齐心协力、相互配合的重要性，而这亦是现代社会公民理应具备的关键素养之一。

尽管这堂以“两宋的政治和军事”为范例的中学历史课程思政教学课在审辨视域下已然取得了阶段性成效，但仍存在一些有待精进之处。在教学内容深度挖掘层面，可以进一步强化教学内容与现实社会的紧密联系。譬如，在探究两宋时期的政治制度建设时，不妨引导学生思索现代政治制度中的权力制衡、监督机制等现实议题，助力学生更好地领会历史对当下的借鉴价值，切实增强学生对国家政治制度的认同感与责任感。

总而言之，以“两宋的政治和军事”为样板的中学历史课程思政教学在审辨视域下展开了极具价值的探索与实践，凭借明确精准的教学目标设定、科学合理的教学内容筛选与组织编排、丰富多元的教学方法运用，以及高度注重思政维度的教学评价体系，在传授历史知识的同时，卓有成效地培育了学生的审辨思维能力与思政素养。当然，为了更出色地发挥历史学科独特的育人功能，后续仍需在诸多方面持续完善、优化提升。

第八节　审辨视域下中学地理课程思政教学的建模与实践
——以“临港奉贤地区海陆风之辨”教学为例

华东师范大学第二附属中学临港奉贤分校　陈雪莹

一、审辨视域下中学地理课程思政教学的建模

基于地域特色的审辨式中学地理教学，其核心在于深度融合地域自然风

貌、历史文化与地理教学，让知识根植于学生熟悉的乡土之中，从而焕发出前所未有的生命力。地域特色不仅是教学内容的生动素材，更是激发学生审辨式思考的源泉。通过引导学生对家乡山川、气候、民俗等进行深入探究，不仅加深了他们对地理知识的理解，更重要的是培养了他们运用地理视角审视家乡乃至世界的能力。审辨式教学鼓励学生跳出传统框架，勇于质疑、主动探索，这一过程不仅锻炼了学生的逻辑思维和问题解决能力，更让他们学会了尊重多元视角，培养了开放包容的学习态度。因此，地域特色与审辨式教学的结合，不仅为地理教育注入了新的活力，更为培养具有全球视野和本土情怀的新时代青少年提供了有效途径。

基于以上几点，我们建构了基于地域特色的审辨式中学地理教学的基本模型（见图 3－14）。

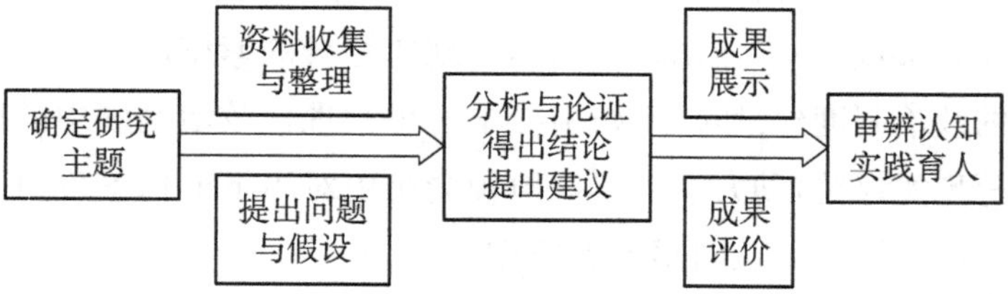

图 3－14　基于地域特色的审辨式中学地理教学建模

在这个模型之中，我们可以看到，基于地域特色的审辨式中学地理教学建模，是通过引导学生对特定地域的自然和人文现象进行深入探讨，培养其地理审辨思维能力和解决问题的能力。临港奉贤地区因其独特的海陆位置，形成了明显的海陆风现象，这为地理教学提供了丰富的素材和案例。通过建模，学生能够更好地理解和应用地理知识，增强对地理环境的认知与兴趣，同时培养科学思维和探索精神。

下面我们以“临港奉贤地区海陆风之辨”为例，看基于地域特色的审辨式中学地理教学的具体实践。

二、审辨视域下中学地理课程思政教学设计——以“临港奉贤地区海陆风之辨”为例

学习目标

（1）区域认识：学生能够准确识别临港奉贤地区的地理位置、气候特点以

及海陆分布特征。通过实地观测，学生能够深入理解该地区海陆风、季风、城郊风等地理现象的表现及其相互作用。

(2) 综合思维：学生能够运用多学科知识（如气象学、地理学、生态学等）综合分析临港奉贤地区风向变化的原因和影响。通过对比不同观测点的数据，学生能够识别并解释海陆风、季风、城郊风等现象在该地区的具体差异。

(3) 地理实践力：学生能够熟练使用气象仪器进行实地观测，准确记录并整理观测数据。学生能够运用 GIS 系统或数据分析软件对观测数据进行可视化处理，并基于数据进行初步的分析和解释。

(4) 人地协调观：学生能够认识到人类活动对海陆风、季风、城郊风等地理现象的影响，以及这些现象对当地气候、生态和环境的潜在影响。鼓励学生提出改善建议，探讨如何在人类活动与自然环境之间建立更加和谐的关系。

学习过程

（一）导入与背景介绍（约 10 分钟）

教师引导：展示临港奉贤地区的地图，简要介绍该地区的地理位置、气候特点以及海陆风、季风、城郊风等地理现象的基本概念。

提出问题：临港奉贤地区的风向到底是受海陆风的控制，还是受季风的控制，还是受城郊风的控制？我们能否通过寒假期间的实地观测来找到答案？

（二）寒假实地观测与数据收集（课外时间，寒假期间）

观测任务：学生分组前往临港滴水湖和奉贤海湾金汇塘路两个观测点，在指定时间段（如早晚）进行实地观测，记录风向、风速、温度、湿度、气压等数据。

观测记录：学生需详细记录每次观测的时间、地点、天气状况以及各项气象数据，并拍摄观测现场的照片或视频作为辅助材料。

（三）数据整理与初步分析（约 30 分钟）

数据输入：学生将寒假期间收集到的数据输入 Excel 表格或 GIS 系统中，进行初步的数据整理。

数据可视化：使用图表（如折线图、柱状图）进行数据可视化，直观展示观测结果。

初步分析：学生对比两个观测点的数据差异，尝试解释海陆风、季风、城郊

风等现象在临港奉贤地区的具体表现。(见图 3 - 15)

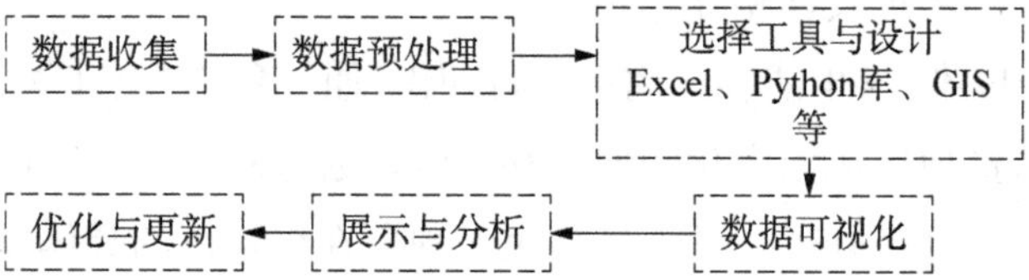

图 3 - 15　气象数据可视化流程图

(四) 审辨式讨论与思考(约 60 分钟)

分组讨论:学生分组进行审辨式讨论,围绕“临港奉贤地区的风向主要受哪种风控制”的问题展开。

海陆风影响:讨论海陆风在临港奉贤地区的形成机制、日变化规律及其对风向的具体影响。

季风影响:分析季风对临港奉贤地区风向的季节性影响及其与海陆风的相互作用。

城郊风影响:探讨城郊风在临港奉贤地区的存在可能性及其对风向的潜在影响。

数据对比:学生结合寒假观测数据,对比不同时间段、不同天气状况下的风向变化,尝试确定哪种风对临港奉贤地区的风向影响最大。

观点碰撞:鼓励学生提出不同观点,进行深入的讨论和交流,培养批判性思维和解决问题的能力。

教师引导:教师在讨论过程中适时引导学生,提供必要的背景知识和理论依据,帮助学生形成更加全面和深入的理解。

(五) 总结与汇报(约 30 分钟)

小组汇报:每组选派代表,向全班汇报讨论结果和分析结论,包括临港奉贤地区风向的主要影响因素、对当地气候的影响等。

全班讨论:在小组汇报的基础上,全班进行进一步的讨论和交流,形成共识或提出新的问题。

教师总结:教师总结讨论结果,强调实地观测和审辨式讨论在地理学习中的重要性,鼓励学生继续探索地理现象背后的奥秘。

(六) 课后作业与拓展(课外时间)

撰写观测报告:要求学生结合寒假观测数据和小组讨论结果,撰写一篇关于临港奉贤地区海陆风之辨的观测报告。

查找资料：鼓励学生利用网络资源，查找更多关于海陆风、季风、城郊风等地理现象的研究资料，为下节课的分享做准备。

通过这样的教学过程，学生不仅掌握了海陆风、季风、城郊风等地理现象的基本知识，更重要的是通过寒假期间的实地观测活动，深度参与了数据的收集和分析过程，培养了他们的实践能力和思维能力。同时，通过审辨式讨论与思考环节，学生的团队协作能力和口头表达能力也得到了锻炼和提升。

三、审辨视域下中学地理课程思政教学实录——以“临港奉贤地区海陆风之辨”为例

（一）导入与背景介绍（约 10 分钟）

师：同学们，今天我们要探讨的是临港奉贤地区的海陆风之辨。首先，请大家看这张地图（展示临港奉贤地区的地图），谁能告诉我，临港奉贤地区的地理位置和气候特点是什么？

生 1：临港奉贤地区位于上海市的东南部，靠近东海，属于亚热带季风气候区。

师：很好，那么，大家有没有听说过海陆风、季风和城郊风这些地理现象呢？

生 2：我知道海陆风，就是白天海风吹向陆地，晚上陆风吹向海洋。

师：对的，海陆风是由于海洋和陆地之间的热力差异而形成的。那么，季风呢？

生 3：季风是随着季节变化而风向有明显转变的风。

师：没错，季风主要是由太阳直射点的移动和地球自转偏向力共同作用形成的。至于城郊风，它是由于城市和乡村之间的温度差异而形成的。现在，我们的问题来了：临港奉贤地区的风向主要受哪种风控制呢？我们能否通过实地观测来找到答案呢？

全体学生：可以！

（二）寒假实地观测与数据收集（课外时间，寒假期间）

师：在寒假期间，大家已经分组前往临港滴水湖和奉贤海湾金汇塘路两个观测点进行了实地观测，记录了风向、风速、温度、湿度、气压等数据。现在，请大家把你们的数据和观测记录拿出来，我们准备进入下一环节。

（三）数据整理与初步分析（约 30 分钟）

师：首先，请大家把你们的数据输入到 Excel 表格或 GIS 系统中，进行初步的数据整理。我会在黑板上给大家一个数据整理的示例。（教师演示数据整理的过程）

（学生开始数据整理，教师巡视指导）

师：好，数据整理完了，接下来我们要进行数据的可视化处理。请大家使用图表工具，把你们的数据可视化展示出来。（教师演示数据可视化的过程）

（学生开始数据可视化，教师巡视指导）

师：现在，请大家根据你们的数据和可视化图表，分析一下临港奉贤地区海陆风、季风、城郊风等现象的具体表现。

（学生开始分析数据，教师巡视指导）

（四）审辨式讨论与思考（约 60 分钟）

师：好，现在请大家分组进行审辨式讨论，围绕临港奉贤地区风向的主要影响因素展开。每组选出一个代表，把你们的观点记录下来，准备汇报。

（学生开始分组讨论，教师巡视指导）

师：好，现在请各组代表来汇报你们的观点。

生 4（第一组代表）：我们组认为，临港奉贤地区的风向主要受海陆风的影响。从我们的观测数据来看，白天海风吹向陆地，晚上陆风吹向海洋，这种规律很明显。

生 5（第二组代表）：我们组不完全同意第一组的观点。我们认为，临港奉贤地区的风向还受到季风的影响。特别是冬季，北风很强，这明显是季风的作用。

生 6（第三组代表）：我们组觉得，城郊风对临港奉贤地区的风向也有一定影响。特别是在城市和乡村交界的地方，我们观测到了明显的温度差异和风向变化。

师：很好，大家都提出了自己的观点，并且都有数据支持。那么，我们现在来综合一下大家的观点。海陆风、季风和城郊风都对临港奉贤地区的风向有影响，但是它们的影响程度可能因时间、地点和天气状况的不同而有所差异。因此，我们不能简单地说临港奉贤地区的风向主要受哪种风控制，而应该根据具体情况来分析。

（五）总结与汇报（约30分钟）

师：好，现在请大家总结一下我们今天的学习内容。

（学生开始总结，教师巡视指导）

师：好，现在请几位同学来汇报一下你们的学习心得。

生7：我觉得今天的学习让我更加深入地了解了海陆风、季风和城郊风这些地理现象。通过实地观测和数据分析，我对它们的表现和影响有了更加直观的认识。

生8：我觉得今天的学习让我学会了如何运用多学科知识来综合分析地理现象。同时，我也学会了如何使用GIS系统和数据分析软件来处理和分析数据。

师：很好，大家都学到了很多知识。最后，请大家记住，地理学习不仅仅是记忆知识点，更重要的是培养区域认识、综合思维、地理实践力和人地协调观等地理核心素养。希望大家在今后的学习中能够继续运用这些知识和方法，去探索更多的地理奥秘。

（六）课后作业与拓展（课外时间）

师：最后，请大家完成课后作业——撰写一篇关于临港奉贤地区海陆风之辨的观测报告，并查找更多关于海陆风、季风、城郊风等地理现象的研究资料，为下节课的分享做准备。

（下课铃声响起）

师：好，今天的课就上到这里。下课！

全体学生：老师再见！

四、审辨视域下中学地理课程思政教学评析——以“临港奉贤地区海陆风之辨”为例

（一）教学目标达成度评析

在“临港奉贤地区海陆风之辨”的教学中，教师成功地将教学目标设定为区域认识、综合思维、地理实践力和人地协调观四个方面。通过实地观测、数据收集与分析、审辨式讨论等环节，学生不仅掌握了海陆风、季风、城郊风等地理现象的基本知识，更重要的是培养了区域认识能力，学会了从多个角度综合分析问题，提升了地理实践力并发展了人地协调观。

区域认识：学生通过对临港奉贤地区的实地观测，加深了对该地区地理位置、气候特点以及海陆分布特征的认识。

综合思维：在数据分析和审辨式讨论中，学生运用了多学科知识，如气象学、地理学、生态学等，对海陆风、季风、城郊风等现象进行了综合分析，展现了良好的综合思维能力。

地理实践力：学生熟练使用气象仪器进行实地观测，准确记录并整理观测数据，运用 GIS 系统或数据分析软件对观测数据进行可视化处理，并基于观测数据进行初步的分析和解释，体现了较高的地理实践力。

人地协调观：学生认识到人类活动对海陆风、季风、城郊风等地理现象的影响，以及这些现象对当地气候、生态和环境的潜在影响，提出了改善建议，探讨了如何在人类活动与自然环境之间建立更加和谐的关系。

（二）教学方法与策略评析

实地观测与数据收集：教师组织学生分组前往临港滴水湖和奉贤海湾金汇塘路两个观测点进行实地观测，记录风向、风速、温度、湿度、气压等数据。这种方法不仅让学生亲身体验了地理现象，还为他们提供了丰富的数据支持，为后续的分析和讨论打下了坚实的基础。

数据整理与可视化：教师引导学生将观测数据输入 Excel 表格或 GIS 系统中，进行初步的数据整理，并使用图表进行数据可视化处理。这种方法不仅提高了学生的数据处理能力，还使数据更加直观、易于理解。

审辨式讨论与思考：教师组织学生进行分组讨论，鼓励他们提出不同观点，进行深入的讨论和交流。这种方法不仅培养了学生的批判性思维和团队协作能力，还激发了他们的学习兴趣和探究欲望。

教师引导与总结：在整个教学过程中，教师始终扮演着引导者和总结者的角色，为学生提供必要的背景知识和理论依据，帮助学生形成更加全面和深入的理解；同时，对学生的讨论和观点进行点评和总结，确保教学目标的达成。

（三）教学效果与反思

教学效果：通过本次教学，学生不仅掌握了海陆风、季风、城郊风等地理现象的基本知识，还学会了如何运用多学科知识进行综合分析，提高了地理实践力和人地协调观。同时，他们的批判性思维和团队协作能力也得到了锻炼和提升。

教学反思：虽然本次教学取得了显著的效果，但也存在一些不足之处。例如，在实地观测环节，由于天气和仪器等因素的限制，部分学生的观测数据可能不够准确或完整；在审辨式讨论环节，部分学生的参与度不够高，需要教师在未来的教学中进一步引导和激励。

综上所述，“临港奉贤地区海陆风之辨”的教学是一次成功的审辨式中学地理教学实践。它不仅达成了教学目标，还培养了学生的综合能力和素养。在未来的教学中，教师可以继续优化教学方法和策略，进一步提升教学效果和质量。

第九节　审辨视域下中学美术课程思政教学的建模与实践
——以美术鉴赏课“时代强音”教学为例

华东师范大学第二附属中学临港奉贤分校　施淑贞

一、审辨视域下中学美术课程思政教学的建模

美育是党的教育方针的重要组成部分，学校美育工作是立德树人、培根铸魂的事业。在新时代背景下，推动美育浸润行动是提升学生审美素养、促进其全面发展的重要举措。学校美育要提升思想自觉、政治自觉、行动自觉，与推进素质教育的要求同向同行，与学生全面发展的迫切要求同向同行。国务院办公厅印发的《关于全面加强和改进新时代学校美育工作的意见》（以下简称《意见》）中明确指出，要“以提高学生审美和人文素养为目标……把美育纳入各级各类学校人才培养全过程，贯穿学校教育各学段，培养德智体美劳全面发展的社会主义建设者和接班人”。《意见》的印发，把学校美育工作摆在更加突出的位置。进一步强化学校的美育育人功能，构建德智体美劳全面培养的教育体系仍然是新时代学校美育工作的重中之重。

美育又称美感教育，是培养学生认识美、感受美、欣赏美和创造美的能力的教育，是教育教学中不可缺少的组成部分。现阶段，美育仍然是我国各级各类教育体系中的薄弱环节，特别是在高中阶段，由于对美育价值的认知不足和有效路径设计的缺失，加之高考带来的学业压力，高中阶段“以美育人”的价值实现困难重重，不利于有效落实高中阶段立德树人的教育根本任务。目前高中学校美育改革也是当下的热点和焦点，因此，有必要立足于新时代人才培养的现实需要，充分认识“以美育人”的时代价值，在高中美育工作中寻找有效的实践

路径。

学校美育工作的开展需从两方面着手：一是基础性，面向全体学生，全员美育的终极目的应当是通过美的教育促进全体学生的可持续发展，积极弘扬中华美育精神，并最终影响和改善社会的精神风貌和物质环境。二是满足个性需求、专业需求，增强课程内容与其他学科及社会生活、高等教育和职业生涯的关联。依据我校学情，面向的是全体学生，学校美育作为立德树人的重要载体，想要充分发挥美术学科独特的育人功能，美术鉴赏课程的有效开展则成为提升学生审美素养和培养高尚道德情操的重要途径。美术鉴赏与美术欣赏是不同的，两者虽然都有一个"赏"字，美术欣赏更多的是指通过观赏作品领略其中的乐趣，而美术鉴赏是一种包含欣赏、鉴别与评价的带有再创造性质的审美活动。

美术作品记录了人类历史文化的发展，展示了不同时期人的想象力、创造力和对精神世界的追求，反映了当时人类的生活面貌。因此美术鉴赏教学就要注重创设真实的情境，在进行图像解读、了解创作过程、开阔知识领域、陶冶思想情操的过程中，引导学生通过观察描述对象，结合时代、文化背景、艺术家心得等，并且在不同的时空范围进行比较，形成审美认知以及文化理解，从而培养学生运用感知、经验和知识，对美术作品和美术现象进行观察、体验、联想、鉴别与评价的能力，树立正确的历史观、民族观、国家观、文化观，形成对美术作品的审辨式鉴赏认知，提升学科课程思政的效果。

基于以上内容，我们建构了高中美术鉴赏审辨式课程思政教学的基本模型（见图 3－16）。

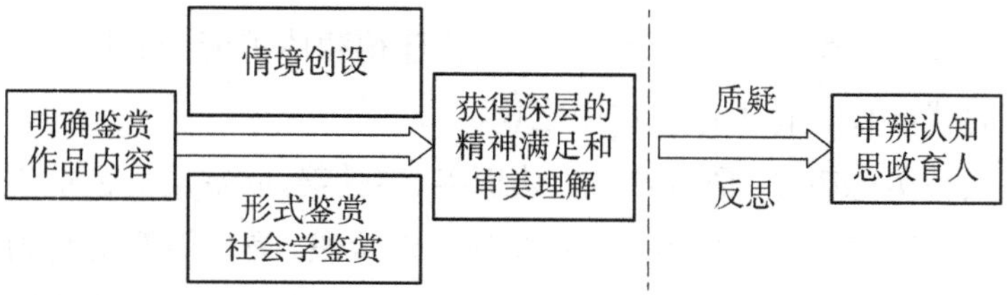

图 3－16　基本模型

在这个模型中，虚线前的教学过程基本是传统美术鉴赏的教学模式，即通过形式鉴赏和社会学鉴赏，在获得深层的精神满足和审美理解过程中加强思政教育。这时我们就会发现，传统的美术鉴赏课程偏重于说教与灌输，以"时代强音”为例，学生对中国近百年巨变的体会不深，导致思政教育效果不够深入。这时我们就应抓住学生质疑处，在课堂中引导学生沉浸到情境中，进入时代环境中，通过描述、分析、解释、评价等思维活动，培养判断能力、美术表现力以及创意实践能力，使学生对复杂的美术作品及美术现象做出积极正确的反映，最终树立正确的人生观和价值观。这样的思政教育就是在反思基础上的深入认知，是思维的提升，也是育人效果的升华。

下面我们以“时代强音”为例，看高中美术鉴赏课程思政的审辨式教学具体实践。

二、审辨视域下中学美术课程思政教学设计——以美术鉴赏课“时代强音”为例

学习目标

（1）梳理美术作品，运用感知经验和相关知识（形式鉴赏与社会学鉴赏）对20世纪美术作品进行体验、欣赏和鉴别。

（2）理解我国20世纪各阶段优秀美术作品所体现的时代特征与精神内涵，感悟艺术家的社会责任心和使命感，树立正确的人生观和价值观。

学习过程

（一）情境设计：欣赏视频，感受“昔日之我国”到“今日之我国”的百年变迁

准备20世纪前后对比的视频资料，展示中华人民共和国成立之前人民受压迫、受剥削、颠沛流离、受制于人、水深火热的生活和中华人民共和国成立之后百业待兴、欣欣向荣、各行各业飞速发展的生活对比，加入当地百年地域文化对比，冲击学生的视觉，使其迅速感受中国近百年之变迁，教师有感情的朗诵加上“我和我的祖国”背景乐，冲击学生的听觉，使学生沉浸在这一历史时期环境中，进而激发学生对这一时期美术作品的探究欲。

（二）预习检查，运用美术鉴赏的基本方法，将作品鉴赏走向深入

思考分析：油画作品《田横五百士》，徐悲鸿为什么要创作这件作品？这幅画在当时具有怎样独特的艺术价值？

一是分析作品内容。作品内容源自《史记·田儋列传》，讲述的是田横“威武不屈”的故事。作品借用田横的故事，表达对当时国民党和帝国主义的无情

贬斥。

二是作品的创作形式。作者运用西方古典油画的构图方法。画面中的人物位置及疏密对比、服装颜色的差异，突出塑造了田横告别一众壮士的场景。

三是创作作品的时代背景。根据创作时间(1928—1930)结合徐悲鸿生活学习经历，作者希望通过这幅作品唤起人们爱国的热情与决心。

四是作品的艺术价值。一方面将中国历史人物与西方绘画构图技法相结合，开拓了中国历史画创作的新领域，引领了新方向；另一方面画面“威武不能屈”的精神激励着爱国人士在民族危难之际积极参与救国运动中。

(三) 情境再现，按照历史轨迹，结合历史背景鉴赏美术作品，深入理解各历史阶段美术作品的艺术特征

1. 为革命而创作

① 1922—1923 年珂勒惠支创作了黑白木刻《战争·牺牲》，鲁迅将其作品在中国出版推广，引导国民觉醒。

② 1935 年李桦创作的《怒吼吧！中国》，画面采用版画的创作手法，采用粗犷的线条来表现被捆绑的人物所迸发的力量，产生了强烈视觉冲击力，呼唤国民要勇敢地站起来自救。

2. 见证历史主旋律，记录重大历史时刻

观看《开国大典》现场影视资料，感受现场氛围，认识这一时刻的重要性。

1953 年，董希文创作出油画作品《开国大典》，了解董希文的学习经历，仔细观察画面中的巧妙构图，详细分析作者如何将中国审美元素融入如此宏伟的油画创作中。

通过观察、对比，思考不同时期艺术家围绕这一重大历史时刻进行创作的不同艺术特点。

1959 年，国画作品《转战陕北》问世，画面表现的是毛主席与气势磅礴的山河，由近到远看去，色彩饱和度由强到弱，展示出巨大空间。人物形象在画面中占据了很小的位置，却展示出宏大的历史场面。对比不同的构图，理解艺术作品如何突出主题。

3. “以人民为中心”成为中国现代美术的重要特点，展现时代新风貌

观看 1973 年毛主席生前最后一次参加党的全国代表大会、目送代表离开的记录视频，听毛主席喊出来的“人民万岁”，感受人民对毛主席的敬佩崇拜之

情，理解毛主席的伟大。他是中国历史上第一个喊出“人民万岁”的领袖，他带领中国共产党人拯救人民于水深火热之中，缔造了中华人民共和国。

观察、对比、思考《天安门前》系列作品，在画面构图形式、绘画手法相似的情况下，如何表达不同时期人物的特征？画面中不同时期的不同人群在天安门前的合影，记录着中国的历史。

《新开发的公路》《天堑变通途》等作品记录着祖国的蓬勃发展、欣欣向荣。

（四）调动联想，将“生活真实”与“文本情境”相关联，将鉴赏走向生活，将鉴赏走向内心

随着国家的强盛，中国的声音也被世界所关注。引导学生思考：今天我们又该如何用视觉艺术作品来继承革命精神？说一说在你的印象中我国哪些领域能够展现卓越实力，结合美术的类别，能够从哪些角度去设定条件。尝试用AI进行美术创作，奏响现代“时代强音”。

学生A：……

学生B：……

学生C：……

（可能学生的表述不够全面，可以根据他所说的内容进行引导，增加设定条件，让画面更清晰，以便在后期AI创作中更接近预期效果）

教师总结：通过刚才几位同学的描述，我发现，同学们深深地感受到时代变革对美术作品的影响，感受到经典作品的力量，认识到艺术作品能够更完美地再现不同时期的时代特点，理解了20世纪不同时期美术作品的文化内涵。

课下，我们尝试运用现代AI技术进行创作，结合美术专业的分类，选取其中的一种创造手法，通过设定不同的条件，结合自己感受到的祖国的力量、祖国的卓越实力，完成一幅能够表现我国当下“时代强音”的美术作品。

三、审辨视域下中学美术课程思政教学实录——以美术鉴赏课“时代强音”为例

师：上课之前先给大家看一段视频，感受中国百年来的历史巨变。

播放视频，结合背景音乐，老师有感情地朗诵，将学生的思绪带入课题。

师：百年前，国门破碎，海上门户洞开，今天，我们有信心、有能力打败来犯

之敌;百年前,中国经济严重滞后于西方世界,今天,我们用几十年走完发达国家的工业历程;百年前,中国积贫积弱,部分百姓忍饥挨饿,今天,我们致力于把14亿多中国人的饭碗已牢牢端在自己的手上;百年前,老百姓生病时求医困难,今天,我们的医疗水平得到长足发展;百年前,上学读书对于普通孩子遥不可及,今天,我国义务教育保障目标已基本实现;百年前,贫困的梦魇严重地困扰着中国,今天,脱贫攻坚战取得了全面胜利;百年前,中国人出行不便,交通建设受制于人,今天,我国高铁运营里程居世界第一;百年前,中国人是西方人眼中的"东亚病夫",今天,我国已由体育大国向体育强国迈进;百年前,中国跌落成任人宰割的"鱼肉",百年后的今天,我们坚决捍卫国家主权和尊严。感受中国百年历史巨变,让我们来看一看艺术家们在这一时期是如何进行艺术创作的,让我们一起走进美术鉴赏第二单元"源远流长的中国美术"第9课"时代强音"。

首先,我们先来看一幅油画作品《田横五百士》,请同学们根据预习时搜集的知识,用美术鉴赏四步法解读这幅作品。

分析油画作品《田横五百士》:徐悲鸿为什么要创作这件作品?这幅画在当时具有怎样独特的艺术价值?

生1:作品内容源自《史记·田儋列传》,讲述的是田横"威武不屈"的故事。画面中表现的是田横去见刘邦之前告别五百壮士的场景,壮士们的依依不舍和田横大义凛然的表情形成了鲜明的对比。

生2:作者自幼学画,后来到西方留学归来,运用西方古典油画的构图方法,描绘了田横出发前的场景,这幅作品是将中国的审美与西方的绘画方法结合而产生的艺术创作,有开创性的意义。画面中田横与五百壮士形成疏密对比,红色的服装颜色鲜艳,突出塑造了田横告别一众壮士的场景。

生3:这幅作品的创作时间为1928年—1930年,当时的中国正处于新民主主义革命中期,人民处在水深火热之中,结合徐悲鸿的生活学习经历,作者希望通过这件作品唤起人们爱国的热情与决心。

生4:这幅作品有很高的艺术价值,一方面将中国历史人物与西方绘画构图技法相结合,开拓了中国历史画创作的新领域,引领了新方向;另一方面画面表现的"威武不能屈"的精神激励着爱国人士在民族危难之际,积极参与救国运动。作者借用田横的故事,表达了对当时屈服于国民党和帝国主义的人无情的贬斥。

师：感谢同学们的分享，大家通过描述、分析、解释、评价的方法全面理解了作者创作这幅画的目的，用作品呼唤人民的觉醒，为革命而创作。在接下来的抗日战争时期，在革命力量的感召下，中国进步青年以刻刀代枪炮，奔赴前线，宣传抗日，创作了一大批优秀的版画作品。

我们再看看接下来的这些作品，思考：你能读懂以下作品的内容与含义吗？这些版画在当时起到了怎样的作用？

作品一：《战争·牺牲》（珂勒惠支，1922—1923 年，黑白木刻版画）

师：它是 1922—1923 年德国艺术家珂勒惠支创作的版画作品之一。画面中悲痛的母亲抱着一个死去的孩子。第一次世界大战期间，大量年轻战士战死沙场，柯勒惠支的儿子也被征兵参加了这场战争，在惨烈的战争中牺牲了。柯勒惠支极度伤心，创作了一系列作品，表达了撕心裂肺的悲痛和对战争的不满。

鲁迅先生将她的这一系列版画作品带到了中国，黑白木刻版画作品的特点是黑白对比清晰明确，视觉冲击力强烈，富有震撼力，鲁迅希望能够用它来唤醒中国人民的奋斗和反抗精神。

鲁迅先生曾说："中国木刻图画，从唐到明，曾经有过很体面的历史。但现在的新木刻，却和历史不相干。"印刷术的出现使中国的版画繁荣发展，随着帝国主义入侵，传统的雕版印刷和版画开始遭受冷落。鲁迅先生将国外的木刻版画引入中国并加以提倡，我国的版画艺术才得以进一步发展。

作品二：《怒吼吧！中国》（李桦，1935 年，版画）

师：1935 年，我国发生了很多重大事件。华北事变后，我国的主要矛盾逐渐转变为中华民族与日本侵略者的矛盾；遵义会议确立了以毛泽东为代表的新的中央政权的领导；瓦窑堡会议，建立了抗日民族统一战线；"一二·九"运动，促进了中国人民的觉醒。请同学们参考当时的社会背景来分析一下这幅作品。

生：画面中的男人被绑在木桩上，蒙着的双眼、张开的鼻孔、张大的嘴巴似乎在用力嘶吼，粗犷的线条塑造的绷紧的肌肉加重了画面中的力量感，下面伸向匕首的手预示着想要割破绳索自救，象征着祖国想要挣脱绳索，挣扎着站起来。中国这个时候正处在一个重要的转折点上，在如此黑暗的时候他创作这幅作品，仰天长啸，他想表达的就是民族要崛起，要挣扎着站起来。

师：这位同学从画面的形象、观看的直观感受，以及作品的内涵三个角度进行了分析，使我们能看出作者在木刻民族化上的努力，也预示着一个民族抗争与怒吼的必然，这幅作品也是20世纪30年代新兴木刻的代表作品之一。

师：艺术作品一方面记录重大历史时刻，另一方面反映历史精神。20世纪中国最重要的时刻就是中华人民共和国的成立，这一刻，东方巨龙觉醒，中国人民从此站起来了！我们一起来看一下这激动人心的现场。

播放毛主席宣布中华人民共和国成立的视频。

师：我们国家经历了太多苦难，饱受压迫的百姓都在盼望着这一刻。听到毛主席宣布："中华人民共和国今天成立了！"在这一刻我们的心里都很激动，更何况当时从苦难中走过来的百姓们。所以，这一时刻成了艺术家们竞相表现的重大历史时刻。

作品三：《开国大典》（董希文，1953年，油画）

师：在众多艺术家的创作中，采用的美术语言不尽相同，我们先来看一看董希文所创作的这一幅伟大作品。请同学们来找一找画面中的特点，我们一起来品鉴这幅作品。

生1：画面的颜色以红、黄、蓝为主色调，颜色饱和度高，鲜艳明亮，画面喜庆热烈。

生2：毛主席跟视频中的不一样，感觉看上去更高了，我认为是为了突出毛主席的高大形象。

师：大家看看有没有哪些不够真实的地方？

生3：我觉得柱子的透视关系不太舒服，貌似少了一根柱子。

师：为同学的敏锐点赞！这也是艺术家故意而为之的。（PPT在画面右侧，按透视原理加上一根柱子。）

师：大家看看加上这根柱子后有什么区别呢？

同学们：感觉画面空间缩小了，看上去好堵。

师：建筑学家梁思成先生曾评价这幅作品："画面右方有一个柱子没有画上去……这在建筑学上是一个大错误，但在绘画艺术上却是一个大成功。"这样的处理方式是为了显示天安门广场的开阔以及群众场面的宏大。

生4：老师，我还看出来一个透视问题，毛主席头上的灯笼和其他灯笼的透视不一致。

师：太好了，观察得很仔细，我们把灯笼放到正确的透视线上看一看。（将PPT中的灯笼下移。）

同学们：太压抑了，灯笼的穗子影响到毛主席的视线了。

师：大家看看画面中的透视线还有什么特点呢？（播放PPT根据画面勾勒出的透视线）

同学们：很多透视线的方向都指向中心人物，作者的用意是要把观众的视线都集中到主要人物身上。

师：再来对比一个有趣的细节，大家看看地毯和天空。

同学们：天空看上去是光滑平整的，而地毯看上去是毛茸茸的。

师：这也是画面比较独特的地方，画家在画地毯的时候，在颜料里加入了木屑和沙子，这样才有了毛茸茸的质感。画家将民族的审美与传统的艺术手法——在敦煌学习汲取到的艺术元素、文化内涵、创作方法融入经典油画创作中，为这幅作品再现气势恢宏的庆典场面奠定了坚实的基础。画家突破透视规律，吸收年画中鲜艳的色彩，凸显了节日的喜庆与热烈的场面。

开国大典是近代史上最为重要的事件之一，艺术家们热衷于围绕这一重要事件展开创作，接下来我们看看不同年代艺术家的创作都有哪些特点呢，分小组讨论。

A小组：《中国人民站起来了》（马泉，1983年，水粉）

A小组：作者有意选取了从外侧进行观察的角度，使得画面的构图与此前的作品区别开来。作品在整体布局上打破了对称性结构，以拉近的外部视点进行描绘，视觉中心通过主次关系的设置引向正在讲话的毛主席，旁边人物排布井然有序，刻画细致入微。画家在画面前安排了渐次上升的彩色气球及飘带，制造出一静一动两种态势，且和谐地统一在画面中，烘托了空间的特殊气氛。

B小组：《日出东方》（赵力中，2007年，油画）

B小组：画家从正面视角描绘了开国大典的场面，整体布局对称均衡。人物排布井然有序，色彩深沉，庄严大气。

C小组：《新中国诞生》（唐勇力，2015年，中国画）

C小组：画面气势宏大，有着浓郁的民族风格。该作品发挥了工笔人物画笔墨和色彩的特长，融合了西方画的素描写实造型，同时吸收了敦煌壁画的装饰元素，做旧的线条肌理与清新的色彩渲染表现了特定的时代氛围。横幅大画面一字排开正面直立的人物群像，展示了刚刚崛起的泱泱大国的气度。

师：同学们从多个角度分析了这些作品，对不同时期表现这一重大历史时刻的艺术作品有着不同的理解，大家深深地感受到了这一伟大时刻的重要性，同时也感受到了毛主席的伟大。

我们再来看一幅国画作品《转战陕北》(石鲁,1959年,国画)。同样是塑造毛主席的伟大形象,这幅作品中毛主席只占据了画面中很小的一个点,却表现出了磅礴的气势,请同学们说一说,艺术家是如何表达的?

生:毛主席站在崖壁山角上,背着双手看着远方的千沟万壑,仿佛在思考沟壑中埋伏着的千军万马如何布局。然后看这个颜色的变化,近的红色最纯,越远颜色越来越淡,直到橘色,最后到后边的青色,这是从近到远,用颜色的推移表现了很大的一个空间,展现出毛主席一览众山小的豪情以及运筹帷幄的领袖风范。

师:艺术家们都热衷于塑造毛主席的伟岸,而毛主席心中挂念的却是人民,他心怀中国亿万人民,他是中国历史上首位喊出"人民万岁"的领袖。"以人民为中心"成为中国现代美术的重要特点,展现了时代新风貌。

观看1973年毛主席生前最后一次参加党的全国代表大会、目送代表离开的记录视频,听毛主席喊出来的"人民万岁",感受人民对毛主席的敬佩崇拜之情,理解主席的伟大——带领中国共产党人拯救人民于水深火热之中,缔造了中华人民共和国。

师:中华人民共和国成立后,饱受摧残的国家百废待兴,全国人民都积极投入到各行各业的建设中,大批优秀艺术家又是怎样"以人民为中心"来进行创作的呢? 又是运用了怎样的创作技法来表现祖国的大好河山、美好家园及经济建设发展呢?

出示作品《天堑变通途》(魏紫熙,1973年,中国画)。

生:这幅作品是描绘祖国大好河山的,作者从毛泽东的《水调歌头·游泳》中获得灵感,运用传统的山水技法,将金陵山峦风貌与现代建设成就巧妙地融为一体,表现了大江南北融会贯通、生机勃勃的社会主义新气象。

出示作品《杂交水稻之父——袁隆平》(焦小健,2009年,油画)。

生:这幅作品描绘了袁隆平坐在稻田间,双手交叉凝望远方,深沉地表现了人物与农业种植业蓬勃发展的关系。

师:同学们分析得头头是道,我们已经掌握了通过结合社会背景分析画面形式来鉴赏作品的能力,接下来,我们反推,通过三幅作品的名称,我们已经知道画面所表现时代的不同,三幅作品放到一起对比来看,将今天鉴赏作品所涉及的知识融会贯通,在创作技法相同、画面形式相同的情况下,画家是如何体现不同的时期的?

小组讨论《天安门前》系列作品。

(1)《天安门前》(孙滋溪,1964 年,油画)。

(2)《天安门前 70 年代》(孙滋溪、孙路,2003 年,油画)。

(3)《天安门前 90 年代》(孙滋溪、孙路,2005 年,油画)。

A 小组:

我们先从画面的形式分析,《天安门前》三幅作品的构图完全一致,这三幅作品尺寸几乎一致。正面看为左右对称构图,里面四组人物的位置都是一样的。

然后说不同点:首先,季节是不同的,天安门房顶的颜色不同,作品二房顶上有雪,人物服装厚,行李也是厚厚的。

最重要的点,画面中人物形象是不同的。

B 小组:我们组通过观察画面人物形象和作品名称融合到一起来分析三幅画的不同时期。

第一幅画,画面中间近景是北京郊区公社的老、中、青、少四代人,有农村干部、插队知青、复员军人等,看上去更像是一家人要奔赴各行各业前的相聚。画面左侧一组人物看上去像是少数民族的代表团,象征着民族大团结。右侧海军正准备合影。还有幼儿园阿姨带着小朋友在金水桥上散步玩耍。北京郊区公社的一行人,代表了 20 世纪五六十年代,也就是画面的时间,整个画面涵盖了祖国各类人物形象,展现出军民一家亲的场景。

第二幅画,画面以上山下乡的知识青年为画面核心人物,这是典型的 20 世纪 70 年代特征,他们带着包裹和行李,在离别北京出征北大荒前,一起到天安门前合影留念。画面左侧军民一家亲,画面右侧有一组抱着遗像的人物,表达了他们到天安门参观,要带着家里最重要的人,或者是满足家人的遗愿,也是表达当时人们对到天安门参观的向往。

第三幅作品描绘了 20 世纪 90 年代的场景。主体是一组生动、朴实的农民工人物,他们是城市建设的生力军,象征着 90 年代建设的蓬勃发展。

三幅作品刻画了不同时期人民对生活、对祖国的热爱。

师:此处可以有掌声! 再次给同学们点赞,《天安门前》系列作品记录了中华人民共和国成立以来,几代人在天安门前留影的瞬间,更成为中华民族文化的深刻写照,也是时代重要的视觉图像。同学们深深地感受到时代变革对美术作品的影响,感受到经典作品的力量,认识到艺术作品能够更完美地再现不同时期的时代特点，理解了 20 世纪不同时期美术作品的文化内涵。大家能够仔细观察、认真思考、理性分析，运用描述、分析、解释、评价的方法，通过形式鉴赏和社会学式鉴赏全面分析画面，掌握鉴赏方法的精髓，提升对美术作品的评判能力。

随着国家的强盛，中国的声音也被世界所关注。今天我们作为新时代的青年，又该如何用视觉艺术作品来继承革命精神？说一说在你的印象中，我国当下在哪些领域能够展现卓越实力，结合美术的类别，能够从哪些角度去设定条件，尝试用 AI 进行美术创作，奏响现代"时代强音"。

生 1：看到《天堑变通途》，我想到了"深中通道"在海上建成开通，见证了我国"基建狂魔"的硬核力量，我想创作一幅国画作品。

生 2："中国天眼"发现脉冲星数量突破了 1 000 颗，极大地拓展了人类观察宇宙的视野，既是中国的"天眼"，也是全人类的"天眼"，我想融合中西方创作方法来创作一幅作品，展现中国的也是世界的。

生 3：2024 年 9 月 25 日我国向太平洋发射了洲际导弹，我想运用《怒吼吧・中国》的创作手法，使用粗犷的线条，黑白分明，创作一幅版画作品，来体现我国强大的军事力量。

师：同学们都有自己独到的见解，也希望几位同学的想法能够起到激发灵感的作用，后面同学们在课后用 AI 进行创作时，可以多增加设定条件，增强画面感，用自己感受到的祖国的力量、祖国的卓越实力，完成一幅能够表现我国当下"时代强音"的美术作品。

今天这节课就到这里，下课。

四、审辨视域下中学美术课程思政教学评析——以美术鉴赏课"时代强音"为例

传统的美术鉴赏教学常以经典作品为依托，多采用教师主导，讲解经典作品。课程思政的审辨式教学则需要设置情境，开展沉浸式教学，将创作时代背景与艺术家经历相结合，将创作时代背景与当下时代相结合，艺术家的学习、生活经历和当时的生活环境相比较，充分反思、体验，进而在教学中实现审辨视域下的美术鉴赏课程思政，树立学生正确的历史观、民族观、国家观、文化观。

以本课为例，构建三个维度。第一个维度是作者的生平和他创作的时代。第二个维度是作品画面展示出的情境与我们今天的社会环境。第三个维度是

作者的创作情境和我们自我的情境。

首先要通过文字、视频资料，引导学生获知作者创作作品时的社会背景和作者的生活、学习环境，进而理解作者为什么会在当时发出那样的声音。这是第一个情境的构建。

第二个情境，那就是作品所展示的情境与我们当下生活环境之间的对比。将当时的社会环境与今天的生活环境对比，这样就会让学生更深一步地认识作品中当时画面情境所塑造的感人的力量。

第三个就是作者之情境和自我之情境。美术鉴赏需要观者与作者产生共鸣，才能够深深地理解到作者的创作意图，感受到当时与当代的不同，联想到今天强大的祖国给予我们的幸福生活。这样我们就建立了美术作品与我们今天社会现实的一个密切关联，进而达到美术鉴赏课程思政教育的重要目的。

本课的教学贯穿中国20世纪的百年历史轨迹。学生一路走来，真正感受到从古老中国向现代社会转型，从雪与火的洗礼到走进新时代的过程，从闭关锁国转向改革开放的过程，从封建帝制走向中国特色社会主义的过程。同学们能够结合历史背景、作者经历从不同时空的文化理解角度去进行美术作品鉴赏，理解不同时期每一幅美术作品的意义。并且在此基础上，他们还思考当下如何通过美术创作使中国文化在世界领域奏响“时代强音”。在鉴赏过程中他们能够体会艺术家饱含家国情怀的创作精神，探究美术作品的时代特色和精神内涵，进而形成正确的审美情趣，增强民族责任心和使命感。

参 考 文 献

[1] 程靖涵，王玮. 中学语文课程思政建设策略探究[J]. 今古文创. 2021，21：125－126.

[2] 高德毅，宗爱东. 从思政课程到课程思政：从战略高度构建高校思想政治教育课程体系[J]. 上海中国高等教育. 2017，01：43－46.

[3] 邓钧，罗玉婷，郭程轩，等. 高中地理"课程思政"教学情境特征及创设路径[J]. 中学地理教学参考. 2021，03：12－16.

[4] 郭书春，译注. 九章算术[M]. 沈阳：辽宁教育出版社，1998：153－158.

[5] 陆道坤. 课程思政推行中若干核心问题及解决思路：基于专业课程思政的探讨[J]. 思想理论教育. 2018，03：64－69.

[6] 马利红，魏锐，刘坚，等. 审辨思维：21 世纪核心素养 5C 模型之二[J]. 华东师范大学学报（教育科学版），2020，38：45－46.

[7] 克莱因. 古今数学思想[M]. 张理京，等译. 上海：上海科学技术出版社，2002：100－105.

[8] 邱谊萌，中美高校审辨式思维培养模式的比较研究[J].《教育现代化》，2017(04)：214－216.

[9] 斯蒂芬·图尔敏.《论据的使用》[M]. 北京：北京语言大学出版社，2017(06)：6.

[10] 汪瑞林. 中小学"课程思政"的功能及其实现方式[J]. 课程·教材·教法，2020，40：77－83.

[11] 杨主爱."课程思政"融入高中生物科学史教学的课堂实践[J]. 生物学教学. 2021，46：15－17.

[12] 保罗，埃尔德. 批判性思维工具[M]. 侯玉波，姜佟琳，等译. 北京：机械工业出版社，2020：132－133.